KB070269

다시, 민주
주의

광 장 에 서
대 한 민 국 의
내 일 을 묻 다

다시,
민주
주의

이재성 정은주 노현웅 박유리 지음

한겨레출판

굿바이 박정희, 웰컴 투 민주주의

지난해 가을에서 올봄까지 숨 가쁘게 이어진 정치 일정에서 가장 인상적인 특징은 수백만의 군중이 압도적인 분노를 가슴에 품고도 차분하게 변화를 이끌었다는 점이다. 제대로 된 민주주의 경험이 30년밖에 안 된 나라의 국민들이 어떻게 이렇게 성숙한 모습을 지닐 수 있었던 걸까. 세계가 놀라워했던 대목이 바로 이 부분일 것이다.

우린 정말 민주주의조차도 '압축성장'을 경험하고 있는 것일까. 4·19 혁명에서 5·18 광주민주화운동, 6월항쟁을 거쳐 2008년 광우병 촛불집회와 2016년 박근혜 퇴진 촛불집회에 이르기까지, 수십 년 혹은 십수 년을 주기로 거리로 뛰쳐나온 우리 국민들이 공유했던 원칙은 헌법 제1조였다. "대한민국은 민주공화국이다. 대한민국의 주권은 국민에게 있고, 모든 권력은 국민으로부터 나온다." 이 고귀한 명제가 흔들릴 때마다 국민들은 거리로 나왔다. 그리고 그 명제를 제자리에 돌려놓았다.

대중이 직접 참여하는 광장 정치는 대의민주주의라는 제도가 여전히 불완전하고 때로는 오작동한다는 반증이기 하다. 우리는 왜 주기적으로 거리에 쏟아져 나올 수밖에 없었나. 그리고 그 끝은 어떠했나. 1부 '광장의 노래'는 광장의 역사를 통시적으로 평가하고 분석한다. 특히 올해로 30주년을 맞는 1987년 6월항쟁을 집중 분석한다. 6월항쟁은 우리 민주주의가 사실상 다시 태어난 생일이기 때문이다.

2017년은 6월항쟁 30주년이자 박정희 탄생 100주년을 맞는 해다. 두 사건의 중첩은 기묘한 인연이 아닐 수 없다. 6월항쟁으로 세상을 바꿨다고 생각했지만 우리가 사는 세상은 '87년 체제'가 아니라 '박정희 체제'였다. 2017년 '헬조선'의 비틀린 시원을 찾아 나선 여정은 박정희라는 아이콘과 운명적으로 조우한다. 재벌이 성장하고 정경유착이 시작됐으며, 땅 투기가 처음 생기고 새로운 계급, 격차가 발생했다. 반공주의와 노동배제, 지역차별이 국가 이데올로기가 됐다. 원칙과 상식은 무너지고, 법치의 이름으로 불법이 정당화됐다. 2부 '우리 안의 박정희들'은 한국 현대사의 설계자 박정희와 그의 시대를 파헤친다. '아버지의 이름으로' 제왕을 꿈꿨던 박근혜는 지금 독방에 갇혀 있다. 그리고 정치적으로 처절히 몰락했다. 박근혜와 이별했듯이 박정희와 이별해야 한다. 그것이 정상국가로 가는 첫걸음이다.

2016~2017 촛불 정국의 또 하나의 성과라면 '법치'를 확인한 것이다. 박근혜 전 대통령 탄핵에서 구속수감에 이르는 과정을 통해 우리는 법에 의한 통치라는 사회적 약속을 확인할 수 있었다. 법과 원칙을 지키지 않은 유일한 세력은 박근혜와 청와대 일당이었다. 보수의 탈을 쓴 극우세력은 이제 가면을 벗어던지고 노골적으로 쿠데타를 선동하

고 있지만 구름에 달 가는 소리만큼도 들리지 않는다. 법이라는 사회적 약속에 의해 통치되는 대의민주주의 국가에 무슨 일이 있었기에 최순실-박근혜 같은 존재가 가능했던 것인지, 그만큼 우리 민주주의는 병들어 있는 건 아닌지를 3부 '다시, 문제는 민주주의다'에서 다룬다. 특히 6월항쟁 이후 신자유주의 시대를 거치면서 이제 강자의 자유만 남았다는 지적이 뼈아프다.

4부 '함께 그리는 대한민국: 정책배틀'에서는 파산한 민주주의를 회생시킬 방안을 시민들이 직접 찾아 나선다. 시민단체 '바꿈, 세상을 바꾸는 꿈'과 함께 모집한 시민배심원단 150명이 우리 사회의 핵심 개혁 의제를 놓고 그야말로 '배틀'을 벌였다.

에필로그를 대신하여 서복경 서강대 현대정치연구소 연구원, 신진욱 중앙대 교수(사회학), 후지이 다케시 역사문제연구소 연구원이 촛불정국을 평가하고 그 이후를 전망한 좌담 '광장 너머의 민주주의', 정신과 의사 정혜신 박사가 촛불시민들을 인터뷰한 '촛불들에 물었다 "그래서 마음이 어떠세요?"'를 실었다.

신진욱 교수는 좌담회 참석만이 아니라 직접 글을 써주기도 했다. 2008년과 2017년 촛불 광장에 직접 나가 시민들의 육성을 담은 생생한 기록이다. 촛불 이후의 과제를 유려한 언어로 설파한 정치철학자 김만권 씨의 옥고도 실었다.

저자에는 포함돼 있지 않지만 소개해야 할 사람들이 있다. TF 구성 초기에 팀원으로 합류했다가 최순실 게이트 특별검사팀이 출범하면서 차출되어 나간 김남일 정치부 기자, 신문과 책에 실린 사진을 찍어준 김명진·이정아 사진부 기자, 그리고 멀리 독일에서 연수 중인데도 아일랜드 시민의회를 취재하기 위해 바다를 건넜던 송호진 기자에게 고마움을 전한다. 담당 에디터로서 기획이 성공하도록 물심양면 이끌어주신 임석규 총괄기획에디터, 그리고 기사 홍수 사태 속에서도 지면을 넉넉히 보장해주신 백기철 편집국장께 각별한 감사의 말씀을 드린다.

처음엔 '민주화 30주년 TF'였다. 1987년 6월항쟁 30주년을 맞아 우리 사회를 돌아보려고 했다. 하지만 박근혜-최순실 게이트라는 살아 있는 역사와 만나면서 내용이 바뀌었다. 준비기간을 포함해 4개월 동안 300명가량을 인터뷰해 원고지 1000매가량을 썼다. 위대한 역사의 한 페이지를 이렇게 장식할 수 있었던 것은 모두 위대한 국민 덕분이다.

2017년 4월
〈한겨레〉 신년기획 TF

1부

광장의
노래

1장

너는 그날, 광장에 서 있었다*

너는 그날, 광장에 서 있었다.

네 눈앞에선 북악을 향해 거슬러 올라가는 세종대로의 촛불 강이 흘렀다. 알을 가득 품은 무거운 몸으로 폭포를 거슬러 오르는 연어들처럼. 위풍당당한 북악산 자락 청와대 푸른 기와 아래 네가 서 있었다. 너는 물었다. 권력은 어디서 시작되는가. 광장의 힘은 어디서 나오는가.

아무도 말을 들어주지 않는다고 생각될 때 너는 걸었다. 혼자 걷다 무심히 스쳐 가는 사람들 얼굴을 훔쳐본다. 저마다 짊어져야 하는 무거운 짐을 든 다른 너를 보았다. 성공의 환희보다 실패의 절망

---

* 1980년 5월의 핏빛 광주에서 2016년 촛불 강을 이룬 광화문 광장까지, 20대 신입 기자부터 50대 편집국장까지, 〈한겨레〉 기자 200여 명의 기억을 모은 공동 집필문이다. 한겨레 기자들의 '나의 광장'은 다음 인터넷 주소를 통해 만날 수 있다. http://www.hani.co.kr/interactive/mysquare

이 익숙한 너는, 그 밤의 일렁이던 감정이 어떤 것인지 쉽게 말할 수 없었다. 너처럼, 섬처럼 외로웠을 사람들이 서로의 다리가 되어주려 광장에 나온 것처럼. 촛불을 들고 광장에서, 오래오래 기쁘게 걸었다.

어, 어? 너는 경복궁역 개찰구를 빠져나와 출구 계단을 오르다가 깜짝 놀란다. 오래간만이에요. 맞은편 인파 속에서 전 직장 후배가 웃는다. 이게 몇 년 만이야? 그래 또 봐. 다시 올라간다. 누군가 어깨를 툭 친다. 학교 친구다. 와, 여기서 만나다니! 정부종합청사를 오른편으로 끼고 지난다. 퇴직하고 여든이 넘은 회사 선배를 만난다. 너를 면접했던 사장이다. 초등학교 6학년 학생이 자유발언대에 올랐다. 우리 언니 오빠들이 생사를 오가던 2014년 4월 16일, 7시간 동안 대통령은 무엇을 하셨나요. 방금 만난 여든 넘은 선배의 증손녀뻘이다.

광장에선 장수 만세, 어린이 만세, 세대초월 만세다. 주최 쪽이 집회 주의사항을 알려준다. 청소년에게 '기특하다', '대견하다'는 표현을 사용하지 말아야 합니다. 광장에서 배운다. 청소년, 여성, 장애인, 동물을 함부로 말하면 안 된다. 2016년의 광장은 학교였다.

너는 그 시간, 광장에 서 있었다.

2011년 여름, 너는 반값 등록금 구호를 외치며 거리로 나갔다. 명동 롯데백화점 앞을 뛰었다. 힘껏 뛰던 너는 곁에 있던 한 언니에게 말했다. "언니, 이게 공적 주체가 된 기분인가 봐!" 그 말을 하곤 잊어버렸다. 네가 한 그 말을, 곁에 있던 언니가 나중에야 말해주었다.

너는 교과서에서나 배웠던 직접민주주의라는 개념을, 서울의 한가운데, 가장 큰 도로에서 배웠다. 촛불을 들고 집회에 가도 달라지는 것은 없었다. 거리에서 너는 반값 등록금 공약을 이행하라고 요구했다. 경찰은 물대포를 쏘았다. 4년 후에도 마찬가지였다. 2015년 겨울, 그냥 맞아도 차가웠을 물대포에 푸르스름한 최루액이 섞여 있었다. 물대포를 맞은 백남기 농민이 스러졌다. 광장은 사람이 죽을 수도 있는 공간이었다.

너는 그날, 광장에 서 있었다.

2008년 6월 1일, 너는 서울 경복궁 앞 동십자각에서 청와대로 향하는 길을 가로막은 경찰차벽 위에서 새벽을 맞았다. 전날 밤부터 '촛불 시민들'은 경찰과 대치했고 힘과 힘이 부딪치는 지점에서 카메라를 들고 위태롭게 서 있었다. 그날 오후 너는 경찰 방패에 떠밀려 안경이 깨지고 카메라가 부서졌다.

촛불은 너에게, 우리 모두에게 낯선 것이었다. 광장은 축제처럼 즐거웠지만 마지막에는 늘 두려운 순간으로 찾아왔다. 경찰이 해산을 명령하고, 전경들은 방패와 곤봉을 들고 살기 어린 표정으로 군중에게 달려들었다. 희번덕거리는 두 눈 뒤로 앳된 얼굴이 비쳤다. 두려움이 그들에게 살기를 부여한 것 같았다. 시위 참가자들은 달리며, 맞았다. 소리 지르며 두려워했다. 너는 그해 여름 어느 밤, 세종로 입구의 거대한 '명박산성'에 막힌 시민들이 온몸으로 경찰버스를 밀쳐내려 충돌하던 현장에 있었다. 교복을 입은 여학생이 울부짖었다. "싸우지 마세요. 우리는 '광주 5·18' 때처럼 피 흘리고 싶지 않아요."

2008년 여름의 촛불을 보수언론은 폭도로 규정했다. 경찰의 진압 역시 광폭했다. 너는 경찰 방패에 찍혀 나자빠지기도, 물대포를 뒤집어쓰기도 했다. 그리고 여럿에게 생채기를 남긴 채 꺼져가는 촛불을, 너는 보았다.

너는 그때, 광장에 서 있었다.

너는 1980년 5월 17일 조선대 바로 옆에 있는 고등학교로 쫓겨 오는 대학생들을 보았다. 그들은 머리에 피를 흘리며 광장에서 쫓겨왔다. 학교는 다급히 하교령을 내렸다. 수업이 중단됐다. 시내버스가 끊겨 1시간 넘게 걸어 집에 갔다. 동네 어른들은 여학생들이 다니면 위험하다며, 골목 입구에서 번갈아 경계를 섰다. 집 밖으로 나가지 못한 너는 들었다. 광장에서 들려오던 함성과, 불어오던 불길과, 고개 넘어 총소리를.

그해 5월 19일, 광주일고 앞에 네가 있었다. 닫힌 교문 앞에서 공수부대를 향해 구호를 외치며 고등학생들이 짱돌을 던졌다. 너는 수업을 거부하고 교실 밖으로 뛰쳐나갔다. 헬리콥터가 떴다. 곧바로 공수부대가 교문 앞을 막아섰다. 너의 저항은 그렇게, 끝이 났다.

너는 광주 금남로 도청 앞 분수대에 나갔다. 교수들이 앞장서고 학생들이 뒤따랐다. 어두워진 거리에 횃불을 들고 '전두환은 물러가라' 소리쳤다. 그때의 너는, 지금의 너에게, 아스라한 꿈속의 한 장면으로 남아 있다.

전두환 군사독재정권의 유혈진압으로 광주가 피로 물든 그해 너는 경의선 열차를 무임승차해 친구들과 서울역 광장으로 갔다. 수십만의 시민과 학생 속에서 너는 지랄탄의 매캐한 냄새와 '백골단'에 쫓기며 독재타도를 외쳤다.

1980년 5월의 거리는 안개와 불안이었다. 5월 광주의 광장은 핏빛 고통이었다. 군부의 총칼에 스러진 이들을 생각할 때면 살아 있는 것조차 부끄러움이요, 고통이었다. 너는 광장에 설 수조차 없었다. 광장은 총칼로 짓밟혔다. 박정희 대통령이 김재규의 총에 사망한 1979년 10·26 사태 이후 민주화의 싹은 피어났다. 긴급조치로 해직된 교수와 학생들이 캠퍼스로 돌아오면서 민주화를 향한 열망이 사회 전체로 퍼져 나갔다. 전두환 보안사령관이 중앙정보부장서리를 겸임하고 신군부의 실체가 드러나면서 거리로 젊은 청춘들이 몰려나왔다. 전투 경찰과 백골단은 최루탄과 몽둥이로 제압했고, 시위대는 돌과 화염병으로 맞섰다. 결국, 너는 패했다. 네가 던진 돌과 외침은 허공에 사라졌다.

너는 그때, 광장에 서 있었다.

1987년 6·10 항쟁의 거리는 회색이었다. 최루가스 분말로 허옇게 물들었다. 사람들 낯빛은 잿빛이었다. 너는 그해 6월 10일 서울역에서 서울광장 사이 골목길에서 청재킷에 청바지를 입은 사복경찰관 백골단과 숨바꼭질을 했다. "호헌철폐, 독재타도." 그해 1월 서울대 박종철이 물고문으로 숨지고 6월 9일 연세대 교내 시위에 나선 이한열이 직격 최루탄에 맞아 의식불명에 빠졌다.

너는 광주의 초여름, 고층 아파트 복도에서 멀리 큰길을 내다보았다. 망월동으로 이어진 길이었다. 흰옷을 입은 사람들이 앞장섰고, 그 뒤를 수많은 사람이 따랐다. 복도에 모여든 이웃들 가운데 누군가 눈물을 훔쳤다. 가족 중 누군가 행렬을 보겠다고 나섰고, 어린 너는 그 손을 잡고 따라갔다. 왜 그렇게 많은 사람이 흐느끼는지 그땐, 몰랐다. 그날, 네가 따라간 행렬 가장 앞 영정 속 사람의 정체를. 연세대 이한열이었다.

1987년 7월 9일, 너는 서울시청 분수대 근처에서 고개를 처박고 병 걸린 닭처럼 졸고 있었다. 전날 연세대에서 밤을 지새우고 이한열 장례식 행렬을 따라 아현동을 거쳐 노제가 예정된 서울시청 앞에 도착했다. 24시간 넘게 한숨도 못 자고 밥을 굶었다. 졸던 너의 뒤로 여름 한낮 열기와, 군부독재에 대한 분노가 뒤엉켜 서울시청 앞은 용광로처럼 들끓었다. "청와대로 가자!" 누군가 외쳤다. 너는 잠이 깼다. 겁이 덜컥 났다. 진격 투쟁이 대세가 됐다. 흉포한 군부독재자 전두환이 청와대 앞으로 몰려온 사람들을 그냥 두지 않을 것 같았다. 어느새 사람들 속에서 너는 광화문 광장으로 걸어가고 있었다. 경찰 진압 병력이 광화문 이순신 장군 동상 앞에 포진했다. 경찰은 주저하지 않았다. 다중진압용 최루탄인 지랄탄을 발사했다. 최루탄에 맞아 숨진 이한열의 장례식이니, 오늘만은 최루탄을 쏘지 않을 것이란 기대는 순진한 것이었다. 청와대 진격투쟁을 주장하던 사람들은 한순간에 흩어졌다.

너는 6월의 어느 날, 동대문구 제기동 경동시장 사거리를 헤맸다. 그날은 유난히 경비가 심했고, 시위는 격렬했다. 경찰차가 화염병에 맞아 전소됐다. 시위 끝 무렵 경동시장으로 쫓겼다. 친구들이 경찰에 붙잡혀갔다. 너는 엉겁결에 한 양판점으로 몸을 피했다. 양판점 주인은 너를 숨겨주고 수색에 나선 경찰들에게 아무도 없다고 둘러댔다. 그렇게 너는 잡혀가지 않았다. 미친 세월이었다.

너는 그해 6월 저녁이면 퇴근을 하고 광화문 근처 시위 행렬에 끼어들었다. 10여 명이 모이면 백골단이 덮쳤고 최루탄을 던졌다. 옷을 털기는 했지만 맵싸한 냄새가 배었다. 사람들은 재채기를 했다. 학생 중심의 거리시위는 6월 18일, 6월 26일을 거치며 대규모 시민저항으로 번졌다. 1987년 6월의 거리는 분노와 저항이었다. 너는 무엇에 저항해야 하는지를 알았고, 분노를 가슴에 달고서 거리를 내달렸다. 구호는 짧았다. 절박했다. 호헌철폐, 직선쟁취, 독재타도. 뜀박질을 해야 했기에 구호는 스타카토처럼 짧을 수밖에 없었다.

6월 29일 노태우가 '직선제 수용'을 밝혔다. 시민들은 거리에서 환호했다. 전두환이라는 이름이 지워지자, 질주는 멈췄다. 그리고, '노태우'라는 이름이 등장했다. 1987년 6월 항쟁이 가져온 결과물은 정치인들의 전유물이 되었다. 다시는 그만한 수의 군중이 한 자리에 모이는 것을 볼 수 없으리라 생각했다. 그만한 수가 다시 광장에 모이는 일이 없기를 바랐다. 민주주의의 파탄이 아니고서는 그런 일이 일어나지 않을 거라고 생각했으니까.

"그래요, 그때만큼 지금 내 가슴은 뜨겁지 않아요. 오랜 세월, 당신을 사랑하기에는 내가 얼마나 허술한 사내인가를 뼈저리게 알았고, 당신의 사랑에 값할 만큼 미더운 사내가 되고 싶어 몸부림했지요. 그리하여 어느덧 당신은 내게 '사랑하는' 분이 아니라, '사랑해야 할' 분으로 바뀌었습니다. 이젠 아시겠지요. 왜 내가 자꾸만 당신을 떠나려 하는지를. 사랑의 의무는 사랑의 소실에 다름 아니며, 사랑의 습관은 사랑의 모독일 테지요. 오, 아름다운 당신, 나날이 나는 잔인한 사랑의 습관 속에서 당신의 푸른 깃털을 도려내고 있었어요. 다시 한 번 당신이 한껏 날개를 치며 솟아오르는 모습이 보고 싶습니다. 내가 당신을 떠남으로써만… 당신을 사랑합니다."

1990년대 초반 실연을 겪거나 혁명에 상처 입은 너의 가슴을, 이성복의 시집 《남해금산》 뒤표지 글이 마구 후벼팠다. '당신'이라는 낱말을 '혁명'이라는 낱말로 바꾸면. 그랬다. 의무가 되어버린 사랑과 혁명은 빛이 바랬다. 100만의 광장을 꿈꾸었지만, 너에게, 우리에게 광장은 없었다. 낡은 술집에서 소주잔을 기울이며, 젊은이가 할 수 있는 건 사랑과 혁명 밖에 없다며 목청을 돋우다가, 퀴퀴한 자취방으로 숨어들곤 했다.

너는 1996년 광장에서 영웅을 보았다. 지금은 7호선 지하철역이 들어선 세종대 사거리에서 청바지를 입은 백골단을 처음 만났다. 너는 '김영삼 대선자금 공개'를 외쳤다. 여학생들을 위해 백골단의 몽둥이를 막아서다 팔뼈가 부러진 한 남자 동기가 그날 집회의 영웅이 됐다. 그러나 영웅놀이를 하기에 광장은 폭력과 선혈이 낭자한 곳이었다. 3월 말 거리 시위에서 연세대 2학년생 노수석이 죽었다. 20대가 'X세대'라 불리는 시대였지만, 광장은 어쩔 수 없이 두려운 곳이었다.

너는 그렇게 광장에 서 있었다.

누군가 역사는 '빌어먹을 일의 연속'이라고 했다. 2016년, 이 나라 비루한 권력의 역사가 딱 그랬다. 다른 누군가는 역사는 위대하다고 했다. 이 나라의 '촛불'이 그랬다. 너는 2016년 겨울, 서울의 1호선 지하철을 탔다. 사람들을 가득 실은 지하철은 정거장을 지날수록 무거워졌다. 사람들은 꾸역꾸역 지하철에 계속 올랐다. 몸을 움직이기조차 힘들었다. 무거운 몸짓으로 검은 터널을 달리는 지하철 안에서 한 아버지는 어린 아들에게 말했다. "조금 참아. 다 왔어." 네 앞엔 고등학생 두 명이 문 쪽에 달라붙은 채 책가방을 안고서 조용히 서 있었다. 한 여성이 처음 보는 학생에게 대뜸 어디서 왔니, 물었다. 대구에서 왔다 한다. 사람들을 가득 먹은 1호선은 광장으로 달렸다.

종각역 정차. 다른 동네, 다른 일터, 다른 집에서 지하철에 오른 사람들이 종각역에 내렸다. 순간 지하철이 텅 비었다. 아빠와 아이가 내리고 아저씨들이 내리고 아주머니들이 내리고 청춘남녀들이 내리고 할아버지 할머니가 내리고 대구 학생들이 내리고 너도 내리고. 역사 바깥 지상에서 끝이 보이지 않는 촛불의 일렁임이 눈에 들어오고 촛불의 외침이 귀에 꽉 들어찼다.

2016년 광장의 구호는 시이고 골계이고 노래다. 자유와 쾌활함이 넘쳤다. 사랑의 의무와 습관을 던져버리고 너는 다시 광장에 섰다. 30여 년 전, 그때도 그랬다. 권력의 폭압으로 많은 이들이 희생

2017년 12월 10일 서울 광화문 제7차 촛불집회. ⓒ김명진

됐지만, 시민의 직접 행동은 끝내 질긴 독재의 사슬을 끊어냈었다. 눈물 콧물로 달음박질쳤던 거리, 용솟음치던 분노의 함성, 뜨거운 연대와 가슴 벅찬 환호. 뒤이어 온 "빌어먹을 일들"은 민주주의를 불구로 만들었지만. 시민의 힘으로 연 미래의 창은 탐욕스런 권력 동맹으로 얼룩져 세상은 더 극심한 각자도생의 무한경쟁 터가 됐지만. 부패와 특권이 활개 치고, 불평등과 불공정이 상승의 사다리마저 부숴버렸지만. 너는 외쳤다. "이게 나라냐." 다섯 글자는 빌어먹을 역사를, 역사를 만난 그들을 향한 외침이었다.

너는 그때 광화문 광장에서 생후 8개월 된 아기를 안고 있었다. 아기는 광화문 광장에 모인 인파 가운데 가장 작고 연약했다. '놀라지 않을까?' 아기는 수많은 사람들 속에서 울지도 보채지도 않고 너의 품에 가만히 안겨 그 '낯선 세상'을 오래도록 응시했다. 차가운 겨울바람 속에서 사람들이 "박근혜 하야"와 "대한민국은 민주공화국이다"를 외칠 때, 아기는 어쩌다 한 번씩 무언가를 옹알거렸다. 미숙한 아빠인 너는 끝내 그 말을 이해하지 못했다. 너는 2016년 11월 12일 광장에서, 가슴에 품은 아기가 앞으로 살아갈 세상을 오래도록 생각했다. 그리고 그 세상에선 두 번 다시 지금과 같은 비극이 일어나지 않기를 속으로 빌고 또 빌었다.

광장에 선 너는 사람들의 표정을 관찰했다. 대체로 무표정하거나 시무룩했는데 이상한 에너지를 내뿜고 있었다. 갈수록 사람이 불어났다. 자주 못 만났던 고등학교 친구들이 연락해왔다. 시청 뒤편 포장마차에서 어묵을 안주로 소주잔을 기울였다. 친구가 말했다. "나는 사람들이 슬퍼 보여. 슬픈 백성이야."

너는 행렬을 따라 종로를 행진했다. 1985년 종로에서 시위를 하다 엉겁결에 맨 앞줄에서 플래카드를 들던 생각이 떠올랐다. 심장이 쿵덕거리고 다리가 후들거리고 두려움에 몸서리쳤던 생생한 기억. 아, 이렇게 느긋하고 편한 마음으로 종로 한 가운데를 행진할 수 있다니….

너는 그날 광장을 걸었다.

일본인 뮤지션 친구 하찌와 함께였다. 하찌는 "구경해보고 싶었다"며 친구들을 따라 나섰다. 하찌는 시위에서 눈을 떼지 못하고 "대단하네요"를 연발했다. 끝없이 이어지던 행진이 멈추고 자유발언 시간이 되자 하찌는 자기도 해보고 싶다고 했다. 트럭에 오르기 전 하찌는 '탄핵'이라는 글자를 손목에 적어넣었다. 어려운 단어라 잊어버릴까봐서였다. 다른 발언자가 "욕 좀 해도 되겠습니까?" 하니 듣던 사람들은 "안 돼"라고 대답했다. 그래도 몇 마디 '욕'이 튀어나가자 "하지 마"가 울려퍼졌다.

너는 지금 광장에 있다.

촛불처럼 점멸하는 컴퓨터 화면 속 커서를 너는 바라본다. 광장에 들른 뒤 거의 매주 토요일마다 회사에 나와 디지털 기사로 내보낼 메모와 기사를 고치고 합치면서, 너는 첫 문장을 쓰는 두 손 앞에서 긴 시간을 보낸다. 하나로 규정되기를 거부하는 수백만의 촛불을 과연 무엇이라고 이름 붙일 수 있을까. 광장의 저 다양한 목소리들은 어떤 경로를 거쳐 어떻게 현실화될까, 아니 될 수는 있을까.

소설가 이문열은 〈조선일보〉기고에서 촛불을 '아리랑 축전'으로 표현했다. "촛불시위의 정연한 질서와 일사불란한 통제 상태에서 '아리랑 축전'에서와 같은 거대한 집단 체조의 분위기까지 느껴졌다." 많은 이들이 저 문장에 분노했지만, 너의 눈에 들어온 건 한 마디였다. "그러나 어찌하랴." 시대를 읽지 못하고 퇴행하는 늙은 지식인의 회한에 찬 모습이었다. 이 한 문장은 그들의 두려움을 명확하게 상징했다.

박근혜 대통령 탄핵소추안을 의결하기 전날인 12월 8일 오후 2시, 경기 평택 삼성전자 반도체공장 건설 현장 10층에서 마흔네 살 협력업체 노동자 강아무개 씨가 바닥으로 떨어졌다. 안전모·안전벨트를 착용했지만 현장에는 추락방지를 위한 안전 그물망이 설치돼 있지 않았다. 사고 현장에서 100미터 남짓 떨어진 또 다른 삼성전자 반도체 공사현장에서 질식사고를 당한 마흔여섯 살 조아무개 씨가 투병 8일 만에 숨진 지 이틀이 지난 때였다. 모든 국민의 관심이 박근혜, 최순실 게이트에 집중돼 있는 동안 어딘가의 일터에선 사람이 죽어갔다. 너는 탄핵이 의결된 날, 반도체공장 건설현장에서 일어난 산업재해 사망 사고 기사를 쓰고 있었다. 또 누군가는 희망퇴직을 강요받고, 비정규직이라는 이유로 해고당하고 있었다.

권력은 어디서 시작되는가. 광장의 힘은 무엇인가. 너는 광장에서, 걸으며 물었다.

민주주의를 염원하던 1987년 광장에 선 사람들이 흩어지고 29년이 지났다. 그 사이 광장은 전혀 새로운 모습으로 또 다른 너에게

다가갔다. 권력을 상대로 싸우는 것은 변함이 없는데, 믿기 어려운 '평화'와 '비폭력'이 광장을 훨훨 날았다. 화염병이 아닌 가냘픈 촛불이 너의 손에 들렸다. 바람이 불면 꺼지지 않고 오히려 활활 타오르는 신비로운 촛불. 광장의 인파는 거대한 광장을 가로지르며 권력이라는 저 과녁을 향해 화살을 쏘았다. 타오르는 화살 불이었다. 화살은, 타오르던 불의 흔적은 오래 남을 것이다. 불을 든 너는 언젠가 사라지겠지만, 또 다른 시대를 살아갈 너에게 불이 옮겨 붙을 것이다. 정복될 수도, 길들여질 수도 없는 영원한 불. 그 불은 휘발되다 타오르고 사그라들다 타오를 것이다.

권력이 광장에서 시작된다는 것을 너는 느린 두 다리로 걸으며, 제기동 경동시장에서 경찰에 쫓기며, 지랄탄에 허망하게 흩어지는 사람들 속에서, 사람들을 가득 태우고서 검은 터널을 뚫고 광장으로 향하는 묵직한 지하철 1호선에서, 광장에서 품에 안긴 채 옹알이하는 생후 여덟 달 아기에게서 보았다. 작고 여리고 힘없고 허망해 보이는 아름다운 존재들에서. 권력이 광장에서 시작된다는 것을 너는 보았다.

광장에 선 너는 나다, 너는 국민이다. 광장은 헌법이다.

2장

광장민주주의의
역사

왜 우리는 매번 광장에 섰나

"우리의 유산은 유서 없이 남겨졌다."

프랑스의 레지스탕스 르네 샤르가 남겼다는 말처럼 민주주의는 우리에게 느닷없이 남겨진 유산이었는지 모른다. 오랜 봉건시대와 식민통치 끝에 '느닷없이 남겨진' 민주주의는 숱한 위기와 고통 속에서 가까스로 살아남았다. 위기에 빠진 민주주의를 수렁에서 건져 올린 건 언제나 광장에 모인 국민이었다.

우리 국민은 주기적으로 광장에 나설 수밖에 없었다. '더 나은 민주주의'를 갈망하는 '높은 민도'를 '후진 정치'가 따라잡지 못한 탓이다. 따라잡지 못했을 뿐 아니라 억압하기 일쑤였다. 1960년 4·19 혁명과 1979년 부마항쟁, 1980년 '서울의 봄', 5·18 광주민주화운동은 국민을 짓누르는 독재정권 타도투쟁인 동시에, 민주주의를 요구하는 주권적 행동이었다. 광장민주주의를 열어낸 주체와 요구 조건, 시대를 구성한 경제사회적 조건은 각각 달랐지만, 그때마다 국민의 요구는 '민주주의' 그 자체로 수렴됐다. 정치철학자 김만권 박사는 "대한민국의 주권이 국민에게 있다는 자각이 현실 정치에서 배신당할 때 누적된 분노는 주기적으로 광장으로 표출돼왔다"며 "광장민주주의의 표출은 그때마다 역사의 물꼬를 돌려왔다"고 말했다.

민주주의에 대한 국민적 요구는 근현대사에 면면히 흐르고 있다. 개혁의 요구는 늘 민주주의와 함께했다. 한울님 앞에 인간의 존엄과 평등을 강조한 동학의 개혁성이 대표적이다. 실제 동학농민운동은 자치기구인 '집강소'의 설치를 주장하며 민주주의적 요구를 분출했다. 1898년 독립협회가 주도한 만민공동회는 근대적 의미의 의회를 개설하려고 시도했다. 3·1 운동부터 임시정부 수립까지 근대사를 관통하는 민주주의의 역사성이 대한민국 정부 수립 이후 현대사에서도 꾸준히 광장민주주의를 실현한 동력으로 작용한 셈이다. 김정인 춘천교대 교수(사회교육)는 "근대적 민주주의에 대한 국민적 인식은 외부로부터 이식된 것이 아니라 우리 안에서 내재적으로 발전해왔다. 자생적으로 형성되고 발전된 민주주의 의식이 독재정권 등 제도적 한계와 만나 광장민주주의의 에너지로 표출됐다"

광장민주주의의 역사

1960
4·19 민주혁명

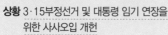

상황 3·15부정선거 및 대통령 임기 연장을
위한 사사오입 개헌
요구 이승만 대통령 퇴진
결과 이 대통령 퇴진 및 3차 개헌

김주열 사망 및 고대생 피습,
4월 26일 10만 명 도심 시위

1980
서울의 봄 및 5·18 민주화항쟁

상황 유신체제가 막을 내린 뒤 정치적 공백 상태
요구 유신헌법 철폐 및 대통령 직선제 도입
결과 전두환 신군부의 계엄령 선포 및
광주시민 학살

5월 15일 서울역 회군 10만 명 운집,
5·18 광주 민주화운동 사망자 및
행방불명 300여 명

1987
6월항쟁

상황 4·13 호헌조치, 대통령 직선제 거부
요구 호헌철폐 독재타도
결과 대통령 직선제 헌법 개정, 시민사회 및
노동자 정치세력화

박종철, 이한열 사망
6월 26일 국민평화대행진
130만 명 운집

2002
효순·미선 추모 촛불집회

정부 국민의 정부, 민주개혁세력 신자유주의
경제정책
상황 SOFA 협정 등 불평등한 한미관계
요구 미국 대통령 사과 및 SOFA 개정
결과 미국 대통령 사과 및 SOFA 일부 개정

12월 14일 3차 추모 촛불집회
10만 명 운집

2008
미국산 쇠고기 수입 반대 촛불집회

상황 한미 졸속 협상 및 고시 강행, '비즈니스
프렌들리' 전면화
요구 한미 쇠고기 협정 폐기 및
이명박 대통령 퇴진
결과 이 대통령 사과 및 한미 쇠고기 협정
재협상

6월 10일 미국산 쇠고기 수입반대
촛불집회 100만 명 운집

2004
노무현 대통령 탄핵 반대 촛불집회

상황 한나라당 등 보수연합의 노무현 대통령
탄핵 소추
요구 대통령 탄핵 반대
결과 헌법재판소 탄핵소추안 기각 결정

3월 20일 탄핵 반대 촛불집회
20만 명 운집

2016~2017
박근혜 대통령 퇴진 요구 촛불집회

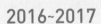

상황 비선 실세에 의한 헌정 파괴
요구 박근혜 대통령 퇴진
결과 박 대통령 탄핵소추안 의결,
헌법재판소 탄핵 인용

12월 3일 박근혜 퇴진 촛불집회
232만 명 운집

고 설명했다.

 광장민주주의가 발현되는 계기는 누적된 분노의 폭발이었다. 사사오입 개헌과 3·15 부정선거(4·19 민주혁명), 와이에이치(YH)무역 농성·김영삼 국회의원 제명(부마 항쟁), 12·12 사태로 대표되는 신군부의 등장(5·18 광주민주화운동) 등 민주주의를 무시한 독재적 행태는 어김없이 국민적 반발을 불렀다. 정해구 성공회대 교수(정치학)는 "국민에 의해 선출된 대표들이 국민의 뜻을 배신하고 법치주의 각종 제도가 오작동하는 상황에서 국민은 집단적 주권 행위에 나섰다"며 "광장민주주의 너머에 대한 고민은 제도정치의 실패에서 출발할 수밖에 없다"고 말했다. 권력과 광장의 갈등 원인을 식민지와 분단을 경험한 우리 역사의 한계에서 찾는 분석도 나온다. 한국 근현대사에서 권력자들은 일제, 미군정 등 외생 권력으로부터 통치권을 넘겨받는 형식으로 권력을 획득해왔기 때문에, 주권자인 국민의 뜻에 따라 정치적 대표성을 획득하는 민주주의의 체계화 과정이 생략됐다는 것이다.

 수십 년 동안 제도정치와 갈등을 벌이던 광장민주주의는 1987년 6월항쟁으로 '민주화'라는 꽃을 피웠다. 전두환 정권은 이전의 독재정권과 마찬가지로 파시즘적 폭압을 이어갔다. 그러나 그동안 경제성장과 대학진학률 상승으로 중산층과 화이트칼라라는 민주화의 토대가 형성됐다. 이들은 '넥타이 부대'라는 이름으로 반독재 투쟁의 '전위부대'임을 자임하던 대학생, 재야세력을 뒷받침했다. 사회적 주체로 성장한 블루칼라 노동자들은 6월항쟁에 이은 1987년 노동자대투쟁(7~9월)을 통해 독자 정치세력화에 나섰다. 1987년 6월의 광장은 '6·29 선언'을 통한 직선제 개헌뿐만 아니라, 시민사회와 민주노조를 정치적 주체로 격상시켰다. 광장민주주의의 주체가 현실 정치의 전면에 나섰다는 점에서 민주주의는 한 단계 성장했다.

선거를 통한 평화적 정권교체 등 형식적 민주주의가 완성된 이후, 광장민주주의는 저변을 넓히기 시작했다. 2002년 '효순이·미선이 추모 촛불집회'는 주둔군지위협정(SOFA) 개정과 함께 한국과 미국의 대등한 관계 설정을 요구했다. 세계 10위권의 경제대국으로서 2002년 월드컵을 성공적으로 개최했다는 자부심이 바탕이었다.

그러나 2004년 '노무현 대통령 탄핵 반대 촛불집회'부터 광장은 다시 민주주의를 지켜내기 위한 힘겨운 내부 투쟁으로 돌아선다. 2004년의 광장은 국민의 대표를 지키기 위한 '방탄성' 광장이었다. 지배적 언론 환경을 등에 업은 제도정치권의 보수 야합이 6월 항쟁의 성과인 직선제로 뽑힌 국민의 대표를 무리하게 제거하려고 시도했다는 점에서, 2004년의 광장이 맞섰던 대상은 퇴행적이었다. 이때부터 우리 민주주의는 퇴행 위기에 지속해서 노출된다.

2008년 '미국산 쇠고기 수입 반대 촛불집회'는 건강과 안전이라는 생명권 요구에서 출발했지만, 내용적 측면에서는 이명박 정부의 일방통행식 불통 정치, 민주주의 퇴행에 대한 반발이었다. 그리고 민주화 30주년을 한 해 앞둔 2016년, 민주주의가 권력 핵심부에서부터 무너져 내렸다. 남녀노소 불문하고 모든 세대가 분노하고 광장에 나선 이유다.

 권력집단에 의해 민주주의가 희롱당한 작금의 현실에서 우리 민주주의가 실은 허울만 남은 '결손 민주주의'였다는 진단이 설득력을 얻고 있다. 중앙대 신진욱 교수(사회학)는 민주주의를 구성하는 5가지 요소로 △선거체제 △정치적 기본권 △시민적 자유 △권력분립 △선출된 대표에 의한 지배를 들고, 이 범주에 따라 한국 사회를 진단한 결과 심각한 결손이 발견된다고 말한다. 특히 이명박-박근혜 정부 이후 선거의 공정성이 위협(국정원 대선개입)받았고, 정치적 기본권은 제한(민간인 사찰, 언론 장악)됐다. 또 시민적 자유는 위축(공안몰이, 카카오톡 감청)됐고, 권력분립(여당과 사법부 장악)이 실종됐으며, 급기야 국민이 뽑은 대표가 직접 통치한다는 정치적 대표성(최순실 비선 실세)마저 무너졌다는 것이다. 신 교수는 "선거를 통해 대표를 뽑는다는 게임의 룰을 제외하면 한국의 민주주의는 사실상 허물어진 것이나 다름없다"며 "민주주의의 결손이 등장하게 된 원인을 제거하지 못한다면 압축된 정치적 에너지가 일시에 폭발하는 일이 반복될 수밖에 없다"고 말했다. 2016년 박근혜 퇴진 촛불시위는 이렇게 '결손'된 민주주의를 재건하기 위해 다시 열린 광장이라는 뜻이다.

 군부독재와 산업화시대를 겪지 않은 후기산업화시대 이후 시민들의 정치적 진보성에 주목하는 이들은 폭발적인 광장민주주의가 우리 민주주의의 특질처럼 자리잡을 수밖에 없다고 예상하기도 한다. 전 세계를 대상으로 한 가치관 조사 결과를 보면, 산업화시대 이후 출생자(1990년생 이후)들의 탈물질주의 경향성이 갈수록 높아지고 있는 것으로 나타난다. 탈물질주의자들은 선거 참여, 조직적 동원 등 제도민주주의에 대한 참여도가 낮은 대신, 시민의 직접행동에 대한 호응도가 매우 높다. 정치에 무관심한 듯 보이지만 누적된 분노를 광장에서 쏟아낼 가능성이 높은 세대가 점점 늘어나고 있다는 뜻이다.

후기산업화 이후 세대인 1990년대 출생자들을 새로운 정치의 주체로 격상시켜야 한다는 주장도 나온다. 서원대 정상호 교수(사회교육)는 "구태의연한 정당 조직과 선거를 위한 동원 등으로 상징되는 대의민주주의는 탈물질화 경향을 가진 젊은 세대의 정치적 욕망을 수용하기 어렵다"며 "젊은 세대를 정치의 주체로 세우기 위해 직접민주주의 요소를 과감히 받아들여야 한다"고 제안했다. 한국 정치의 최대 문제는 권력에 의한 동원을 반복하는 산업화시대 정당정치와 이를 거부하고 있는 후기산업화 시민들의 갈등에 있다는 인식이다.

달라진 광장의 주체
대학생에서 중고생으로, 이제 모든 시민으로

광장민주주의는 일상과 제도정치를 넘어서는 직접민주주의의 구현이다. 주권자인 국민의 직접행동이기도 하다. 이에 광장민주주의의 외침은 늘 '국민의 뜻'으로 치환된다. 그러나 거대한 국민의 뜻을 이끌어낸 도화선은 매번 달랐다. 먼저 대통령 직선제를 이뤄낸 1987년 6월항쟁은 대학생들이 앞장섰다. 전두환 정권의 철권통치 아래 지금의 비폭력 촛불집회와 같은 광장민주주의는 꿈조차 꾸기 어려웠다. 지하수처럼 숨죽여 흐르던 자유와 민주주의에 대한 열망은 학문과 양심의 자유를 보호막으로 삼아, 상아탑에서 분출될 수밖에 없었다. 전국의 대학생들은 독재정권과 한판 싸움을 예비한 '전위 조직'이 되었다. 2008년 미국산 쇠고기 수입 반대 촛불집회는 '촛불소녀'들의 등장으로 시작했다. 미국산 쇠고기 수입으로 내 가족과 친구들의 생명과 안전이 위태로워진다는 순수한 촛불은 2008년 4월부터 청계광장에 모여들기 시작했다. '생활정치'의 시작이었다. 2008년 5월 2일부터 진행된 촛불문화제는 자발적인 참여와 느슨한 네트워크로 세를 불려가기 시작했다. 조직적 동원으로 독재정권과 맞섰던 6월항쟁과 달리, 인터넷 메신저와 휴대전화가 광장의 무기가 됐다. 이어 '82쿡', '쌍코' 등 정치색을 띠지 않은 온라인 커뮤니티들이 정치적 주체로 각성하면서 화력을 키웠다. 시민들은 한-미 쇠고기 수입 협정이라는 정책 이슈에 반응해 광장에 모인 뒤 이명박 정부의 퇴진을 요구했고, 이어 관심 영역에 따라 다원화된 시민운동으로 분화됐다. 언론의 기울어진 운동장에 분노한 시민들은 언론소비자주권운동(언소주)에 나서기도 했고, 각 지역 촛불을 일깨우겠다며 풀뿌리 지역 네트워크로 광범위하게 퍼져나가기도 했다. 박근혜 대통령을 탄핵 절차로 밀어넣은 2016년의 광장민주주의는 보편성이라는 특질을 보인다. 다름 아닌 대통령 자신이 헌정 질서를 파괴한 주범이라는 사실은 명백한 민주주의의 퇴행으로 모든 시민을 분노하게 했다. 또 비선실세 최순실 씨의 딸 정유라 씨의 이화여대 불법입학과 특혜는 대학생뿐 아니라 중고생들까지 광장으로 불러들였다. 70살이 넘은 고령의 목사가 100살이 넘은 노모를 모시고 광화문 찬바람에 맞섰고, 평생 새누리당만 찍었다는 부산의 할머니도 촛불을 들고 "미안하다"고 외쳤다. 2016년의 광장은 서울 광화문에만 갇히지 않았다. 부산·대구·광주·대전·세종 등 지역마다 수만~수십만의 인파가 몰려 전국 곳곳에서 광장을 열어냈다. 그 결과 국회는 찬성 234표의 압도적인 차이로 박 대통령 탄핵소추안을 가결했다. 광장에서 표출된 주권자들의 직접행동이 여의도로 상징되는 제도정치를 굴복시킨 것이다.

왜 매번 그렇게 끝났나

"직선제를 해도 마, 이기지 않겠소?"

1987년 6월 24일 청와대. 대통령 전두환이 민정당 대표 노태우를 불러 말했다. "무슨 말씀이십니까? 직선제로 이긴다고요?" 김대중을 사면·복권하면 김대중·김영삼이 다 대통령 후보로 나와 이길 방법이 생길 것이라는 계산이었다. 다만 효과를 극대화하기 위해 노태우가 대통령과 상의 없이 독자적으로 선언하고 나중에

대통령이 추인하는 형식을 취하기로 했다. (서중석의《6월항쟁》(2011) 중에서)

이틀 뒤 민주헌법쟁취 국민평화대행진(6·26 대행진)이 열렸다. 전국 33개 도시에서 당시로는 역대 최대 규모인 동시다발 시위가 열렸다. 50만 명이 참가한 6·10 국민대회보다 더 많은 130만 명이 거리로 쏟아졌다. 특히 '넥타이 부대'로 불리는 중산층과 화이트칼라 노동자가 6·10 대회에 이어 대거 참여했다. 전두환·노태우는 굴복하는 길 외에 다른 방법이 없었다.

6월 29일 노태우는 △대통령 직선제 개헌 △김대중 사면복권 등 시국수습 방안을 발표했다. 노태우는 '각본대로' 청와대가 이를 받아들이지 않으면 모든 공직에서 물러날 것이라고 주장했다. 전두환은 7월 1일 노태우의 6·29 선언을 대폭 수용하겠다고 밝혔다. 역시 '각본대로'였다.

12월 16일 대통령 선거에서 야당은 졌다. 6월항쟁으로 어렵게 얻은 선거에서, 그것도 오랜 독재를 물리치고 16년 만에 처음 치른 국민의 직접선거에서 말이다. "죽 쒀서 개 줬다"는 국민의 탄식이 하늘을 찌를 듯했다.

역사가 전환기를 맞을 때마다 우리 국민은 광장으로 뛰쳐나와 권력에 맞섰다. 그러나 그 끝은 '패배의 기억'으로 남기 일쑤였다. 1960년 4·19 민주혁명부터 1980년 5·18 광주민주화운동, 1987년 6월항쟁까지 만족스러운 결실을 맺지 못했다. 거대한 파도는 이내 가라앉았고 언제 그런 일이 있었느냐는 듯이 평범한 일상이 반복됐다.

 4·19와 5·18은 총칼을 앞세운 군부의 쿠데타로 무릎을 꿇고 말았지만 1987년 6월항쟁은 방심한 민주세력이 기성 정치권에 기만 당한 사례다. 특히 헌법 개정 과정에서 국민은 철저히 배제됐고, 야권이 분열하면서 군부독재의 합법적 연장으로 귀결됐다. 당시 유력 대선 후보군이었던 노태우와 김영삼, 김대중은 자신들의 대리인들로 8명(8인 정치회담)의 '헌법개정특별위원회'를 구성해 쫓기듯이 개헌을 추진했다. 헌법 개정 과정에서 국민 참여나 토의는 없었다. 8인 정치회담은 7월 31일에 시작해 한 달 만인 8월 31일 끝났다. 대통령 임기와 자격, 국회의 권한 강화 등 정치 권력을 둘러싼 이해관계가 중심 의제였다. 대통령 국민소환제 등 국민이 권력을 직접 견제하는 제도는 없었다.

 이 회담에 통일민주당 대표로 참여했던 이용희 전 국회부의장은 "대통령 임기가 최대 관심사였다. 여당은 6년 단임을, 야당은 5년 단임을 요구했다. DJ와 YS가 (단일화 문제로) 싸우고 있으니까 형님 먼저, 아우 먼저 형식으로 5년씩 하자고 생각했다"고 말했다. 대통령 임기가 5년 단임으로 확정된 개헌안이 국민투표를 거쳐 10월 29일 공포됐다. 전광석 연세대 교수(헌법학)는 〈헌법과 한국 민주주의: 1987년 헌정체제를 중심으로〉라는 논문에서 1987년 헌법 개정작업의 특징을 두 가지로 설명했다. "첫째, 헌법 개정작업은 전적으로 정치권에 맡겨졌다. 즉 헌법이 일종의 엘리트 협상의 산물로서 탄생했다. 실제 국회는 예정됐던 지역 공청회를 여야 간 공청회

장소 및 연사 선정 등의 문제에 이견을 보이며 한 번도 시행하지 못했다. 둘째, 헌법 개정에 전적으로 차기 집권을 위한 전략적 사고가 지배했다." 정해구 성공회대 교수(정치학)는 "프랑스혁명의 경우 인권선언을 만들어냈고 2년 뒤 헌법에 이를 반영했다. 프랑스혁명의 정신이 헌법으로 이어진 것이다. 그러나 87년 6월항쟁은 운동으로만 끝나버리고 선언이나 헌법으로 연결시키지 못했다"고 평가했다.

6월항쟁 때 민주 세력은 왜 개헌 논의에 뛰어들지 않았을까. '민주헌법쟁취 국민운동본부'(국본) 상임집행위원장을 맡았던 오충일 목사는 이렇게 회고한다. "대통령 직선제를 쟁취한 뒤 국본 지도부는 주도권을 정치권에 넘겨버렸다. 야권의 대통령 후보인 양김을 너무 믿었기 때문이다."《87년 6월항쟁》저자인 김원 박사(정치학)는 "당시 중산층은 호헌 철폐와 직선제 쟁취라는 민주주의 제도의 절차성에 관심을 가졌고, 양김으로 대표되는 정치적 '대리인'을 통해 자신들의 요구를 관철하려고 했다"고 지적했다.

국본 조직국장이었던 이병철 씨(농민운동가)는 "민주 세력은 직선제 이후에 무엇을 할지 충분히 준비하지 못했다. 독재에 대한 염증이나 분노, 저항은 컸지만 구체적으로 어떤 나라를 만들고 그것을 어떻게 실현할 것인지 로드맵이 없었다"고 진단했다. 직선제 이후 구체적 대안이 부족했던 이들은 대선 과정에서 급속도로 분열했다. 국본 정책 연구차장으로 일했던 황인성 씨(6월민주포럼 운영위원장)는 "합법적 경쟁을 하면 야권이 이길 수 있다는 낙관이 지배적이었고, 다양한 세력이 모인 탓에 구심력보다는 원심력이 훨씬 더 크게 작용했다"고 말했다. '후보 단일화', '비판적 지지', '독자 후보'로 분열하면서 민주세력은 독립적인 중심으로 서지 못하고 구 정치엘리트의 종속변수가 돼 버렸다. "결국 국민의 힘으로 이룩해놓은 변화의 계기를 군부독재정권의 합법적 정권 연장으로 갖다바쳐버렸다."(황인성)

그뿐이 아니다. 김영삼과 김대중은 이후 잇따라 군부 세력과 손잡았다. 1990년 1월 김영삼은 대통령 노태우, 신민주공화당 총재 김종필과 손잡고 '3당 합당'을 선언했고 1992년 여당 후보로 대선에서 이겼다. 김대중은 1997년 대선 때 김종필과 후보 단일화에 합의해 당선됐다. 이용희 전 국회부의장은 "87년에 DJ와 YS가 단일화해 민주 정부가 들어섰다면 군사정권을 다 물러나게 할 수 있었다. 오늘날 우리나라의 운명이 완전히 달라졌을 것이다. 어떻게 저런 대통령이 나올 수 있겠나. (박근혜 정부의 탄생에) 나에게도 책임이 있다"고 말했다. 오충일 목사는 "내가 6월항쟁의 죄인"이라고 했다. "(박근혜 대통령이) 탄핵이 되더라도 방심하지 말고 시민이 계속 주도권을 가져야 한다. 새로운 민주사회를 어떻게 만들 것인가를 계속 논의하고 이를 구현해야 진정한 승리를 완성할 수 있다." 2016년 12월 9일, 국회에서의 대통령 탄핵 결의 이후에도 광화문 촛불이 꺼지지 않은 이유는 1987년 광장에서 당한 배신의 기억이 강하게 남아 있기 때문 아닐까.

헌법재판소는 87년 광장이 남긴 선물인가

모든 광장은 체제 변혁을 수반하거나 제도 변화로 수렴된
다. 2016년 이전까지만 해도 최대 규모의 광장 시위였던 1987년
6월항쟁은 새로운 헌법을 남겼다. '87년 헌법'에서 대통령 직선제
와 함께 가장 중요한 제도의 변화가 헌법재판소 신설이다. 그런데
이 헌법재판소가 실은 당시 여당이었던 민주정의당과 전두환 대통
령의 작품이었다는 사실이 드러났다. 헌재가 야당의 요구로 신설
됐다고 알려진 통설은 사실이 아니었다. 이른바 '3(대통령):3(대법원
장):3(국회)' 임명권으로 대통령이 헌재를 지배할 수 있게 된 것도 이
탄생 비화와 관련 있었다. 직선제 쟁취로 승리했다고 방심했던 당
시 민주세력은 양김 분열로 정권교체에 실패했을 뿐만 아니라 30
년 가까이 잘못된 사실을 믿으며 스스로를 속여왔던 것이다.

당시 여당 개헌특위에 참여했던 현경대 전 의원(민정당)은 "헌재
는 여야가 합의해 도입했지만 제안자는 여당이었다"며 "특히 전 대
통령이 헌재 탄생에 큰 역할을 했는데 제대로 알려지지 않았다"고
말했다. 현 전 의원이 공개한 1987년 7월 여당의 보고서(헌법개정요
강안 주요쟁점 검토보고)와 자필 메모가 이를 뒷받침해준다. 이 보고서
는 '위헌법률심사권은 대법원에 부여, 헌법위원회 폐지'라는 소제
목 아래 민정당과 통일민주당의 공동안이라는 사실을 적시하고 있
다. 애초에 여당과 야당은 위헌법률심사권을 헌재가 아닌 대법원에
주는 쪽으로 의견을 모은 것이다.

현경대 당시 의원을 포함한 여당 개헌특위 소속 김숙현·남재희 의원은 1987년 7월 24일 이 보고서를 들고 청주 청남대에서 휴가를 보내던 전 대통령을 찾아갔다. 전 대통령은 당시 여당 총재였다. 개헌안을 보고받은 전 대통령은 반대했다. "대법원이 정당해산을 심판하면 운동권이 만날 그 앞에서 데모할 텐데, 대법원을 그렇게 만들면 안 되지."

그 자리에서 헌재가 대안으로 떠올랐다. 헌재는 '4·19 혁명'으로 탄생했던 제2공화국에서 헌법재판을 맡았던 곳이다. 제2공화국의 단명으로 미처 구성되지도 못한 채 헌법 속 제도로만 남아 있는 상태였다. 현 의원은 보고서에 "헌법재판소 신설 검토"라고 메모했다. 그 옆에 괄호 안에 들어 있는 "대법원"은 위헌심판권을 헌재에 주면 대법원이 반발할 가능성이 있으니 그 의견을 먼저 표명하도록 하라는 전 대통령의 지시를 적은 것이다.

이 자리에 동석했던 남재희 당시 의원은 전 대통령이 이날 "헌법위원회와 헌법재판소 중 어느 게 좋은가"라고 물었다고 기억했다. "헌법학자들이 대부분 헌법재판소를 두어야 한다고 합니다"라고 답하니 "그러면 그렇게 해" 했다는 것이다. 그는 "그때 대통령이 '미국은 어떤가?'라고 물었다면 헌재는 태어나지 않을 수도 있었다"고 말했다. 미국에선 대법원이 위헌 여부를 판결하고 헌재는 독일 등 유럽에서만 채택한 제도이기 때문이다.

1987년 개헌 과정을 연구한 정상우 인하대 교수(사회학)는 "갑자기 왜 헌재 설립 얘기가 나오는지 배경을 알 수 없었는데 이번 증언과 자료를 보니 청와대 지시가 맞는 것 같다"며 "(당시) 메모나 속기록을 남기는 것이 관례나 절차로 자리잡지 못했기 때문에 정확한 헌법 개정의 배경이나 과정을 이해하기 어려운 한계가 있었다"고 말했다. 사실관계 확인을 요청하자 헌재는 "현재로는 사실관계를 정확히 파악하기 어렵다"고 답했다. 그러나 《헌법재판소 10년사》와 《헌법재판소 20년사》는 "87년 7월에 여당은 정치적인 문제에 대법원이 개입하는 것이 바람직하지 못하므로 독립된 헌법위원회를 설치해 담당하게 하자고 했고, 야당은 이(헌법재판) 권한을 모두 대법원에 부여하자고 주장했다"고 돼 있다. 이는 절반의 진실이다. 당시 국회 헌법개정특별위원회 회의록이나 개헌협상 전담기구(8인 정치회담)의 여야 헌법안 쟁점 대비표 등을 보면, 여당은 헌법위원회 유지가 아니라 폐지를 요구했다. 대안으로 헌재 신설을 제시했다. 반면 야당은 헌재도 헌법위원회처럼 국가 재정만 축내는 '휴면기관'이 될 것이라고 꺼려했다.

여야의 팽팽한 줄다리기는 '헌법소원제도'라는 예기치 못한 실마리로 접점을 찾았다. 헌법소원은 공권력에 의한 기본권 침해를 헌법소송절차를 통해 구제받는 제도다. 독일 등 선진국에선 이미 제도화했지만 우리나라에선 낯설었다. 헌법소원제도 도입을 제안한 것은 야당이었다. "당시 사람들은 남산 중앙정보부나 서빙고동 보안사에 영장 없이 끌려가는 걸 두려워했다. '8인 회담'에 참여했던 이중재 의원(민주당)이 공권력에 의한 피해를 구제할 수 있는 헌법소원을 제안했다."(현경대)

헌법재판소 역대 주요 결정

1기
(*임기 / 헌재소장(대통령))

1988년 9월~1994년 9월 조규광(노태우)

1989년	1월	국가를 우대하는 소송촉진법	첫 위헌 결정
1989년	7월	사회보호법 보호감호	위헌
1992년	1월	미결 수용자 변호인 접견 제한 행형법	위헌
1992년	12월	무죄라도 석방 금지	위헌

2기

1994년 9월~2000년 9월 김용준(김영삼)

1996년	2월	5·18 민주화운동 특별법	합헌
1996년	10월	공연윤리위원회 영화 사전검열	위헌
1997년	7월	국회 법률안 날치기 통과	위헌
1997년	7월	동성동본 혼인 금지	헌법불합치
1999년	12월	군 가산점제	위헌
2000년	4월	과외교습 금지	위헌

3기

2000년 9월~2006년 9월 윤영철(김대중)

2001년	8월	영상물 등급보류 결정	위헌
2001년	10월	인구편차 4:1 이상 국회의원 선거구	헌법불합치
2004년	5월	노무현 대통령 탄핵심판	기각
2004년	10월	행정수도 이전 특별법	위헌
2005년	2월	호주제	헌법불합치
2006년	5월	공무원시험 나이 제한	헌법불합치

4기

2007년 1월~2013년 1월 이강국(노무현)

2006년	11월	종합부동산세	헌법불합치
2007년	6월	재외국민 선거권 금지	위헌
2009년	9월	야간 옥외집회 금지	헌법불합치
2009년	11월	형법의 혼인빙자간음죄	위헌
2011년	3월	친일재산국가귀속 및 친일반민족행위 진상규명	합헌
2011년	8월	정부, 위안부· 원폭피해자 방치	위헌
2012년	8월	본인 확인 인터넷 실명제	위헌

5기

2013년 4월~ 박한철(박근혜)

2013년	3월	유신헌법 긴급조치	위헌
2013년	11월	통합진보당 위헌정당해산심판	인용
2014년	3월	밤 12시 이전 시위 금지	위헌
2014년	10월	인구편차 3:1 이상 국회의원 선거구	헌법불합치
2016년	8월	김영란법	합헌
2016년	10월	출퇴근 사고 산업재해 불인정	헌법불합치
2017년	3월	박근혜 대통령 탄핵심판	인용

*합헌: 헌법 취지에 맞으므로 유효
*위헌: 헌법 취지에 맞지 않으므로 즉각 무효
*헌법불합치: 헌법 취지에 맞지 않지만 혼란 방지를 위해 유예기간 후 무효
*인용: 소를 제기한 측의 의견이 옳다고 판결
*기각: 소를 제기한 측의 의견이 타당하지 않다고 판결

여당은 헌법소원제도 도입을 반대했다. 그러자 야당은 법관추천 회의를 협상 카드로 내밀었다. 여당은 대법원장을 대통령이 직접 임명하길 원했지만, 야당은 법관추천회의 제청으로 국회 동의를 얻어 대통령이 임명하자고 했다. 당시 법관추천회의 설치는 '사법부 민주화'의 상징으로 여겨졌다. 대법원장과 대법관을 법관추천회의가 뽑으면 대통령 권한을 견제하고 사법부 독립성을 강화할 수 있기 때문이다.

8월 21일 야당은 법관추천회의를 포기하는 대신 헌법소원을 얻었다. 여당은 헌재 신설과 대통령의 대법원장 직접임명권이라는 두 마리 토끼를 잡았다. 헌재와 대법원 구성은 여당의 뜻대로 마무리된 셈이었다.

헌법재판기관으로서 제구실을 못했던 헌법위원회를 폐지한 것은 1987년 6월항쟁의 힘이었다. 그러나 헌재 신설은 아니었다. 전전 대통령의 요구로 민정당이 급조했고, 그 결과 독재정권의 잔재를 고스란히 품고 태어났다. 87년 헌법을 보면, 헌법재판소 재판관 9명은 국회가 3명, 대법원장이 3명, 대통령이 3명 뽑도록 돼 있다. 겉으로는 권력분립의 원칙에 충실한 것처럼 보이지만, 실질적으로는 민주적 정당성이나 다원성을 갖추지 못했다는 게 대다수 헌법학자의 견해다. 김종철 연세대 법학전문대학원 교수(헌법학)는 "헌재는 대통령 소속 정파에 우월성을 부여하는 방식으로 재판관을 구성하고 있다"고 지적했다. 대통령 몫 3명과 국회 몫 3명 중 여당에 보장된 1명을 합치면 대통령·여당은 최소 4명의 재판관을 확보할 수 있다. 대통령이 대법원장을 임명하므로 대법원장 몫 3명에도 대통령이 영향력을 미칠 가능성이 있다. 그러면 대통령·여당과 뜻을 함께하는 재판관이 최소 7명이 된다. 여야가 합의로 추천한 국회 몫(1명)까지 끌어들인다면 8 대 1 결정도 가능하다.

통합진보당 사건이 대표적인 사례다. 야당이 추천한 김이수 재판관을 제외한 8명이 통진당 해산 쪽에 손을 들었다. 이명박·박근혜 등 보수정권이 이어지면서 헌재가 보수 일색으로 채워진 탓이다. 헌재 사상 처음으로 공안검사 출신이 헌법재판소장을 맡았고, 새누리당이 '공안통' 검사장 출신을 재판관으로 선출했다. 나머지 7명은 모두 고등법원 부장판사(차관급) 이상 '평생 법관'들이다. 순수 변호사 출신도 없다. 헌법이 헌법재판관 자격을 "법관의 자격을 가진 자"로 한정해 헌법학 교수는 재판관이 될 길이 아예 막혀 있다. 한상희 건국대 법학전문대학원 교수(헌법학)는 "전세계 어느 곳에서도 헌법재판소를 이렇게 폐쇄적이고 획일적으로 구성하는 나라는 없다"고 말했다.

'기울어진 운동장'은 87년 헌법이 예고한, 아니 의도한 결과물이다. 허영 경희대 법학전문대학원 석좌교수(헌법학)는 "헌법재판관 임명 방식은 유신시대의 잘못된 제도를 맹목적으로 수용한 것"이라고 지적했다. 박정희 전 대통령은 1972년 헌법재판을 맡을 헌법위원회를 신설하면서 이를 장악할 도구로 '3:3:3 원칙'을 고안했다고 허 교수는 밝혔다. "유신시대는 대통령이 임명한 국회의원도 있어 3:3:3 원칙으로 충분히 위헌 결정을 봉쇄할 수 있었다. 발상 자체가 독재 수단을 강화하기 위한 것이었다. 이것을 전두환 정권이 그대로 따랐다. 87년 헌법은 헌법재판소를 신설하면서, 헌법위원회 구성 원리를 무비판적으로 받아들였다."

현행 헌법은 1987년 6월항쟁의 결실로 탄생했기에 기본권 보장의 최후 보루라 자임한다. 하지만 정작 이 헌법을 수호해야 할 헌재 구성에선 민주주의 기본원리가 구현되지 않고 있다. 반면 우리 헌재의 모델인 독일의 경우 16명의 재판관 전원을 의회가 선출하며 '3분의 2' 이상의 동의가 필요하다. 다수당과 소수당이 모두 찬성하는 재판관을 선출해야 한다는 의미다. 허영 교수는 "헌법을 개정해서라도 재판관의 선임 방식은 뜯어고쳐야 한다"고 말했다.

3장

—

광장에 선
사람들

87년 6월 이한열을 안았던 이종창 씨

●

　　눈앞에 쓰러졌던 친구는 죽었고 그는 살아남았다. 그들이 함께 찍힌 한 장의 사진은 민주화운동을 상징하는 결정적인 순간으로 남았다. 지난해까지 그의 일터였던 연세대학교 도서관 맞은편 학생회관에는 해마다 6월이면 숨진 친구와 그의 모습을 새긴 목판화 걸개그림이 내걸린다. 그는 애써 눈을 돌리며 무심한 표정으로 그 앞을 지나쳐 왔다. 연세대 정문 왼쪽 기둥 앞 3미터, 1987년 6월 9일 이한열이 'SY-44' 직격 최루탄에 맞은 지점에 새겨진 동판 옆으로, 그는 출근길 바쁜 걸음을 걸었을 것이다.

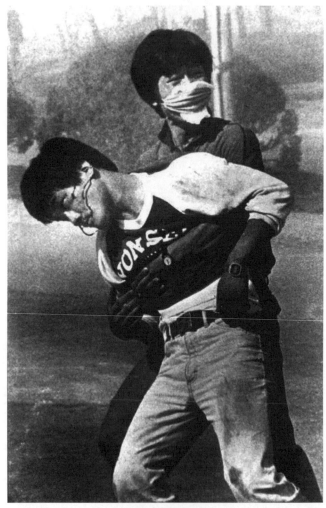

1987년 6월 당시 연세대 2학년이었던 이종창 씨가 최루탄에 맞아 피를 흘리는 같은 학년 이한열을 안고 진압 경찰 쪽을 노려보고 있다. ©정태원

모교인 연세대 교정에서 만난 이종창 씨는 그날의 기억을 털어놓았다. 매해 6월이 돌아올 때마다 수없이 많은 언론이 그를 찾아 기억을 헤집었다. 그는 언론을 피해다녔다. 그때마다 기진맥진했기 때문이다. 누군가는 그의 사진에서 민주주의에 대한 열망과 숭고한 희생을 읽었겠지만, 그 거대한 상징은 그를 짓누르는 무게였는지 모른다. '한열이'와 '6월'의 기억을 떠올릴 때마다 그의 눈에는 핏발이 섰다.

그는 전남 영광 출신의 순진한 청년이었다. 평생 영광 땅을 떠난 적 없는 농군인 부모님께 서울의 명문대에 입학한 막내아들은 눈에 넣어도 아프지 않은 삶의 이유 그 자체였다. 앞서 상경해 호텔 카지노 '보이'로 취직한 형에게도 동료들과 소주 한 잔 털어넣는 자리에서 목소리 높일 자랑거리였을 것이다. 그래서였을까. 1986년 봄 연세대 도서관학과(문헌정보학과)에 입학한 새내기 대학생은 일부러 수업시각 정시를 기다려 강의실로 뛰어들었다. 사람들과 마주치기 싫어서였다. 정문 앞에서 최루탄 연기가 피어오를 때면, 노천극장을 뒤로 돌아 소나무 숲(청송대)에 신문지를 깔고 책을 읽었다. 이씨는 "도서관에 갈 때도 일부러 학교를 벗어나 남산도서관이나 정독도서관으로 향하곤 했어요. 그땐 그냥 서울 사람들이 무서웠던 것 같습니다"라고 말했다.

중간고사를 마친 뒤인 1986년 4월 말께 연세대에선 대학생 연합 집회가 많이 열렸다. 너른 평지와 시내로 통하는 접근성 탓이었다. "서울대는 머리로 데모하고, 고대는 쪽수로 데모하고, 연대는 터로 데모한다는 이야기까지 있었어요." 4월 28일 학교 안까지 밀고 들어온 전경에 쫓기는 학생이 그날 왜 하필 눈에 들어왔을까. 중학교 때까지 학교 대표 축구선수로 뛰었던 끓는 피 때문이었을 것이다. 정신을 차리고 보니 그 학생을 구하기 위해 전경들에게 각목을 휘두르고 있는 자신을 발견했다. 문과대 학생회 선배들이 그를 눈여겨보고 집회며 세미나에 부르기 시작한 계기였다.

그는 맡겨진 일을 충실히 수행하는 심성 고운 사람이었다. 내성적이고 소극적이지만, 책임감 강하고 인간관계를 중시하는 전형적인 촌놈. 최루탄에 맞아 피 흘리는 이한열을 끌어안았을 때도 그는 본인의 역할에 충실했다고 한다. 그의 역할은 전경 침탈로부터 대열을 지키는 사수대 소크(SOC)조였다. 사수대 중에서도 최전방 수비수로서 '운동권' 지도부를 지키는 에스코트조보다 훨씬 위험했다. "축구선수 출신이라 잘 뛰고 힘도 좋고 해서 그런지 소크조를 시키더라고요. 저는 주로 정문 왼쪽을 맡곤 했어요." 전경이 학교 안으로 밀고 들어올 경우 피신처인 학생회관에서 가장 멀어 위험한 지역이었다.

2학년이던 1987년 6월 9일, 이한열을 끌어안고 교문 너머 전경을 바라보는 노기 서린 눈빛은 무얼 말하는 걸까. 그는 "쓰러진 한열이를 구해야 하니 전경의 위치를 확인하려 했던 것 같다"고 말했다. "교문 근처에 대기하고 있던 전경들이 많이 있었어요. 우리(그와 이한열)를 잡으러 올까 말까 긴장하던 순간이 지금도 잊혀지지 않아요. 그때 왜 안 쳐들어 왔을까요?" 그는 역사적 장면으로 포착된 자신을 치장하려는 단어는 한마디도 하지 않았다. 자욱한 최루탄 연기 속으로 이한열을 안고 얼마나 뒷걸음질 쳤을까. 학생들이 그와 이한열을 구하러 달려왔을 때, 그는 정신을 잃고 쓰러졌다고 했다.

이한열은 곧바로 연세대 세브란스병원으로 옮겨졌다. 뇌사라는 소식이 들려왔다. 며칠 뒤 6월 14일 집회에서 백골단이 던진 돌에 머리를 맞아 그 역시 큰 부상을 당했다. "손으로 만져보니 피가 안 나서 괜찮겠거니 했는데, 좀 쉬려고 도서관 소파에 앉았다가 정신을 잃었어요." 뇌골절 및 뇌출혈로 두 차례 수술을 받은 그는 세브란스 병원 중환자실, 뇌사 상태에 빠진 이한열의 옆 침대에서 정신을 차렸다. 수술 경과가 좋아 퇴원하기로 예정된 날짜에 이한열이 숨을 거뒀다. "퇴원날 눈을 떴는데 커튼을 다 쳐놓고 병원 분위기가 이상한 거예요. 무슨 일이냐 물으니 한열이가 갔다고… 경찰이 한열이의 주검을 빼앗으러 쳐들어올 수도 있다는 말에 환자복을 입고 연좌농성을 벌였어요. 계속 울면서 복도를 지켰어요." 늘 경계에서 고민하던 이종창은, 그렇게 역사의 한복판으로 조금씩 이끌려 들어갔다.

6월항쟁의 폭발적 저항에 전두환 정권은 직선제 개헌을 약속했다. 광장민주주의는 짧은 승리를 경험했다. 그러나 이한열의 죽음과 맞바꾼 선거에서 대통령으로 선출된 것은 전두환 정권의 2인자 노태우였다. 허탈감과 패배의식, 무엇보다 부채의식을 버릴 수 없었다. 그는 계속 '운동권'에 머물 수밖에 없었다. 문과대 학생회장에 나서기도 했다. 졸업 뒤에는 군 징집을 거부하고 부천·울산 등 노동현장에 투신했다. 2년 가까웠던 괴로운 수배생활의 시작이었다. "그런데 좀 적응을 못했어요. 같이 활동하는 사람들하고도 헤어지고, 그러다가 마침 수배가 풀려서 시골로 돌아갔었죠."

수배생활 동안에는 어머니의 한이라는 또 다른 마음 빚도 얻었다. 영광경찰서 정보과 형사들은 그의 고향집을 무시로 찾아가 세간을 뒤집어엎었다고 한다. 형사들은 부모님이 논일 하는 걸 멀찌감치 나무 그늘에서 바라보다 돌아갔다. 이씨의 어머니는 마을 사람들의 수근거림과 아들에 대한 그리움을 천형처럼 견뎌냈다고 한다.

수배가 풀리고 그는 고향으로 돌아갔다. 몸을 추스르고 호구지책을 마련해야 했다. 조용히 책을 읽으며 살고 싶은 마음에 도서관학과를 선택했던 이씨는 도서관운동에 눈을 돌렸다. 세상을 바꾸는 거대한 운동 대신, 마을의 정치·문화적 거점이 되어줄 도서관을 만들어 운영하고 싶었다. 그는 서울의 대표적 철거 지역이었던 난곡에서 지역 도서관을 운영했다. 그곳에서 빈민운동에 여념 없던 젊은 활동가와 결혼의 인연까지 맺었다. 1993년 연세대 교직원으로 입사해 도서관 사서직 업무를 맡은 뒤, 어머니의 한도 조금은 풀어졌다. "명문대에 정직원으로 입사하니까, 이제야 막내아들이 인정받고 사는 것으로 여기시더군요." 도서관 이야기를 할 때면 그의 얼굴에 갑옷처럼 얹어진 굳은 긴장이 조금 풀렸다.

그는 연세대라는 좋은 직장을 그만뒀다. 민주주의의 전당인 대학 도서관이 취업 준비와 학점을 위한 열람실 노릇에 그쳐선 안 된다는 생각이었다. 그러나 거대한 조직 안에서 그가 할 수 있는 일은 많지 않았다. 지역 공공 도서관에서 작은 민주주의의 거점을 마련해

보고 싶었다. "사람들이 대화하고 토론하고 공부하는 공간이 도서관이에요. 고대 민주주의의 시초라는 아고라는 도서관 앞마당이었다고 보시면 되거든요." 그는 2016년 서울 은평구 구립 구산동 도서관마을 개관을 준비했고, 2017년에는 파주의 한 공공도서관 관장직을 맡게 되었다. 문헌정보학 전공 박사 논문을 준비하고 있고, 모교의 후배들한테 강의도 하고 있다. 희망퇴직을 결심한 뒤 건강검진에서 초기 위암을 발견해 수술도 했다. 건강을 추스르는 것도 그에게 남겨진 큰 숙제다. 운동권 출신 교직원에서 또 다른 의미를 찾아 '인생 2막'을 준비하는 셈이다.

박근혜 대통령 퇴진 요구 촛불집회에도 몇 차례 참석했다. "국민들의 의식은 갈수록 올라가고 있는데, 박근혜 정부 들어서는 발전된 국민의식을 전혀 반영하지 못하니까요. 누구라도 분노할 수밖에 없었고, 그렇게 분출됐다고 생각해요." 그가 촛불집회에 참석하게 된 것은 큰 딸 덕이다. "촛불집회를 나갈까 말까 고민했는데, '오늘은 아빠 꼭 끌고 갈거야'라는 큰 딸 극성에 3차 촛불집회부터는 매주 나가고 있네요. 집에서 특별히 사회적인 이야기를 하지도 않았는데, 잘 커줘서 고맙다는 생각이 들죠." 정치외교학을 전공하고 있다는 그의 큰 딸은 평소에도 '평화나비' 등 시민단체·국제기구 활동을 학업과 병행할 정도로 적극적인 성격이다.

즐거웠냐는 질문엔 예상과 다른 답변이 돌아왔다. "그냥 구경꾼처럼 지켜보다 돌아왔어요. 발랄하고 즐겁고 좋아보이긴 해요. 그동안 우리가 그렇게 해서 이런 걸 달성했구나 벅차오르기도 하고.

고생하셨다 위로받는 느낌도 들고. 그런데 내가 있을 곳은 아니란 느낌을 받아요. 딸은 막 엉덩이가 들썩들썩한데, 저는 구호를 외쳐 보려 해도 목소리가 밖으로 안 나오더라고요. 왜 이럴까 생각을 해 봤는데, 그때 생각이 많이 나요. 꿈을 꾸기도 하고요. (꿈에서) 잡혀가기도 하고. 누군가 쫓아오는 것 같은 느낌도 들고." 그의 표정이 다시 굳어졌다.

숨진 이한열과 살아남은 이종창. 그는 30년 전부터 어깨에 지워진 부채의식을 떨치고 자유로워질 수 있을까? 인터뷰를 마친 그는 "가능하다면 개인 이종창은 많이 드러나지 않았으면 좋겠습니다. 저는 그냥 그날의 의미를 되새기기 위한 역할이면 족합니다"라고 말했다.

가덕도 '속고 아줌마' 김경덕 씨

2016년 11월 12일 서울 광화문 촛불집회에서 김제동 씨 사회로 열린 광장콘서트 '만민공동회' 무대에 올라 "대통령한테 속고, 정치인한테 속았심더"라고 외쳐 '속고 아줌마'로 유명해진 김경덕 씨를 만났다. 김씨는 초등학교를 졸업하고 '새마을청소년회'에 들어간 뒤 40년 가까이 "끝없이 새누리당에 도움"을 주며 살아왔다고 했다. 월 2000원의 당비를 10년간 꼬박꼬박 냈고 선거철마다 선거운동원으로 동네를 뛰어다녔다. "(1987년) 민정당(민주정의당)

시절엔 돈 봉투도 왔다 갔다 했음니더. 이왕 일을 봐주는데 한 표라도 더 얻어줘야 안되겠나 싶어서 딴 사람한테 (내 돈 봉투까지) 줬습니더. 그때 돈 2만 원이면 컸어예." 당에서 몇만 원이라도 나오면 김씨는 자기 돈을 보태 경로당에 먹을 것을 사다 날랐다. 한겨울에도 다른 후보가 뿌리는 돈 봉투를 잡겠다고 방파제나 남의 집 옥상에서 몇 시간씩 숨어있기도 했다.

2012년 박근혜 대통령이 대선 후보로 나왔을 때는 더 애틋했다. 박정희 전 대통령도 좋아했지만 특히 육영수 씨가 김씨의 '롤모델'이었기 때문이다. "(육) 여사님이 소록도에 가서 나병(한센인) 환자들 손을 잡았다고 하더라고예. 그때 '나도 저런 사람이 될 거다' 진짜 생각했어예. '내가 부자가 아니더라도 내 몸으로 할 수 있는 것은 뭐든가 봉사를 할거다' 그렇게 생각해서 너무 존경했어예." 1974년 육영수가 사망했을 땐 엄마가 돌아가신 것처럼 엉엉 울었다. 18살 처녀였던 그는 일이 손에 잡히지 않아 며칠 동안 먹고 사는 일도 내팽개쳤다. 그 딸에 대한 믿음은 그래서 각별했다. "오직 나라하고 결혼한댔다 안했습니꺼. 그걸 철석같이 믿었으예. 걸리는 자식

'박근혜를 구속하라'는 손팻말을 들고 있는 김경덕 씨.

이 없으니까 지 가정을 생각하지 않고 나라에 올인할 수 있겠다, 그 생각으로 찍었지예." 김씨는 아들과 며느리에게도 "박근혜 찍어야 한다"고 신신당부했다.

박근혜 대통령과 새누리당에 대한 믿음이 배신으로 바뀐 것은 두 가지 이유 때문이었다. 첫째, 불합리한 이주 경험이다. 가덕도 장항 마을 토박이로 살아온 김씨는 부산신항 개발로 토지가 수용돼 이주해야 했다. 조상 대대로 살아온 섬사람들이 집을 잃고 쫓겨나듯 마을을 떠나는 모습을 지켜봤다. "촌에 살다보니까 법을 몰라서 불이익을 당하고예. 밖에 있는 사람들은 투기 목적으로 하니까 법을 잘 알잖아예, 그런 사람들은 다 받아가고. 이게 있을 수 없는 일입니더."

김씨에게 배신감을 안겨준 또 다른 일은 2014년 4월 16일 세월호 침몰참사다. 일평생 섬사람으로 살았기에 안타까움이 더 컸다. "짐만 많이 안 실었어도 디비질 일이 없었고, 바람이 그렇게 불었으면 배를 안 띄워야지. 와 저그가 배를 띄웠노. (죽은 단원고 학생들이) 진짜 제 자식 같습니다." 김씨는 유가족이 진상규명을 요구하며 광화문에서 단식할 때도 사흘간 동참했다. 누가 세월호 인양비용이 많이 든다고 투덜되면 그는 대변인을 자처한다. "'니 자식이 수장돼 있다고 생각하자, 그런 니 배 안 껀지겠나', '이 세계 다 준다고 해도 니 자식하고 바꾸겠나' 하지예. 그럼 입도 뻥끗 못해예." 사고 당일 박근혜 대통령의 처신에도 김씨는 크게 실망했다. "조끼를 입었는데 찾기가 어려운가 묻는데, 저 사람이 뭘 아는기가 싶었지예."

박근혜-최순실 게이트가 터지면서 배신감은 분노로 바뀌었다.

"바보 대통령을 찍은 거지예. 자기는 (청와대) 관저 생활을 즐기고 다른 사람들이 다 일한 거 아닙니꺼. 그러니까 (최순실이) 자기 마음대로 나라를 주물럭거린 거지예." 대통령 가까이에 있는 곳에서 촛불을 켜야겠다는 마음으로 11월 12일 광화문 촛불집회에 참여했다. 6개월 계약직으로 청소일을 하는 그는 늦지 않으려고 금요일에 퇴근하자마자 택시비 3만 원을 주고 부산역으로 달려갔다. 다음날 새벽에 서울역에 도착해 길거리에서 잠시 눈을 부쳤다. 그렇게 많은 사람이 모인 것을 그는 난생 처음 봤다. 그렇게 즐겁게 시위하는 것도 처음이었다. 비좁은 길도 서로 비켜주며 가족처럼 어울리는 모습이 눈물겹도록 아름다웠다. 김씨는 그날도 밤을 샜다. 늦은 시간에 혹시 경찰과 시위대 간에 사소한 다툼이라도 생길까봐 걱정돼서였다. "다칠 판이면 이 늙은이가 다치는 게 낫지예. 늙은 것이 죽더라도 우리나라가 잘 돼야 우리 아들 세대는 힘들지만 우리 손주라도 좀 편하게 살아야 하지 않겠나 싶지예."

김씨는 2박3일의 '촛불 여행'을 마치고 가덕도로 돌아왔다. '박근혜는 하야하라'라는 손팻말을 꼭 쥔 채였다. 갓 돌을 넘긴 쌍둥이 손주들에게 그 손팻말을 보여주며 역사적인 날을 애기해주고 싶다고 했다. "할머니는 못 배우고 섬에만 살다가 여러 피해를 보면서 세상을 달리 보는 눈이 생겼다고예. 할머니가 살아온 그 세대를 물려주고 싶지 않아서 너희들을 위해서 싸워야겠다고 생각했다고예." 그 후로도 김씨는 네 차례 더 촛불 여행을 다녀왔다.

그러나 국회가 박 대통령에 대한 탄핵을 가결했을 때 김씨는 기뻠보다 서글픔이 밀려왔다. 어쩌다가 우리나라가 이 지경이 됐나 한스럽고, 먼저 탄핵당했던 노무현 전 대통령이 떠올랐다. "(노전대 통령이) 바른 대통령이라는 건 아는데 새누리(당)에 미쳐 있으니께 내 마음을 뚫고 못 들어오는 기라예. (내가) 처음부터 사람을 좀 더 잘 볼 줄 알았으면 그나마 한나라당에 도움을 주지 않았을 긴데, 정 말 죽을 때까지 후회할 것 같아예."

김씨는 야당의 무능도 답답해했다. "야당이 싸워줘야 할 일을 우 리 국민이 싸워갔고 저그가 끼어드는 거 아닙니꺼. 탄핵 저그가 한 것처럼 생각하는데 저가 한 거 아닙니더. 국민 대신 일하라고 보내 났는데 일한 거 뭐 있습니꺼." 그래서 김씨의 마음은 지금도 불안하 다. 금방이라도 역풍이 불어닥칠 것만 같다. "대통령이 정말 탄핵될 때까지라도 같이 소리를 높여주고 싶어예. 초 하나라도 더 켜서 밝 혀주고 싶어예. 진짜 마음은 항상 거기(광화문 광장)에 가 있으예."

촛불소녀 정예슬 씨

"그때 참여하지 않았다면 이번에 참여할 때 고민했겠죠. 그 런데 뭐 마땅히 목소리를 내야 하는 일이니까요. 정치적인 이야기 에 관심 갖고, 촛불도 드는 게 일상처럼 자연스럽게 된 것 같아요."

한 대학병원에서 의료기사로 일하고 있는 정예슬 씨는 한때 '촛 불소녀'였다. 고등학교 1학년이던 2008년 5월 미국산 쇠고기 수입 반대 촛불문화제가 청계광장에서 시작된 직후부터 촛불을 들었다. "인터넷으로 관련 기사를 찾아봤는데, 국민들 건강을 위협할 수 있는 일을 왜 이렇게 밀어붙이는지 이해가 안됐어요. 촛불집회에 꽤 많이 참석했고, 피켓도 들고 시민들도 만나고 그렇게 활동했죠."

처음 집회에 나간 건 쉽지 않은 결정이었다. 부모님과 선생님들은 '튀는 행동'에 부정적이었다. "그래도 저는 사회적인 문제에 목소리 내는 게 필요하다고 생각했어요. 광우병도 광우병이지만, 0교시 부활이나 영어교육 같은 이슈도 많았고요. 청소년이 자기 고민 이야기 하는 게 왜 문제가 되나요?" 그는 홀로 나갔던 촛불집회에서 또래 청소년들을 만나 함께 토론을 하기도 하고, 사회문제에 대한 대화도 나누며 고민을 이어갔다고 한다.

물론 약간의 대가가 뒤따랐다. 촛불집회에 참석한 정씨의 사진이 언론에 나오자 학교 선생님한테 꾸중을 듣기도 했고, 다니는 교회에서 집사님들의 관심도 집중됐다. 그런데 그보다 화가 났던 것은 보수언론의 왜곡이었다. 촛불집회가 끝나고 1년 뒤, 그와 그의 친구는 한 보수언론의 인터뷰 요청을 받았다. 당시 기자는 그들이 1년 전 무대에서 읽은 '촛불 선언문'을 시민단체 선배들이 써주지 않았느냐고 물었다. "뭐 좀 도와줬던 것도 같은데요." 이 한마디에 그들은 운동권한테 이용당한 멋모르는 10대가 됐다. 그 언론보도로 곤욕을 치른 탓일까, 정씨는 이날 인터뷰에서도 사진 촬영을 극구 거부했다.

"미친소의 문제일 뿐이라고 말하는 것은 언론의 프레임 아닌가요? 저는 당시 광우병보다도 오히려 0교시 부활이나 영어교육 같은 교육문제에 더 민감했던 것 같아요. 수도 민영화 같은 이슈도 걱정스러웠고요. 어느 순간 미친소 논란으로 우리들을 가두고 마치 선동에 당한 것처럼 폄훼하는 언론에 정말 속상했어요."

그때부터였을 것이다. 그는 언론, 그리고 언론이 동원하는 '침묵하는 다수'에 대해 예민하게 반응한다. 100만 명이 넘게 모인 촛불집회에도 가능한 한 참석하고 그 사실이 누구보다 자랑스럽지만, 집회에 나오지 않은 4900만 명 역시 '우리편'으로 만들고 싶단다. "2008년보다 평화적이고 발랄하고 더 밝은 것 같아요. 그때는 조금은 무서운 것도 있었지만, 지금은 누구라도 참여할 수 있겠단 생각이 들어요. 그만큼 저변이 넓어진 거죠. 또 그래야 집회에 나오지 않은 4900만 명도 동의할 수 있을 거란 생각이에요."

그는 밝고 평화적인 2016년 촛불 시민혁명의 에너지를 만끽하고 있었다. "2008년엔 조중동이 '광우병 선동'이라고 하면 스스로 위축됐었는데, 지금은 그러지 않아도 되니 얼마나 좋아요." 이런 자신감 탓일까. 그는 직장에서도 '박근혜 게이트'와 촛불집회를 종종 화제로 올린다고 한다. "동의하는지 여부는 각자의 판단이겠지만, 제가 중요하다 생각하는 이야기를 주변에서 나누는 것도 의미 있다는 생각이에요." 페이스북 등 SNS에서도 의미 있는 언론 기사를 공유한다고 한다. "좋은 기사 쓰는 언론사에 클릭수와 좋아요 숫자라도 보답하고 싶거든요. 제가 생각하고 느끼는 것을 솔직하게 공개하려는 편이에요."

그는 활동 범위를 점차 넓히며 '참여민주주의'를 실천하고 있다.

더불어민주당 당대표 경선을 앞두고는 투표권을 행사하고 싶은 마음에 당원에도 가입했다고 한다. 민주주의가 백척간두에 놓였단 느낌에 강한 리더십을 가진 당대표를 뽑고 싶었단다. "당비를 6개월 이상 납부해야 투표권이 생기더라고요. 당대표는 못 뽑았지만 대선 후보는 뽑을 수 있겠죠 뭐"라며 그는 웃었다.

정씨는 인터뷰를 마친 뒤 제8차 촛불집회에 참석할 예정이라고 했다. 오전에 부모님과 함께 김장을 담그고, 오후엔 인터뷰, 저녁엔 촛불집회까지 강행군이다. "탄핵으로 만족하지 않아요. 정말 이번엔 끝까지 해봤으면 좋겠어요." 그가 생각하는 민주주의를 위한 첫 번째 단추는 언론 정상화다. "누구나 자기 판단은 있잖아요. 나이가 어리건 많건 스스로 생각하고 판단할 수 있다고 믿어요. 그렇기 때문에 언론이 균형 잡힌 정보를 전달해 줬으면 좋겠어요. 지금은 그 판단의 근거가 너무 쏠려 있는 것 같아요." 네이버 뉴스스탠드에 〈한겨레〉, 〈경향신문〉, 〈조선일보〉, 〈동아일보〉, 〈매일경제〉를 구독매체로 설정해 뒀다는 그는, 씩씩하게 광화문으로 발걸음을 옮겼다.

촛불청소년의 의식 변화

2008 촛불세대, 주체적 민주시민 '집단 정체성' 강하다

"(2008년 촛불집회) 그 전까지는 관점이라는 게 없었는데, '내가 사는 나라, 밟고 있는 땅이 한국이다'라는 것밖에 없었는데, 또 예전에는 그냥 '잘 돌아가고 있구나'라고만 생각했는데, 이제는 문제가 있다는 걸 알게 됐으니까. 그때그때 한국에 문제가 있으면 내가 나서서 해결하는 데 앞장서야겠다는 생각을 해요. 우리나라라는 인식이 없었는데, 좀 생긴 것 같아요."

김종영 경희대 교수(사회학) 연구팀(김종영·이해진 교수)이 2008년 촛불집회에 참석한 청소년을 2년 반이 지난 뒤인 2011년 1월 다시 찾아 인터뷰한 녹취록 가운데 일부다. 촛불집회 당시 중학교 3학년이던 소년은 고3 수험생이 되어 연구팀과 다시 만났다.

2008년 미국산 쇠고기 수입반대 촛불집회는 보수정부의 역공에 따라 물대포와 강제진압의 상처 속에 마무리됐다. 그러나 촛불집회의 경험은 공동체에 대한 고민을 품은 민주시민이라는 '씨앗'을 뿌렸다. 청소년기에 압축적으로 겪은 광장민주주의 경험이 이들을 민주사회의 주체로 급성장하게 만든 것이다.

촛불집회 참가자들은 당시 경험을 통해 '집단 정체성'을 형성한 것으로 보인다. 이해진 충북대 교수(사회학) 등이 촛불집회 참여 청소년을 대상으로 2008년 6월과 9월, 2009년 8월까지 3차례 설문조사한 결과를 분석해 발표한 '촛불집회 10대 참여자의 참여행동의 분화와 변동' 발표문을 보면, 당시 촛불집회에 참여한 10대 청소년 가운데 74.1%(매우 동의, 동의)는 '촛불집회에 참여한 10대들은 우리라는 느낌을 서로 공유한다'고 응답했다. 또 85.9%는 '10대도 정치적 영향력을 행사할 수 있는 세대'라고 답했다. 스스로 정치의 주체임을 분명히 깨닫고, 집단적으로 이 자각을 공유하며 강력한 '참여형 시민 정체성'을 확립한 것이다.

청소년의 사회정치적 권리를
인정받기 위해 참여했다

촛불집회는 10대의 주장을 잘
반영했다

촛불집회에 참여한 청소년들은
'우리'라는 느낌을 공유했다

2008년 촛불집회가 광우병 선동에 의한 것이라는 보수언론의 공격이 있었지만 이들은 아랑곳하지 않는 경향을 보였다. 촛불집회 1년 뒤인 2009년 8월 설문조사에서, 비슷한 상황이 오면 다시 참여하겠다는 응답이 81.8%나 됐다. 특히 설문조사 결과를 단순 참여(1회), 소극 참여(2~9회), 적극 참여(10회 이상) 등으로 나눠 분석한 결과에서도, 각각 78.8%, 85.0%, 83.3%의 균질한 재참여 응답이 나왔다. 이 교수 등은 발표문에서 "이들은 20대 대학생과의 비교에서도 자신들의 정치성과 역동성이 우위에 있다고 인식하는 경향이 높았다"며 "자신들의 참여행동을 긍정적인 것으로 기억함으로써 참여행동주의의 지속성을 유지하는 것으로 보인다"고 말했다.

실제 촛불 청소년들은 촛불집회 참여에 큰 의미를 부여하고 있다는 조사 결과도 있다. 이해진 교수가 포함된 김철규 고려대 연구팀이 발표한 〈촛불집회 10대 참여자의 정체성과 사회의식의 변화〉 논문을 보면, 촛불 청소년 가운데 61.1%(2008년 9월), 40.2%(2009년 8월)가 '촛불집회가 내 인생에 중요한 영향을 끼쳤다'(매우 동의, 동의)고 응답했다. '그렇지 않다'(매우 부정, 부정)고 답한 11.7%(2008년 9월), 25.0%(2009년 8월)에 비해 훨씬 높은 수치다. 또 '민주시민으로서 정체성을 가졌다', '사회문제에 관심이 높아졌다', '정부에 대해 비판적이 되었다' 등의 설문에 대해서도 76.9~93.6%의 동의율을 보였다. 촛불집회 참여 뒤 이들이 주체적이고 비판적인 민주시민으로서 성장했음을 알 수 있다.

이것은 혁명일까? _촛불 참가자 심층면접*

혁명. 어느 날부터 사람들은 혁명이라 부르기 시작했다. 시

---

* 2008년에 이어 2016년 광화문 촛불집회 현장에서 시민들을 만나 인터뷰를 진행하고 있는 신진욱 중앙대 사회학과 교수가 두 집회 참여자들의 생각을 비교, 정리한 글이다. 신 교수는 2008년 촛불집회 당시 대학원생들과 함께 총 62명의 참여자를 현장에서 심층면접했고, 2016년 촛불집회에서는 현재까지 56명을 면접한 상태다. 2008년 면접참여자는 10대에서 50대까지 다양한 연령층을 포함했고, 직업도 학생, 회사원, 교사, 공무원, 일용노동자, 노점상, 출장안마사에 이르기까지 다양했다. 2016년 면접조사는 10대에서 30대까지를 대상으로 했고, 대부분 고교생과 대학생, 회사원이다. 이후 집회에서 40~50대 연령층 면접을 보완하여 논문으로 발표할 계획이다.

민혁명, 명예혁명, 민주혁명, 촛불혁명. 이것은 혁명일까? 글쎄다. 혁명은 낡은 질서가 붕괴하고 새로운 질서가 탄생하는 거대한 구조 변동이다. 그런 의미에서 2016년 시민항쟁에 지금 혁명의 칭호를 붙이는 건 아직 이르다. 하지만 많은 사람이 이것을 기꺼이 혁명이라 부르는 데는 이유가 있다.

그렇다. 이것은 아직 혁명이 아니되, 혁명적인 변화가 일어나고 있다. 사람들은 분노와 희망을 함께하는 수백만 시민이 있음을 알았고, 평범한 사람들의 결집된 행동이 얼마나 거대한 물결이 되는지 보았고, 너무나 견고해 보였던 부패한 권력을 시민의 힘으로 뒤흔드는 경험을 했다.

그런 경험은 역사 속에 자주 등장하지 않는다. 한국 현대사에서는 1960년 4·19 혁명과 1987년 6월 민주화운동이 바로 그런 순간이었다. 그 결실로 독재는 사라졌지만, 2000년대 후반부터 민주주의가 퇴보하면서 시민들은 또다시 대항쟁에 나섰다. 2008년과 2016년의 촛불집회다. 여기서 시민들이 생각하고 원한 것은 무엇일까? 무엇이 계속되고 있고 무엇이 달라졌을까?

2008년 촛불집회는 1987년 6월항쟁 이후 가장 많은 사람이 참여하고, 가장 오래 지속되고, 우리 사회의 문제와 대안에 관해 가장 치열하게 학습하고 토론했던 대사건이었다. 그러나 2008년 촛불집회는 이후 망각되고, 왜곡되고, 폄훼당해왔다. 그것의 혁명성과 주체성은 거세되고, 광우병 공포에 사로잡힌 광기의 순간으로만 기록됐다.

그것은 진실이 아니다. 당시 촛불집회에 나온 사람들의 동기는 단지 '쇠고기'가 아니었다. 국민의 다수가 선출한 권력이지만, 그 권력의 잘못된 정책을 국민의 힘으로 바꾸겠다는 거였다.

"후보 시절에는 서민을 위한 대통령 이런 콘셉트로. 하지만 보수 정권이 성립되자마자 재벌 집단을 위한 정책을 펴고 있으니까, 속인 거잖아요. 문제는 거기서 시작된 거죠."(18·남·고2)

"이명박 정부의 재벌을 위한 정책들과 쇠고기 수입, 한-미 FTA, 대운하, 이런 모든 것이 연결되어 있다고 봐요. 이런 정책들을 국민의 힘으로 바꾸는 계기라고 생각해요."(40대·남·철도공사 직원)

"강자들의 정부, 강자들 편만 드는 정부죠. 가진 자들한테만 좋게 해주는. 국민이 주인이고, 우리의 권리를 쟁취해야겠지요. 국민의 권익을 신장하고 정부를 견제할 수 있는, 그런 역량."(20대·여·맹인 출장안마사)

2016년 촛불집회에서 달랐던 것은 정부의 정책, 편향성, 이런 것 이전에 우선 너무도 "어이없고 기가 막힌" 사실들로부터 받은 충격이다. 최순실이라는 사인의 무한권력, 태반주사·백옥주사·비아그라 이야기, 박근혜 대통령의 기이한 행적과 과거사 같은 것들 말이다.

"최순실의 꼭두각시였다는 거잖아요. 어이가 없죠. 허탈하고."(17·여·고1)

"성형주사, 비아그라, 그런 거, 정말 충격이었죠."(20대·여·회사원)

"세월호 사고 나고 머리 올리고 어쩌고 하느라 7시간이나 지나고 나타나선 엉뚱한 소리나 했다는 거. 이게 말이 돼요?"(18·남·고2)

하지만 시민들은 단지 박근혜, 최순실 때문에 거리로 나온 것은 아니었다. 진짜 충격은 그 엄청난 불법과 부패, 권력남용과 헌법유린을 가능하게 한 거대한 담합구조였다.

"한 사람이 잘못하는 일은 있을 수 있는데, 너무 많은 사람이 그걸 다 알면서도 방치해왔다는 게 제일 충격적이에요."(19·여·고3)

"뭔가 쌓여서 썩은 정치판이 된 것 아닌가. 지금 정치하시는 분들 정치판 더럽다는 거 다 아실 텐데 거기서 수혜 받는 것이 있기 때문에 침묵해오신 거 아닌가."(20·여·대1)

"치밀하게 다 연결되어 있다는 게 놀랍죠."(18·여·고2)

"정경유착이 두껍잖아요. 그리고 행정, 사법, 입법이 독립이 안 되고 서로 다 엮여 있다는 게 충격적이에요."(18·여·고2)

문제는 그냥 한 명의 대통령과 그의 정권이 아니었다. 불법국가, 범죄국가, 약탈국가였다. 우리나라에서 국가란 무엇인가 물었을 때 10대, 20대 참여자들이 한 얘기는 실로 놀라웠다.

"국민을 대표한다는 생각이 들지 않고, 소위 말하는 상위계층들끼리 노는 집단 같은?"(22·남·대3)

"국민의 뜻을 잘 들어주고 보호해줘야 할 존재가 저희를 공격하고, 보호는 못 해줄망정 자기 이익을 챙기고 있으니까. 존재 자체를 인정하고 싶지 않아요."(18·여·고2)

"국가란 원래 국민을 보호해야 하는데 세월호처럼 희생만 시키고, 재벌들한테만 세금 깎아주고 눈감아주고, 세금 걷어서 국민 위해 배분해야 하는데 자기들끼리 똘똘 뭉쳐서 자기들만 살고 국민은

내던지겠다, 그런 거 아녜요?"(18·남·고2)

지금 10대, 20대의 청년들은 이 나라 국가가 국민을 "공격하고" "희생시키고" "내던지는" 존재라고 인식하고 있는 것이다.

이명박, 박근혜 정권 10년을 거치면서 우리는 이렇게 '참 나쁜 국가'를 갖게 됐다. 하지만 그럼에도 불구하고, 아니 그렇기 때문에, 시민들은 스스로 나라의 주인이 되어 국가를 바꿔야겠다는 생각을 하게 된 것 같다.

2008년 촛불집회에선 많은 시민이 처음으로 집회라는 데를 나와서 스스로를 나라의 주인, 정치의 주체임을 경험했다. 노점상이라 아는 게 없다며 처음엔 인터뷰를 거절한 한 40대 여성의 얘기다.

"저희는 뭐 길거리에서 장사하는 사람이에요. 근데 막상 와서 보니까 참여를 해야겠다는 생각을 많이 허네요. 정부의 정치에 대해선 아직 모르지만 만약에 정치를 잘못한다든가 그러면 우리 같은 시민들이 또 촛불을 들고 나올 거예요."

1980년대 대학 시절부터 정치집회에 많이 참여했다는 40대 남성은 이렇게 말했다.

"전에는 주최 측에서 초청장을 받아 나온 기분이었는데 지금은 너무나 많은 계층이 남녀노소 가릴 것 없이 나왔다는 게 가장 큰 의의라고 봐요. 이 거대 도시 속에서 이런 연대의식을 만들어냈다는 게 놀랍고. 무질서한 듯한 상황 속에서도 스스로 지켜내는 질서, 그런 모습들."

2008년과 비교했을 때 2016년의 참여자들은 국가와 정치에 더 깊은 불신을 보였지만, 동시에 예전보다 훨씬 더 강한 자신감과 정치적 자의식, 낙관과 희망을 갖고 있었다.

"이번에 집회 나와서 보니까 우리나라 앞으로 나아질 것 같아요. 다들 패배감에 젖어 있었다고 생각했거든요. 바꿀 수 없다고. 그런데 의외로 사람들이 좌시할 수 없다, 그러는 걸 보고 우리나라에 대한 애정이 남아 있구나, 거기서 희망을 본 것 같아요."(20대·여·직장인)

"이승만, 전두환 때도 그렇고 국민들이 거리에 나와서 민주주의를 위해 노력을 해서 결국 민주주의가 왔잖아요. 우리 국민이 노력하면 변할 거라고 믿어요."(18·여·고2)

"저희들이 계속 참여하면서 어른들의 의식을 일깨워주면서 정신 차려라 해줘야지, 국민이 주인인데 혼자 하면 아무것도 안 돼요. 이렇게 뭉쳐서 가면 변화할 거예요."(18·남·고2)

국민이 주인인데 국가는 국민을 내던졌다. 그래서 국민이 일어나서 국가를 바꾸기로 했다. 이것이 촛불의 메시지다. 1987년 이후 제도로서의 민주주의는 이토록 깊은 병이 들었건만, 민주주의의 주인인 시민들의 생명력은 점점 더 강해지고 있다.

1960년과 1987년 사이에 27년의 세월이 있었고, 1987년과 2016년 사이에 29년이 있다. 1980년 5월 항쟁 이후 7년이 무르익어 1987년이 왔고, 2008년 촛불집회 이후 8년이 지나 2016년이 왔다. 이것은 혁명일까? 아직은 아니다. 만약 이것이 혁명이 될 것이라면, 혁명은 이제 시작되었다.

4장

—

광장,
그후

이제 모여서 정치 얘기해요 __ '세대별 광장' 집단 인터뷰

●

　우리는 광장에서 무엇을 얻고, 무엇을 잃었을까. 1987년, 2008
년, 2016년의 광장을 경험한 10대에서 50대 6명에게 물었다. 광장
집단 인터뷰에 참석한 이들의 나이와 경험은 다양하지만 광장에
서 민주주의를 외쳤던 '청춘'이었다는 공통분모를 갖고 있다. 김
응교(54·숙명여대 교수), 김정한(48·출판사 어마마마 대표) 씨가 1987년
6월항쟁을, 이연우(24·서울대 국악과), 김기한(32·창업) 씨가 2008년
광우병 촛불집회를, 안영(25·농업), 강지은(18·고교 3학년) 씨가 2016
년 박근혜 퇴진 촛불집회를 증언했다. 1987년과 2008년 광장의 공

통점과 차이점을 되짚다 보니 2016년 광장 그 후, 무엇을 해야 할지 가늠해볼 수 있었다.(2016년 12월 10일 서울 마포구 한겨레신문사에서 진행)

87년 광장과 2008년 광장을 비교하면?
———

김정한 87년 6월 이전엔 광장이 원천적으로 금지돼 있었다. 학내에서 집회해도 전경들이 덮치러 들어왔다. 최순실 국정농단 사건이 터지면서 국민 대통합이 이뤄졌듯이, 그해 1월 박종철 고문치사 사건이 일어나고 시민들 반응이 완전히 달라졌다.

김응교 80년대 초반엔 모이면 잡혀가, 한 마디 구호를 외치고 유인물을 뿌리기 위해 학교 도서관에서 밧줄을 타고 내려와야 했다. 운동은 소수의 전유물이었다. 박종철 사건 이후 시민들이 자동차 경적을 빵빵 울리고, 건물에서 두루마리 휴지를 던져주며 시위하는 학생을 응원했다.

김기한 2008년에 경험한 광장은 분노와 좌절이었다. 기성세대가 왜 제대로 못 해서 이 지경을 만들었나 원망스럽고 열 받아서 광장으로 뛰쳐나왔다. 그러나 더 큰 좌절만 맛봤다. 어른들은 "대학생인데 왜 공부 안 하고 저런 데 나가냐"며 손가락질밖에 안 했다. 집회 참여자들이 쓰레기 버린다고 하도 (언론이) 욕해서 나는 구호 한 번 외치지 않고 계속 쓰레기만 줍다 돌아왔다. 욕먹는 게 너무 싫었다.

이연우 2008년 학교에서 배운 민주주의를 광장에서 실제로 경험했다. 고등학생 때였다. 집회에서 자유발언하고 언론 인터뷰도 했다. 그 후 선생님께서 한마디 하셨다. "학생이 그런 얘기 하는 게 맞는지 생각 좀 해봐라", "그런 데 왜 나가냐, 우리 엄마 아빠가 안 좋게 얘기했다"는 또래 친구도 있었다. '아, 내가 앞으로 살면서 자신 있게 내 의견을 말할 땐 트러블이 생기는 걸 감수해야 하는 거구나'라는 걸 깨달았다. 대학에 들어와선 정치 얘기를 안 하게 됐다.

집회에 나가면 주위 반응이 어떤가?

이연우 (중고등) 학생이 집회에 나가면 학생이 공부해야지, 대학생이 집회를 나가면 대학생이 취업해야지, 네가 운동권도 아니고 시민단체에 있는 것도 아닌데 왜 그런 발언을 하느냐는 식으로 말한다. 사회구조에 대해 비판하려면 어떤 조건이나 자격이 필요하다고 생각하는 것 같다. 운동권 동아리나 사회대 출신이 아니면 정치적 발언을 하는 게 자연스럽지 않다. 왜 나대냐, 잘 모르고 얘기한다는 분위기가 있다.

안영 너드(nerd·멍청하고 따분한 사람) 같다거나, 한량 같다고 본다.

김기한 2008년 촛불집회 때 〈한겨레〉에 나왔다. '왜곡보도, 발로 뛴 대학생에게 딱 걸려'라는 보도였다. 촛불집회로 문정동 로데오 거리 매출액이 떨어졌다고 〈동아일보〉가 보도했는데 내가 직접 확인해봤다. 원래 비수기이고 광화문이랑 1시간이나 떨어진 곳이라 촛불집회와 전혀 상관없다는 걸 밝혀냈다. 그런데 대학에선 칭찬은커녕 손가락질했다. '서울대도 아니고 웬 유별이냐, 너무 튄다'는 거였다.

강지은 세월호 참사 1주기 때 광화문 집회에 갔는데 엄청 탄압했다. 너무 말이 안 된다고 생각해 신문기사를 짜깁기해서 친구들에게 나눠주며 알려달라고 뿌렸다. 그때 친구들이 "이거 너무 위험한 거 아니냐", "너 이러다 잡혀가면 어떡하냐"고 걱정했다. 집회에 같이 가자고 했을 때 좀 무섭다는 반응이 많았다. (집회) 갔다가 잡혀가면 어떡하냐고 반대하는 부모님도 엄청 많았다.

광장이 왜 위험한 곳이 됐나?

——

김정한 97년 외환위기가 계기였다. 80년대엔 4년 내내 운동하고 학점이 2점대여도 대기업에 갔다. 그러나 98학번부턴 아버지가 회사에서 잘리거나 망한 상태에서 대학에 들어왔다. 현실적인 목표가 뚜렷했고 대학 내내 거기에 매달릴 수밖에 없었다. 90년대 넘어서면서 상황이 더 나빠졌고.

김응교 등록금이 엄청나게 비싸져서 대학생들이 4년 내내 아르바이트와 숙제의 노예가 됐다. 대학 다니면 빚이 1000만 원, 2000만 원이 생기는데 갚을 길이 없으니까 대학 졸업할 때 자살하는 친구도 있다. 기성세대가 술자리에서 20대들을 자기중심적이라고, 기회주의자라고 흉보는데, 모르고 하는 소리다.

안영 아버지 세대의 민주화운동 얘기를 들어보면 어딘가 모르게 벽이 있다고 느꼈다. 로망이 있다고 할까. 지금은 생계와 불확실성 때문에 어쩔 수 없이 그렇게 (정치에 무관심하게) 되는구나 싶다. 그러나 2016년 광장에선 완전히 깨졌다. 중고등학생, 대학생 너나 할 것 없이 (최순실 국정농단으로) 인식이 바뀌었다. 넓은 스펙트럼의 사람들이 같은 문제를 제기하는 분위기가 생겼다. 정치 이야기를 전혀 하지 않는 친구들 단체 카카오톡 방이 있는데, 지금은 완전히 달라졌다. 하나의 큰 변화가 시작된 것이 아닌가 생각한다.

2016년엔 달라졌나?
—

강지은 우리 반에서도 이제 정치 얘기를 시작하면 친구들이 몰려서 얘기 많이 한다. 세월호 때는 엄청 시끄러울 줄 알았는데 조용해 당황스러웠는데 이번엔 다들 엄청 관심을 갖고 있더라.

김기한 지금은 다 같이 박근혜 대통령을 비판하지 않나. 반면 2008년엔 이명박 대통령을 비판하는 사람들이랑 이명박을 비판하는 사람을 손가락질하는 사람들이 갈라져 있었다. 내 또래도 그랬다.

이연우 이제 소극적인 자세에서 벗어나 고등학교 때 가졌던 문제의식을 되찾을 수 있게 됐다. 어떤 계기로든 한 번이라도 사회 문제에 대해 의견을 낼 기회가 생기면 그걸 잃지 않는 것 같다.

김응교 (광장에서) 전경의 태도가 바뀌었다. 지난주 토요일에 청와대 앞에서 세월호 어머니들과 같이 서 있는데 밤 10시 30분이 되니까 전경이 그러더라. "뒤에서 밀라고 해요. 어머니 다쳐요, 조금만 빠져주세요." 뒤에선 계속 "밀어" "밀어" 하는 지시가 들리는데 전경들이 그냥 그 자리에 앉아버렸다. 병장(수경) 같았다. 그렇게 충돌 없이 마무리됐다.

앞으로는 무엇을 해야 할까?

강지은 촛불 이후에 교육감을 내 손으로 뽑고 싶다. 교육감 선거를 하면서 내 한 표가 실제로 어디에 어떻게 영향을 미칠지 알고 싶다.

안영 언론이 바뀌어야 한다. 지금껏 언론이 진실을 왜곡하거나 진실을 보도하지 않았다. 권력과 힘에 흔들리지 않는, 공신력이 있는 언론이 많아지는 게 중요하다. 그러려면 국민이 지금처럼 표현해 (언론에) 국민 무서운 걸 알려야 한다. 나부터 계속 (광장에) 나갈 것이다.

이연우 (시민적) 감도라고 해야 하나. 2016년 광장은 무뎌져 가던 나의 감도를 일깨우는 좋은 집회였다. 지금 일어난 일들을 잊지 않았으면 좋겠다. 앞으로 국악 전공자로 일하면서 나만의 민주주의를 계속 생각할 것이다.

김기한 직접민주주의를 더 활성화해야 한다. 광장 촛불도 중요했지만, 국회의원에게 휴대전화 메시지를 보내고 18원 후원금을 내는 것도 국회의 탄핵 가결에 한몫했다. 인터넷을 활용한 국민투표도 이제 가능하다고 본다.

김정한 최근 국정조사에서 재벌들이 쫙 나온 걸 보면서, 박근혜-최순실 게이트를 둘러싼 보수 연합의 중심은 누구인가 생각했다. 자본인 듯하다. 재벌이 돈 주고 정치인을 에이전시로 부리는 거 아닌가. 법인세 인상을 막는 것은 보수 정치인으로 보이지만, 그들의 배후에는 자본이 있는 거 아닌가. 자본의 힘을 줄일 수 있는 시스템을 도입해야 한다.

김응교 2016년엔 정권교체가 아니라 '시대교체'가 목적이 돼야 한다. 촛불이 광화문 광장에서 벗어나 일상과 동네로 들어가야 한다. 우리가 변하지 않으면 어떤 정치인이 나와도 세상은 바뀌지 않는다. 민주주의를 꿈꾸는 자유로운 '단독자'를 많이 만드는 게 중요하다. 10여 년 전 한 집회에서, 남양주에서 막일을 한다는 사람을 만난 적이 있다. 그가 옷 안쪽에 품고 온 양초를 나눠주면서 평생 잊지 못할 한마디를 했다. "프랑스혁명도 100년이 걸렸대요." 더듬더듬하던 그 목소리가 마음을 울렸다.

세대별 키워드로 본 '광장 의미망'

성공하지 못한 운동가, 경제적으로 불안한 노무현 키즈, 민주주의에 눈뜬 견제자. '소셜네트워크 분석' 전문기업 아르스프락시아 김도훈 대표가 이번 집단 인터뷰에 참가한 6명의 발언을 분석한 결과다. '의미망 분석' 기법을 통해 1987년, 2008년, 2016년 광장을 경험한 10대에서 50대 참가자들의 속내를 살펴볼 수 있었다. 광장별, 세대별로 등장하는 키워드와 그 빈도, 연결 형태 등을 컴퓨터로 계산해 그 의미를 지도로 그렸다.

87년 세대: 운동, 광주, 혁명

87년 세대의 핵심 키워드는 '(학생)운동'이다. '대학'에 입학해 '운동'을 경험하며 가치관과 인생을 확립한 세대다. '운동'의 동력은 1980년 '광주' 민주화운동의 경험과 폭압적인 '정권', 그리

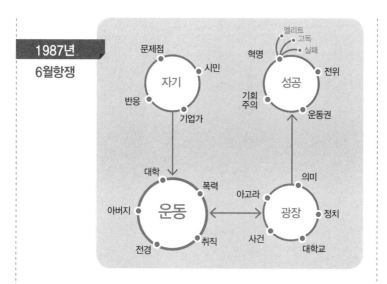

고 '혁명'에 대한 꿈이었다. "고등학생 때까지 아무런 정보가 없다가 대학에 들어와 1980년 광주에서 어떤 일이 있었나 알았다. 전두환 정권이 살인으로 세워진 정당성 없는 정권이라는 걸 깨닫게 됐다. 자연스럽게 광장을 뛰쳐나가고 싶어졌다."(김정한)

87년 세대의 그림을 보면, '나'(자기)와 '성공'이 대척점에 서 있다. 1987년을 실패로 기억한다는 의미다. 6월항쟁으로 대통령 직선제를 이뤘지만 야권의 분열로 정권교체에 실패했다. 혁명을 꿈꿨던 운동가들도 1990년에 소련이 무너지면서 갈 길을 잃었다. 김도훈 대표는 "87년 세대는 운동을 통한 정치에 모든 것을 걸었던 세대인데, 엘리트 중심의 전위적 혁명을 꿈꾸다 보니 고독만이 결과로 남았다"고 분석했다. 그 시절 '성공'한 사람들은 '기회주의'자로 표현됐다. "친구들이 희생할 때 나는 기회주의적

으로 공부해서 대학원에 들어갔다. 석사 학위를 받고 나서 구속
됐지만, 그사이 친구나 선배들이 많이 죽었다. 그 친구들 무덤에
가면 한없이 미안하다."(김용교)

2008년 세대: 노무현, 분위기, 불안

2008년 세대는 광장에서 '노무현'을 만났다. 2004년 엄마 손
을 잡고 노무현 대통령의 탄핵 반대 집회에 처음 나왔고(이연우),
2009년 5월 노무현 서거 때 대한문에서 그가 이루지 못한 꿈을
이루겠다고 다짐했다(김기한). "기자가 노무현 전 대통령에게 '사
람 사는 세상'이 어떤 세상이냐고 물으니까 사람들이 자살하지
않는 세상이라고 했다더라. 근데 노 전 대통령이 그렇게 돼버리
니까 너무 싫었다. 우리가 바꾸자, 정치인에게 맡길 게 아니라 대

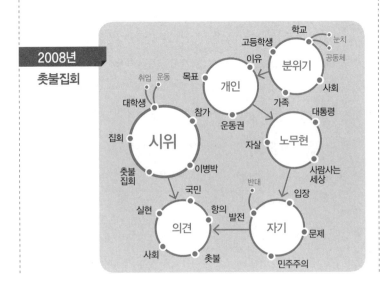

한문에 있는 우리 한 명 한 명이 직접 바꾸자고 소리쳤다."(김기한) 그러나 냉랭한 주변 '분위기'에 '눈치'를 보다가 이들은 위축되고 말았다. 각자도생 시대엔 시민권조차 조건과 자격을 갖춘 이들만 누릴 수 있다는 사회 분위기가 팽배했다.

2008년 세대의 그림을 보면, 이들은 광장 이후 정치적 '입장'을 피력하는 게 '자기 발전'에 '반대'(방해)된다는 경험을 습득했다. 그 배후에는 '노무현' 전 대통령의 실패가 자리하고 있다. 노전 대통령의 탄핵 때 정치에 눈을 떴지만, 그가 꿈을 실현하지 못함으로써 깊은 침묵에 빠져들었다. 김 대표는 "2008년 세대는 87년 세대와 일부 공감대를 형성하지만 차이점 또한 분명하다. 불안한 삶의 기반 탓에 정치적 의견을 내놓을 때도 기회비용을 따지고 자기검열을 하고 있다. 고도성장기에 하부구조(사회의 경제적 구조)를 돌볼 필요가 없었던 87년 세대와 확연히 다르다"고 분석했다.

2016년 세대: 민주주의, 사회, 투표

불안이 민주시민 의식을 완전히 잠식하려던 순간, 2016년 세대가 탄생했다. 해도 해도 너무한 최순실 국정농단 사건이 '민주주의'와 '사회', '투표'에 대한 관심을 흔들어 깨웠다. 김 대표는 "2016년 세대는 시민 참여의 정당성을 확보함으로써 시민권을 각성하고 자신감을 회복하는 실마리를 마련했다. 그러나 불안한 하부구조가 얼마나 자신의 삶을 위협할지는 구체적으로 생각하

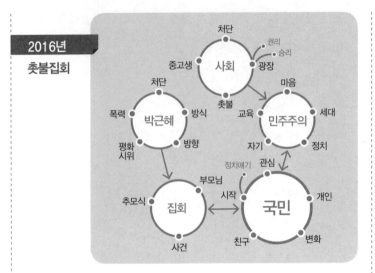

2016년 촛불집회

지 못하고 있다"고 진단했다.

　2016년 세대의 그림을 보면, 정치적 '문제'(국정농단)가 발생하면서 사회 '분위기'가 바뀌었고 '박근혜' 대통령 퇴진하라는 '평화시위'가 열렸다. '집회'와 '시위'에 참석한 '국민'들은 오랜 침묵을 깨고 '정치 얘기'를 '시작'했고 참된 '민주주의', '사회'를 꿈꾼다. '민주주의', '사회'는 '촛불'과 '광장'에서 '승리'함으로써 얻어낼 수 있는 '국민'의 '권리'라고 생각한다. 해피엔딩을 향해 달려가고 있는 것이다.

　그러나 현실은 녹록지 않다. 2008년 광장 이후에 그랬듯이, 불공정하고 예측할 수 없는 경제구조는 민주주의를 집어삼키고 각성한 시민에게 '주홍글씨'를 새길 수 있기 때문이다. 김 대표는 이렇게 진단했다. "87년 세대는 정치권력에 의해 억압받았다면,

2008년과 2016년 세대는 경제권력의 굴레에 갇혀 있다. 경제적 안전성을 확보해야 정치적 시민권을 누릴 수 있는 상황이다. 정치 이슈를 경제 이슈로 전환해 시민들이 안정적 하부구조를 획득하는 게 중요하다." 민주주의 사회를 제대로 구현하려면 기본소득이나 복지를 확충해야 하는 이유다.

광장 이후, 우리는 어디로 갈 것인가[*]

"4·19가 나던 해 세밑/ 우리는 (…) / 불도 없는 차가운 방에 앉아/ 하얀 입김 뿜으며/ 열띤 토론을 벌였다/ 어리석게도 (…)/ 결론 없는 모임을 끝낸 밤/ (…) 그로부터 18년 오랜만에/ (…) 혁명이 두려운 기성세대가 되어/ (…) 오랜 방황 끝에 되돌아온 곳/ 우리의 옛사랑이 피흘린 곳에/ 낯선 건물들 수상하게 들어섰고/ (…) 몇 개의 마른 잎 (…) 고개를 떨구게 했다/ 부끄럽지 않은가/ 부끄럽지 않은가"

시인 김광규는 〈희미한 옛사랑의 그림자〉에서 혁명 이후 새로운 삶을 두고 결론을 내지 못한 4·19 세대의 모습을 이렇게 그렸다. 어쩌면 우리에게 혁명은 늘 그런 것이었다. 변화를 원하는 분노한 사람들의 허망한 마무리. 혁명이 끝난 자리에 경멸했던 정치엘리트

---

* 정치철학자 김만권 기고

들이 다시 돌아와 제자리를 찾고, 어쩔 수 없다며 받아들이는 일의 반복. 2016년 박근혜-최순실 게이트가 이끌어낸 '시민들의 광장 혁명.' 그런데 가는 곳마다 들리는 우려의 목소리는 시절이 지나도 변함이 없다. 광장 이후, 우리는 어디로 갈 것인가?

지난 겨울, 광장은 시민들에게 해방의 공간이자 자유의 공간이었다. 가는 곳마다 공공사를 걱정하는 사람들이 만들어 놓은 공적 영역은 촛불 아래 환하게 밝혀졌다. 일상에서 엘리트들에게 정치를 맡겨 놓고 있던 시민주권자들이 깨어나 박근혜와 최순실 무리가 엉망으로 만들어 놓은 대한민국의 헌정질서를 바로잡고자 했다. 그 성과는 국회에서 박근혜 탄핵 소추로 이어졌고 헌법재판소에서도 탄핵이 인용되었다. 이제 우리가 해야 할 일은 무엇일까? 단도직입적으로, 고장 난 나라를 고쳐 쓰는 것일까 아니면 새로운 나라를 만들고 싶은 것일까? 시티즌십(citizenship)이라 부르는 시민권의 차원에서 말하자면, 우리는 시민들(citizens)이 타고 있는 낡고 삐걱거리는 이 대한민국이란 배(ship)를 고쳐 쓰고 싶은 것일까 아니면 새로운 배를 만들어 갈아타고 싶은 것일까?

우리가 이 겨울을 성공한 시민혁명이라 부르고자 한다면, 새로운 배를 만들어야만 한다. 미국혁명과 프랑스혁명이 그러했듯 성공한 혁명은 새로운 헌법을 쓴다. 그러나 많은 시민들이 지금의 개헌 논의를 달가워하지 않고 있다. 그 개헌에 나설 이들이 결국 낡은 배를 이끌고 있던 엘리트들이기 때문이다. 우리가 기억하는 1987년의 실패 역시 엘리트들이 급조해 헌법을 썼다는 사실이고, '87년 헌법'은 민주적 유산이 되지 못했다. 그렇다면 우리의 선택은 무엇일까? 만약 개헌에 반대한다면 여전히 낡은 배에 남아야 하고, 최선의 선택은 이 낡은 배를 고쳐 쓰는 일뿐이다.

그렇다면 우리는 어떻게 나라를 만들어야 하는 것일까? 미국혁명과 프랑스혁명 모두에 관여했던 토머스 페인은 이렇게 말했다. "한 국가를 구성하는 일은 정부(government)의 행위가 아니다. 그것은 정부를 구성하는 인민(a people)의 행위다." 페인의 지혜를 빌리자면 새로운 나라를 만들고 싶다면 인민 스스로가 하나가 되어 나서야 한다. 쉽게 말해 헌법은 새로이 만드는 수준이 되어야 하고, 전면적인 시민참여를 통한 개헌이어야 한다. 헌법을 기술적으로 쓰는 일은 법에 탁월한 엘리트들의 몫일지 몰라도, 헌법에 필요한 헌법의 본질들과 그 조항을 만드는 일은 시민들의 몫이어야 한다는 것이다.

현실적이라 자부하는 이들, 심지어 시민들 스스로 자신들이 헌법을 만드는 일에 참여할 능력이 있는지 의심할지도 모른다. 그렇다면 물어야 한다. "아직도 스스로를 어리석다고 생각하는가?" 아날로그적 정치형태로만 본다면 우리 시민들은 권력의 중심에 서 있는 정치 및 법 엘리트들이 쳐 놓은 전문지식의 장벽을 넘어설 수 없다. 그러나 지금 시민들에게는 온라인과 오프라인을 결합하여 '온프'(onff)라는 새로운 정치공간을 열어가고 있는 '디지털 기술'이 있다. 이 기술은 권력의 밖에서 활동하며 시민들과 협력하길 원하는 정치 및 법 전문가들을 시민들과 연결시킬 수 있다. 이런 점에서 시민들은 자신들의 곁에서 활동하고자 하는 지식인들과 협력할 수 있는 개방된 자세를 취해야 한다는 생각이다. 전문가의 입장에서 시민들 곁에서 우리가 가야 할 바를 제도와 정책으로 제안하고 함께 논의하고자 하는 지식인들과의 협력은 중요하다. 다만 광장 이후를 준비하고 있는 지식인들은, 사회적 약자들과 평범한 시민들의 옆에 서야 하는 의무를 잊지 말아야 할 것이다.

광장 이후 시민혁명을 원했던 이들은 과거와 미래 사이에 서 있게 될 것이다. 지금 이 순간 탄핵심판과 특검에서 적나라하게 드러나고 있듯 과거에 남고자 하는 세력들의 결사적인 저항이 이어지고 있다. 또 다른 한편에 선 정치엘리트들은 고개를 조아리고 낡은 시스템을 제대로 고쳐놓겠다는 약속으로 비난을 피하고 있다. 이들 말대로라면 정권교체만 되면 모든 문제가 해결될 듯 보인다. 그러나 이런 저항을 과소평가하고 이런 약속을 너무 믿는 순간, 여전히 대한민국이라는 배를 모는 사람들은 세월호에 이어 국가 시스템을 침몰시키거나 제대로 견제하지 못한 사람들이 될 것이다. 결국 우리에게 남겨질 것은 과거뿐이다.

만약 우리가 새로운 시작을 원한다면 수구세력과 재벌들이 다시는 점령할 수 없는 정부의 형태를 구성하고 이들이 발들일 수 없는 새로운 선거제도를 만드는 일부터 해야만 한다. 그 일을 해야 하는 주체는 결국 변화를 원하는 시민들이다. 만약 4·19 세밑에 모여서 결론을 내지 못했던 젊은이들처럼 되고 만다면, 우리의 혁명은 또다시 '부끄럽지 않은가'라는 탄식으로 귀결될 수밖에 없을 것이다.

낡은 과거에 남을 것인가? 새로운 미래로 갈 것인가? 선택의 여지가 없는 것이라면 이 일은 정부가 아닌 우리의 손으로 이루어야 한다. 실패의 두려움은 현상유지에 적합할지 몰라도 변화에는 더할 나위 없는 장애물일 뿐이다. 변화는 용기 있는 자의 몫이고 미래는 현재의 행위에서 시작된다. 이제 도래할 미래를 위해 우리들의 목소리가 또렷이 들릴 또 다른 '광장'을 열자.

우리 안의
박정희들

1장

—

우리 박정희와
이별할 수 있는가

"박정희라는 유령이 우리 사회에 있다는 거잖아."

"솔직히 87년 6월항쟁은 진짜 가끔 교과서에서만 잠깐잠깐 보는 거지."

"어떤 의미에서는 6월항쟁이 더 의미가 컸다고 생각해요. 카톡에서 대통령 욕할 수 있는 건, 민주화가 돼서 그런 거 아닌가."

20대 네 명이 마주 앉았다. 촛불, 광장, 민주주의를 한 바퀴 돈 그들의 얘기는 박정희라는 유령에 멈추었다. 역사상 가장 비싼 등록금을 내며, 대학 졸업과 함께 대출을 짊어지고 사회에 진출하는 20대는, 박정희 시대에 태어나지 않았으나 박정희를 '느낀다'. 이 자리에 참석한 한 대학생은 박정희 관련 책을 탐독한다고 말했다.

1971년, 강남

모두의 꿈이 건물주가 된 나라, 부서질 청춘의 꿈조차 콘크리트 건물인 나라. 가장 값비싼 땅 위로 값비싼 건물이 우뚝 서고, 부유와 풍요와 욕망이 넘실대는 서울 강남의 조물주는 박정희다. 제3한강교(한남대교) 남단에 서서 앞을 바라보면 낮은 언덕들이 흩어져 있기는 했으나 끝이 보이지 않을 거대한 들판이 보였다. 지금의 강남이다. 1966년 12월 28일 서울시와 건설부는 이 들판을 토지구획정리사업 예정지로 지정한다. 현대건설 사보 〈현대〉 1967년 9월호를 보면, 제3한강교 교량 공사 전에 한 평에 200원도 안 되던 압구정, 신사, 잠원 땅값이 공사 착공과 함께 치솟아 착공 1년 만에 평당 3000원이 됐다. 제3한강교 건설 이전에, 양도 차익을 남긴다는 의미의 토지 투기는 없었다.

제3한강교가 준공된 1969년. 이듬해인 1970년 5월 한 남자가 도시계획과장에서 국장으로 승진한다. 영동, 지금의 강남 개발 실무자로 들판을 밀고 산을 깎아 개발의 초석을 마련한 윤아무개 씨다. 그에겐 1995년까지 누구에게도 말하지 않은 비밀이 있었다. 청와대 정치자금 마련을 위해 강남 땅 투기에 나선 일이다. 그를 만나러 경기도 용인시 기흥구 보라동으로 향했다. 제과점 파리바게뜨 문을 열고 들어선 노인은 검은 서류 가방에서 노트를 한 권 꺼냈다. 강남을 개발할 당시 일들이 빼곡이 적혀 있다.

"여기까지 밀려나 비참하지요."

윤씨는 자신이 지금 사는 용인을 '밀려난' 곳으로 표현했다. 땅은 사람을 밀어내고 움직이는 생물이며 존재인가. 그가 비밀을 털어놓은 것은 1995년. 자신의 후임 국장이자, 훗날 서울시립대 교수가 된 고 손정목 씨에게 청와대 대선자금을 마련하기 위해 강남 땅 투기를 했다며 거래 내역이 적힌 문건을 전한다.

1970년 김현옥 서울시장은 일개 과장이던 그를 차에 태워 용산 육군 헬기장으로 데려갔다. 헬리콥터는 과천, 사당, 서초, 양재, 압구정, 내곡동, 송파에 이르는 땅을 둘러본다. 헬리콥터에서 내린 시장은 윤 과장을 태우고서 한남동 유엔빌리지로 향했다. 당시 실세였던 박종규 청와대 경호실장의 집이다. 박 실장은 둘러본 땅 중 어디가 가장 유망할 것 같냐고 물었다. 박 실장이 그에게 말했다. "그러면 그쪽 땅(지금의 강남)을 사 모으지."

"높은 곳에서 나온 자금으로 땅을 사 모으고 땅값이 상승하면 되 팔아서 갖다 바치면 되네. 청와대에서 근무하는 높은 분 한둘과 서울시장, 당신만 아는 비밀일세."

여든셋 노인 윤씨는 가끔 버스를 타고 강남에 나간다. 1971~1972년 허허벌판을 사들이고, 팔고, 개발할 당시의 젊음이 깃든 땅이다. 지금 아무리 손을 뻗어도 닿지 못할 좌절의 땅이다. "내가, 영동(강남)을, 100평이라도 사야 했었던 건데 정치자금하고 관계 때문에 내 땅을 한 평도…. 지금 그 땅을 볼 때 심정이…."

윤 국장의 강남 투기는 1972년 6월에 끝났다. 2016년, 그는 "비참하다"는 말을 계속했다. 무엇이 그를 이토록 비참하게 하는가.

"박정희는 자신이 성취한 놀라운 성공으로 국가주의적 출세 욕망을 선동했지만 대중은 박정희의 욕망보다, 그의 출세를 욕망했다. 대중은 박정희의 말보다, 그의 삶에 매료당했는지도 모른다. 박정희 스스로도 부정하고 싶었던, 박정희들이 양산되는 과정이었는지도 모른다."(황병주, 〈박정희와 근대적 출세 욕망〉, 역사비평 2009년 겨울호)

승용차가 흔하지 않던 시대, 사람들은 새벽에 집을 나와 걷고 걸어 말죽거리로 향했다. 땅을 사면 떼돈을 번다는 소문이 돌았다. 한 사람이 다른 이에게, 또 다른 사람에게 넘어갈수록 땅값은 500원, 1000원씩 뛰었다. 정부는 1973년 말부터 투기를 억제하기 위해 재산세를 중과하겠다고 밝힌다. 그조차도 주거용 토지에 대해서는 세율이 낮았고, 토지의 범위가 극히 한정적이었다. 한국감정원 발표를 보면, 1963~1977년 서울시 전역의 지가는 87배 수준으로 크게 상승했고, 강남 지가는 176배 수준으로 폭등했다.

1972년, 계엄
—

역사상 최초의 투기가 잉태되던 때, 대한민국 민주주의는 숨을 죽였다.

1971년 대통령 선거에서 김대중 후보의 강력한 도전을 가까스로 누르고 박정희는 세 번째 대통령에 당선됐다. 국회의원 선거에서 야당인 신민당이 기존의 44석에서 두 배를 뛰어넘는 89석을 확보했다. 누적된 외채와 만성화한 인플레이션으로 경제성장률은 1969년 13.8%에서 1970년 7.6%, 1971년 9.4%, 1972년 5.8%로 떨어졌다.

박정희는 1972년 11월 계엄령을 내렸다. 계엄령하에서 국민투표로 통과된 유신헌법은, 대통령을 입법·행정·사법의 삼부 위에 군림하는 국가적 영도자로 모셨다.

유신헌법이 통과되기 5개월 전인, 1972년 6월. 청와대 사정특보인 홍종철이 동훈 비서관과 함께 박정희 대통령에게 금융기관 편중 대출 상황 보고를 했다. 박 대통령은 아무 반응도 보이지 않고 1년 전 선거 이야기를 꺼냈다.

"그런데 그 군중이 나는 참 무서웠어. 군중이 혼란을 일으키면 결국 무력을 동원해야 진정이 되어요. 내가 4·19 때 부산계엄사무소장이었는데 그런 꼴을 보았어요. 내가 정복을 입고 군중 앞으로 나아가서 같이 만세를 부르자고 하여 진정을 시켰어요. 만약 그 장충동에 북괴가 모략전을 펴서 경찰관 복장을 한 사람으로 하여금 총을 쏘게 해 놓으면 걷잡을 수 없는 상황이 벌어진다고."(조갑제, 《박정희의 결정적 순간들》, 기파랑) 박정희 전 대통령은 누구보다 군중을 두려워했다.

2016년 겨울, 민중이 촛불을 들고 청와대를 감쌌다. 매주 토요일이면 한 남자가 촛불을 들고 광장에 나간다. 정화영 씨다.

광장에서 1975년 4월 9일을 떠올린다. 그날 오후 3시, 스물여섯 살 정화영은 김천을 지나 추풍령을 향해 달리는 호송 버스 안에 있었다. 구속집행 정지 상태로 출감한 뒤 재판을 받다가 대법원에서 형이 확정되면서 재집행을 위해 끌려가는 중이었다. 버스 안에서 인혁당 사건에 연루된 경북대 선배 여정남의 사형 집행 소식을 듣게 된다. 42년이 지난 오늘도 그때의 전율이 생생하다. 하늘이 무너지고 세상이 캄캄해지는 절망감과 두려움에 온몸이 굳어 아무것도 생각할 수 없었다. 그는 일주일간 잠을 재우지 않는 고문을 당한다. 여정남을 모르냐는 고문에 끝까지 알지 못한다고 했다. 그는 여정남을 부인함으로 죽지 않았다. 정씨는 좁고 어두운 감옥을 매일 밤 걸어나가 "마음으로 박정희를 죽였다"고 말했다. 1975년 출소한 정화영 씨는 긴급조치 9호 위반으로 이듬해 다시 투옥돼 1981년 출소했다.

1961년, 쿠데타, 삼성

"친애하는 애국 동포 여러분, 은인자중하던 군부는 드디어 금조 미명을 기해서 일제히 행동을 개시하여 국가의 행정 입법 사법의 삼권을 완전히 장악하고 이어 군사혁명위원회를 조직하였습니다. 군부가 궐기한 것은, 무능한 현 정권과 기성 정치인들에게 더 이상 국가와 민족의 운명을 맡겨 둘 수 없다고 단정하고⋯."

쿠데타에 성공한 박정희는 1961년 5월 16일 새벽 남산 KBS 방송국에 도착했다. 공수부대원들은 아나운서와 방송기술자들을 찾아다녔다. 주조정실에 불이 켜졌다. 박종세 아나운서가 쿠데타가 성공했음을 알리는 글을 읽기 시작한다. 대한민국과 박정희의 만남이 성사된 날이다.

삼성물산 사장 이병철은 1961년 6월 27일, 박정희를 만나 나눈 대화를 회고록에 상세히 기록했다. 그는 부정축재자로 지목돼 서울

명동의 한 호텔에 구금돼 있었다.

"(군사혁명위원회) 박 부의장은 '어떤 이야기를 해도 좋으니 기탄없이 말해 주십시오'라고 재촉했다. 어느 정도 마음이 가라앉았다. 박 부의장은 가끔씩 고개를 끄덕이며 납득하는 태도를 보여주었다. 박 부의장은 그렇다면 어떻게 했으면 좋겠느냐고 물었다. 나는 국가의 대본에 필요하다면 국민을 납득시키는 것이 정치가 아니겠느냐고 말했다. 박정희는 최고회의 법사위원장을 불렀다. '경제인들은 이제 그만했으면 풀어주지. 이제 우리가 권력을 잡았으면 국민을 배불리 먹여 살려야 할 것 아닌가.'"(이병철,《호암자전》, 나남)

삼성 최초의 노조인 제일모직 노조 설립을 주도한 고 나경일 씨는 생전 민주화운동기념사업회에 남긴 구술록에서 이렇게 회고한다.

"위에서, 동경에서 어떤 지시가 내려오냐 하면은 '안 돼. 내가 죽어도 그런 건 못 해. 내가 살아 있는 동안 내가 경영하는 기업에 절대로 노동조합 구성 이런 거 할 수 없어.' 그래 우예 하겠어, 왕인데 왕의 명령이 그렇게 떨어졌는데 저희가 뭐 왕의 명령을 거스르면 지 목이 달아나는데."

나경일은 1960년 12월 회사에서 쫓겨난다. 이병철·이건희·이재용으로 이어지는 삼성의 노동 탄압은 한 기업의 문화를 넘어 국가 이데올로기가 되었다. 나경일로 시작된 노동 수난사는 산재로 백혈병을 앓다 숨지고도 4년이 지나서야 산재가 인정된 황유미 씨, 에어컨 실외기를 달다 추락사한 삼성전자서비스센터의 파견 노동자로 이어졌다.

1961년 어떤 부류의 국민은 국가로부터 버려졌다. 그해 11월 14일 창설된 개척단원들이다. 부랑인이라 불리던 집 없는 사람, 주먹깨나 쓰는 깡패, 국가가 불량하다고 정의한 이들은 '개척단'이라는 이름으로 강제 모집돼 전국 간척지나 개척지로 흩뿌려졌다. 전두환이 만든 삼청교육대의 전신이었다.

"버스에서 내리니께, 영화 보면 포로들 잡아서 머리 뒤에다 손을 올리잖아? 그렇게 해서 내려. 머리를 든다든가 손을 내렸다가는 '어머니 사랑 정신 보신탕'이라고 쓰인 야구 빠따로 삭 조져대는 거여. 그거 한 대씩 맞으면 팍팍 소리 나면서 머리가 팽팽 돌아. 그게 '사회정화사업'이나 똑같은 거여. 박정희 대통령이 무슨 본보기를 보인다는 게 우리들같이 만만한 놈들한테 보여준 거야."(김아람, 〈5·16군정기 사회정책-아동복지와 부랑아 대책의 성격〉, 역사와 현실 2011년 12월)

2017년, 대한민국

욕망이라는 초고속 성장 전차를 탄 대한민국은 2016년 가을, 박근혜와 최순실이라는 '헬조선'에 종착했다. 출석을 하지 않고도 학점을 챙기고, 든든한 뒷배가 있으면 교수가 학생의 과제를 대신하는 나라. 국민 304명이 수장당한 시간에 대통령은 강남에서 청와대로 미용사를 불러 올림머리를 하고 여전히 7시간 동안 무얼 했는지는 사생활에 부치는 나라. 대통령이 대기업을 압박해 수백억을 강탈해 문화·체육재단을 세우는 나라.

1979년 10월 26일, 박정희는 선혈을 콸콸 흘리는 비극적 죽음으로 영원히 사는 유령이 됐다. 유신헌법의 초안자 김기춘 전 청와대 비서실장은 촛불 강이 흐르는 광화문광장에 박정희 동상을 세워야 한다고 주장한다. 2016년 12월 1일 백아무개 씨의 방화로 경북 구미시 상모동 박정희 생가에 불이 나 추모관을 모두 태웠다. 같은 해 11월 13일 경북 구미시에선 이틀간 박정희 전 대통령 99주기 탄신제가 열렸다. 우리는 죽은 박정희를, 살아 있는 박정희들을 매일 마주한다. 광장을 수놓은 수백만 촛불이 묻는다. 우리는 박정희와 이별할 수 있는가.

2장
—

삼성, 박정희
경제 모델의 우등생

박정희 경제 모델의 핵심이라고 할 수 있는 정경유착과 노동배제는 유통기한이 지난 지 오래다. 국가 자원을 총동원해 재벌을 키웠고, 이들을 앞세워 한국경제가 성장한 건 사실이지만 그 시스템이 동맥경화에 걸린 지 오래됐기 때문이다. 각종 세제와 환율 혜택으로 현금이 재벌에 쌓이고 있지만, 이미 공룡이 된 재벌은 더 이상 투자할 곳을 찾지 못하고 골목상권으로 진출하는 등 서민경제를 짓누르고 있다. 당연하게도 일자리도 줄고 있다. 새로운 경제 활력과 고용 창출을 위해서라도 재벌 위주 경제를 탈피해야 한다. 법을 지키지 않는 무리한 노동배제는 불필요한 갈등을 일으키고 소비를 위축시켜 내수시장을 침체시킨다는 지적도 이어지고 있다. 해법을 막고 있는 게 정경유착이라는 낡은 틀이다. 또한 정경유착과 함께 그 이면으로서 노동배제 정책의 탄생 과정을 탐구한다.

박정희-이병철에서 박근혜-이재용까지 _ 정경유착 흑역사

2016년 12월 6일. 최순실 등 민간인에 의한 국정농단 의혹 사건 진상규명을 위한 국정조사 특별위원회 1차 청문회에는 이재용 삼성전자 부회장 등 재벌 총수 9명이 증인으로 출석했다. 이들은 전국경제인연합회를 통해 비선실세 최순실의 미르·K스포츠재단에 수백억 원을 지원했다는 의혹을 받고 있다. 부패한 정치권력과 탐욕스런 경제권력이 흘레붙은 '지배블록'의 적나라한 단면. 4·19 혁명이 요구한 '부정축재자 처벌'이 5·16 쿠데타로 권력을 장악한 박정희 군사정부에 의해 무산된 뒤, 이들이 구축한 지배블록은 단 한 번도 깨지지 않았다.

> "아버지가 동경에서 귀국한 것은 (1961년) 6월 26일 저녁이었다. 나는 아버지의 귀국 소식을 미리 듣곤 당시 비행장이 있었던 여의도에 삼성의 차를 몇 대 준비시켰다. 아버지가 어디를 가서 어떻게 되는지 알고 싶어서 여의도에 준비해둔 차로 따라가보니 아버지가 지프차를 타고 혁명 정부의 군인들과 같이 간 곳은 엉뚱하게도 당시 치안국 부근의 서울 호텔이었다. 경찰서나 혹은 군인들이 주둔하고 있는 곳이 아니어서 한편으로는 안심도 되면서 퍽 당황스러웠다."(이맹희,《묻어둔 이야기》)

'5·16 쿠데타'로 권력을 장악한 박정희 군사정부는 4·19 혁명 직후 시작된 '부정축재자 처벌'을 완성지어, 국민적 지지를 얻고자 했다. 절대 빈곤을 벗어나지 못하던 시절, 국민들은 법 위에 군림하던 자본가들의 탈세와 부정축재에 분노하고 있었다.

국가재건최고회의는 1961년 5월 28일 부정축재처리위원회를 구성하고, 정재호·이정림 등 대자본가 10여 명을 체포·구금했다. 탈세와 부정축재 등 혐의였다. 그러나 세간에 '1등 재벌은 건드리지 못한다'는 수군거림이 끊이지 않았다. 삼성 이병철 사장이 일본에 머물고 있었기 때문이다. 부정축재처리위원회는 이병철의 동업자 조홍제 부사장을 그 대신 체포했다. 이 회장은 '전 재산을 국가에 헌납하겠다'는 입장을 밝힌 뒤, 6월 26일 서울로 향하는 비행기에 올랐다.

공항에서 이병철을 연행한 지프차가 향한 곳은 다른 부정축재자들이 구금돼 있던 서대문형무소·마포형무소가 아니라 서울 명동의 한 호텔이었다. 이병철은 호텔에서 하룻밤을 보낸 뒤, 다음날 박정희 국가재건최고회의 부의장을 만났다. 이 자리에서 이병철은 부정축재자 전원 석방을 요구한다. 경제개발을 위한 투자 협력이 그 대가였다. 이튿날 구금돼 있던 재벌 경제인 12명은 모두 석방된다.

석방된 부정축재자 12명은 그해 8월 16일 군부 정권과의 창구 노릇을 맡을 '한국경제인협회'를 꾸린다. 초대 회장은 이병철이었다. 이병철의 장남인 이맹희는 "아버지는 생전에 당신의 묘석에 다른 단체는 다 쓰지 않더라도 이 단체의 회장을 지낸 것은 새기도록 미리 밝혀두었을 정도로 애착을 가지고 있었다"고 회고록에 적었다. 부정축재혐의자 12명이 석방을 대가로 조직한 한국경제인협회는 전국경제인연합회의 전신이다.

　국가재건최고회의는 10월 부정축재처리법을 개정한다. 추징금의 수위를 낮추고, 대규모 공장 건립을 위해 정부가 금융지원에 나서며, 공장이 설립된 뒤엔 정부에 헌납한 지분을 되사갈 수 있다는 내용이었다. 부정축재자들은 강력한 처벌 대신 정부의 집중적인 금융지원을 받으며 국가기간산업에 뛰어들 수 있는 독점적 기회를 제공받았던 것이다. 정치권력과 경제권력의 밀월관계가 형성된 결정적 순간이다.

　역사는 이들의 '힘겨루기'에서 이긴 쪽은 재벌이라고 기록하고 있다. 당시 군사정부는 쿠데타에 대한 미국의 지지를 얻기 위해 '반공'과 함께 '자본주의 경제질서의 유지·강화'를 국시로 내걸었다. 당시 국가재건최고회의 회의록(1961년 10월 23일)을 보면, 박정희를 포함한 군사정부의 태도가 좀 더 명확히 드러난다. "일전에도 일본 실업가들이 왔다 갔지만 (경제인들만 만나고) 정부에는 찾아오지 않았음. 그들이 능력있다고 보는 관점과 정부가 평가한 것과는 차이가 있음." "정치적인 것보다 경제적인 발전에 정진해야." "국민의 혁명정부에 대한 불신을 초래하더라도 궁극적으로 국가의 이익을 위한 방법임." 결과적으로 이날 회의에서 최고회의는 재적위원 8명 가운데 7명의 찬성(기권 1)으로 '부정축재처리법 개정안'을 가결했다. 국내외 권력 기반이 안정되지 않았던 상황, 칼자루를 쥔 쪽은 군사정부가 아닌 자본이었던 셈이다. 실제 이병철 회장 등은 1961년 10

월 초 주한미국대사를 만나, 부정축재처리법 개정의 내용은 본인들이 제안한 것이라고 밝히고 있다.

삼성은 이 시기 조흥은행·상업은행 등 보유하고 있던 시중은행을 반납하는 시련을 겪지만, 얼마 뒤 동방생명보험(삼성생명의 전신), 동양화재해상보험, 동남증권을 인수(1963년)하는 등 재벌 그룹으로 성장하기 위한 토대를 구축한다. 1963년 당시 삼성그룹의 계열사는 제일제당, 제일모직, 삼성물산, 안국화재, 동방생명보험 등이었다.

"당시 경제기획원에 차관 문제를 취급하는 양대 과가 있었어. 민간차관과, 공공차관과. 난 양대 과장을 다 했는데. 특히 민간차관과라는 건 아주 골치가 몹시 아픈 과였어. 당시 이걸(차관) 정부에서 승인받느냐, 안 받느냐가 그 회사 운명을 좌우하는 경우였으니까. 요즘은 업계에서 스스로 몇 억 불짜리도 막 하는데, 그런 자신이 언제 생겼겠어요. 그건 당시에 정부가 불어넣어 줬어요. 그러지 않고 지냈으면 요즘도 그저 쫄쫄하게 그렇게 살 거야."(김흥기 전 재무부 차관 구술, 한국학중앙연구원 현대한국구술자료관)

군정이 이어지면서 정치는 안정돼 갔지만 경제 상황은 달랐다. 영원할 것만 같았던 국외 원조가 줄어들기 시작했고, 1962년 통화개혁이 사실상 실패로 돌아가면서 국내 자본 형성에도 차질이 빚어졌다. 1962~1966년 연평균 경제성장률 7.1% 달성을 공약으로 내걸었던 군사정권으로선 발등에 불이 떨어진 셈이었다.

경제가 돌아가게 하기 위해서는 외국 자본을 끌어들이는 방법뿐이었다. 그러나 불안한 국내 정세 탓에 외국 자본은 국내 직접투자를 꺼렸다. 정부가 들여올 수 있는 공공 차관에도 한계가 있었다. 국제적으로 통용되는 차관의 기본은 민간 차관이었다. 군정은 또다시 경제인들에게 기댈 수밖에 없었다. 이병철은 제1차 경제개발 5개년 계획(1962~1966년)을 앞둔 정부의 움직임을 답답해했다. "정부는 기본방향을 선택하지 못하고 우왕좌왕했다. 나의 주장은 외자 유치를 통한 공업화였다. 국내에는 자본의 축적이 없고 기술도 없으므로 선진국에서 차관이나 투자의 형식으로 자본과 기술을 도입해야 했다."《호암자전》 이병철의 주장은 현실이 됐다. 경제개발 5개년 계획에 소요되는 자금 4억2600만 달러 가운데 절반이 넘는 2억3480만 달러가 민간 차관 몫으로 배정됐다.

박정희 정권은 1961년 외자도입촉진법을 개정하고, 1962년엔 '장기결제방식에 의한 자본재도입에 관한 특별조치법'을 제정하는 등 재벌들의 '경제 외교'를 지원·통제하기 위한 장치를 마련한다. 당시는 경제인들의 해외여행조차 경제기획원의 추천이 필요했던 상황이었다. 외자 유치의 승인과 심사권을 손에 쥔 정부와, 실제 차관 교섭 및 설비 투자를 맡은 재벌은 '2인3각' 게임을 시작했다.

외자 도입을 통한 울산공업단지 건설이 차츰 모양을 갖춰가던 1964년 8월 이병철은 일본 미쓰이물산과 한국비료 건설을 위한 차관 계약을 맺는다. 4190만 달러 규모, 연이율 5.5%에 '2년 거치 8년 상환'이 조건으로, 제1호 민간 차관 계약이었다. 당시 한해 물가 상승률이 20%에 이르렀다는 점, 한-일 국교 정상화가 이뤄지기도 전이라는 점 등을 고려하면, 민관 역량이 총동원된 '특혜성 차관'인 셈이다.

한국비료의 규모는 연간 생산량 36만 톤, 당시 세계 최대 규모였다. 한국비료를 설립하고 공장 건설에 착수한 1965년 당시 삼성의 계열사는 제일제당, 제일모직, 삼성물산, 동양방송 등 9개사로 늘었다. 내·외자 도입에 의한 사업 확장은 이병철의 전매특허였던 것으로 보인다. 한국전쟁 직후 대자본가의 형성 과정을 분석한 논문 〈1950년대 자본 축적과 국가〉(상지대 공제욱 교수)를 보면, 이병철은 막대한 원조자금을 융자받는 특혜성 자금 지원을 통해 제일제당, 제일모직을 설립한 것으로 분석된다. 대부분 재벌이 일제가 건설·운용하던 귀속재산을 불하받는 방식 등으로 자본을 축적한 것과는 다른 경로다.

"처음부터 우리가 밀수를 생각했던 것은 아니었다. 처음 (밀수) 아이디어를 낸 사람은 박 대통령이었다. 박 대통령은 돈을 만든 다음 3분의 1은 정치자금으로, 3분의 1은 부족한 공장 건설 대금으로, 3분의 1은 한국비료의 운영자금으로 하자는 안까지 내놓았다. 군사쿠데타가 일어난 지 불과 3년여. 아직도 군사정부 시절의 기강이 시퍼렇게 살아 있던 시기에 정부의 묵인이나 적극적인 협조 없이 대단위의 밀수를 한다는 것은 불가능했다."(《묻어둔 이야기》)

박정희 정권과 함께한 삼성그룹의 생성과 변천

박정희 정권 주요 경제정책		삼성그룹의 역사

태동기(1935년~)

자본금 3만 원 '삼성상회' 시작

1935

SAMSUNG

토대구축기(1951~1963년)

- 1963년 말 삼성의 사업 영역(7개 업종)
  식품, 섬유, 무역, 금융, 유통, 매스컴,
  부동산·레저
- 제조업 진출, 은행 인수 및
  생명보험업 진출
- 재벌기업 토대 구축

1951	삼성물산 설립
1953	제일제당 설립
1954	제일모직 설립

1961년 5·16 쿠데타
박정희 군사정권 시작

| **1957** | 한일은행, 상업은행,
안국화재 등 인수(1957~1959년) |
|---|---|

부정축재자처리
기업인 석방 뒤 투자 명령,
'부정축재자 처리 특별법'
개정안 마련

투자명령에 따라 울산
비료 설립,
전국경제인연합회의
전신인 한국경제인협회
설립(초대 회장 이병철)

1961	울산비료 설립

제1차 경제개발 5개년
(1962~1966년)계획 시행

수입 대체 공업화로식품
(제일제당)·섬유(제일모직)
화학(한국비료)·기계 공업
투자 강화

| **1962** | 동양방송·신세계백화점 설립,
동방생명(삼성생명) 인수 |
| **1963** | |

업종 다양화기 (1964~1970년대 중반)

- 1970년대 중반 삼성의 사업 영역
  (13개 업종)
  +제지, 전기·전자, 중공업, 석유화학,
  건설, 광고, 호텔업
- 현재와 비슷한 수준으로 산업구조 형성

경제개발계획 보완조치
외자 도입 촉진

한국비료 설립 당시
4190만 달러 차관 도입
(2년 거치 8년 상환 5.5%
이율로 특혜성 대출)

1964 한국비료 설립

금리현실화 조치
민간자금 투자 촉진

삼성의 사업 다각화
시기에 자본 확충에 도움

1965 전주제지 인수

제2차 경제개발 5개년
(1967~1971년)계획 시행
수출 및 소재공업 육성,
기계공업육성법 제정

1966 사카린 밀수 사건,
한국비료 국가헌납

1967

전자공업육성 8개년
(1969~1976년) 계획 발표
전자공업진흥법 제정

삼성전자 설립, 전자업
계에 대한 금융·세제 지원

1969 삼성전자 설립

**경제의 안정과 성장에 관한
긴급조치(8·3조치)**
사채 동결 및 금리 강제 인하,
정부 자금 지원

누적된 외자도입 등에 따른
원리금 상환 부담 완화

1970 삼성전관 설립

1972

중화학공업화 선언

중공업 산업 세제,
금융지원 강화

1973

**국제수지개선과 경기회복을
위한 특별조치(12·7조치)**
환율 20% 인상

수출 기업에 특혜성
고환율 정책

1974 삼성석유화학·삼성중공업 설립

수직적 계열화 시기 (1970년대 후반 이후)

1979년까지 18년간 장기집권

- 13개 업종 전반의 수직 계열화 시도로
  계열사 폭증
- 1980년까지 5개 계열사 신설,
  9개 업체 인수
- 1980년대 후반 중핵기업화 추진:
  삼성전자(전기·전자), 삼성생명(금융),
  제일제당(식품) 등

1977 삼성조선·대성중공업 인수

1978 삼성종합건설 인수

1980 한국전자통신 인수, 삼성반도체 설립

2부
우리 안의 박정희들

한국비료의 건립은 이병철의 오랜 꿈이기도 했지만, 박정희 정권의 관심 사업이기도 했다. 1967년으로 예정된 대통령 선거를 대비해 조국 근대화의 성공을 상징적으로 보여줄 업적이 필요했다. 박정희는 1964년 5월께 이병철을 청와대로 불러 비료 공장 설립을 요청한다. "이 사장, 정부가 하는 일을 도와줄 생각은 없습니까?" 이병철은 흔쾌히 수락한다. 대규모 비료 공장 설립은 이병철 자신도 몇 차례 시도했다 좌절한 사업이었기 때문이다. 이맹희는 회고록에서 "농촌 인구가 절대적인 상황에서 농민들을 위한 값싼 비료를 공급할 비료 공장을 짓는다는 것은 가장 확실한 선거대책이었다. 박 대통령은 비료 공장을 1967년 대통령 선거 전에 꼭 완성시킬 것을 요구했다"고 적었다.

그러나 일이 꼬이기 시작했다. 한국비료 건설에 예상을 넘어선 대규모 자금이 투입되면서 삼성그룹 전체의 자금난이 심해졌다. 박정희는 비료 공장 건립 허가 등을 근거로 정치자금을 요구하기 시작했다고 한다. 마침 차관을 제공한 일본 미쓰이물산이 삼성 쪽에 100만 달러의 리베이트를 제공하겠다고 제안해 왔다. 자금줄에 목말랐던 이해 공동체에 다가온 '뜻밖의 유혹'이었다.

당시 상황을 자세히 기록하고 있는 것은 이맹희의 회고록이 거의 유일하다. 이맹희 회고록에 따르면, 삼성은 미쓰이물산의 리베이트 제안을 받은 뒤 그 사실을 박정희에게 알렸다. 그러자 박정희는 "그러면 여러 가지를 만족시키는 방향으로 그 돈을 쓰자"고 제의했다. 당시 외환관리법은 신고되지 않은 외환은 일체 국내로 반입시킬 수 없도록 규정하고 있었다. 그러니 100만 달러어치 물품을 밀수로 들여와, 국내에서 현금화해 부풀리고, 이를 나눠 갖자는 제안인 셈이다.

이병철의 장남과 차남, 이맹희와 이창희가 밀수의 실무작업을 진두지휘했다. 그들은 암시장에서 유통 가능한 품목을 선별하기 시작했다. 양변기·냉장고·에어컨·전화기·스테인리스판, 그리고 사카린의 원료인 OTSA 등이었다. 이들은 장래 삼성의 사업 과정에 필요한 정밀기계류도 밀반입했다고 한다.

삼성그룹의 '사카린 밀수 사건'은 1966년 9월 중순부터 언론을 통해 대대적으로 보도된다. '국내 1위 재벌이 밀수라니…' 분노한 민심이 들끓기 시작했다. 9월 22일 국회에서 열린 국회 대정부 질문에서 무소속 김두한 의원은 "이건 국민들이 주는 사카린이니 골고루 맛을 보라"며 국무위원들한테 인분을 뿌렸다. 같은 날 검찰에 출두한 이창희는 특정범죄가중처벌법 위반 등 혐의로 구속된다. 이병철은 "한국비료를 국가에 헌납하고 사업 경영에서 은퇴하겠다"고 선언했다. 1966년 9월의 소동에 대해《호암자전》과《묻어둔 이야기》는 모두 "(한국비료) 정치자금 등을 둘러싼 권력 내부의 파워게임의 결과"라고 적고 있다. 군사정권 내부 권력투쟁에서 밀려난 쪽이, 박정희를 공격하기 위해 '사카린 밀수 사건'을 언론에 제보했다는 것이다.

이러한 회고록 내용은 신빙성이 높아 보인다. 〈한겨레〉는 회고록을 뒷받침하는 주한미국대사관의 기밀 보고서를 확보했다. 보고서를 보면, 한국비료 국가 헌납 1년 뒤인 1967년 9월 11일 주한미국

대사관에서 로버트 메이어 상무담당관 등과 만난 이맹희는 "한국 비료의 사카린 밀수사건은 한국 정부의 제안에 따라 진행된 일이며, 삼성은 중앙정보부 등의 협박에 못 이겨 거액의 정치자금을 헌납해왔다"고 말하고 있다. 이 보고서는 국무부 라인을 통해 미국 정부에도 보고된 것으로 추정된다.

"사채동결, 그게 '8·3조치'인데 그거 우리나라만이 가능한 얘기야. 자기 기업 한다고 말이야, 전부 빚을 써놓고 못하겠다고 동결이다. 그런 게 어디 있어? 빚 준 사람은 돈 못 받고, 그 빚 받은 사람은 다 살아났지. 우리나라 대기업들이 그 혜택을 보고 다 살아난 거야. 당시 우리나라 연 인플레율이 15~20%, 어떤 때는 30% 가까이 가는 시절이 있었기 때문에, 실물로 갚아쥐고 있으면 자동적으로 해결된다고 생각한 거야. 그래 너무 무리한 투자를 해갖고 사채동결이라는 그런 결과가 나온 거야."(김흥기 전 재무부 차관 구술, 한국학중앙연구원 현대한국구술자료관)

한국비료 국가 헌납과 이병철 2선 후퇴에도 불구하고 삼성은 사업 다각화를 위한 노력을 이어간다. 전주제지(1965년), 중앙개발(1966년), 고려흥진(1966년) 등을 잇따라 설립·인수하며 사업 영역을 넓힌다. 1966~1970년 사이 삼성그룹은 7개 업체를 새로 설립하고 1곳을 인수한다. 또 1971년부터 1975년까지 12곳을 설립하고 1곳을 인수한다.

무리한 사업 확장은 부채 폭증으로 돌아왔다. 1963년 83% 수준이었던 삼성그룹의 자기자본 대비 부채비율은 1965년 190%로, 1967년 245%, 1970년 465%로 급등했다. 〈삼성의 다각화 과정과 지배구조에 관한 연구〉(김영욱) 논문을 보면, 당시 삼성은 연이율 50~60%에 이르는 사채를 끌어다 쓸 정도로 자금 사정이 좋지 않았던 것으로 나타난다.

당시 국내 자금시장은 원시적인 수준에 머물렀다. 주한일본대사관이 1968년 상반기까지 서울 사채시장을 조사해 작성한 보고서에는, 개성 출신 사업가로 구성된 개성파(대한시멘트), 함경도파(고려원양어선), 서울평안도파(신일기업), 경상도파(효성물산), 신흥파(한진상사) 등 몇몇 재벌기업인들이 사채시장을 주무르는 '큰손'들로 평가돼 있다. 재벌 기업들도 이들 사채업자들의 위세에 눌리던 시절이었다. 더구나 1960년대 초반 경쟁적으로 유치한 외자의 상환부담도 닥치기 시작했다. '돈줄'이 말라붙은 셈이다.

삼성을 포함한 각 기업의 재무구조가 부실해지자 이번에도 정부가 구원투수로 나섰다. 한국경제인협회에서 이름을 바꾼 전국경제인연합회의 지속적인 사채 정리 요구에 따른 조처였다. 박정희 정부는 1972년 '8·3 긴급경제조치'를 통해 당시 기업이 신고한 3500억 원 규모 사채를 3년 거치 5년 분할상환조건으로 동결시키고, 이율도 월 1.35%로 제한했다. 2000억 원대 정책금융 지원을 통해 채무 대환 조처도 이뤄진다. 더구나 대주주 개인자금을 기업에 사채로 제공한 경우, 위장 사채 여부를 조사하지도 않고 출자 전환

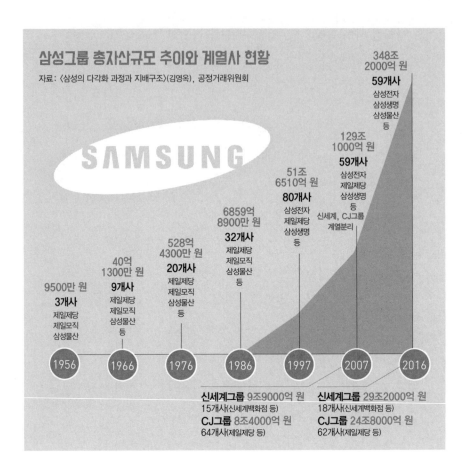

삼성그룹 총자산규모 추이와 계열사 현황

자료: 〈삼성의 다각화 과정과 지배구조〉(김영옥), 공정거래위원회

SAMSUNG

9500만 원
3개사
제일제당
제일모직
삼성물산

1956

40억
1300만 원
9개사
제일제당
제일모직
삼성물산
등

1966

528억
4300만 원
20개사
제일제당
제일모직
삼성물산
등

1976

6859억
8900만 원
32개사
제일제당
제일모직
삼성물산
등

1986

51조
6510억 원
80개사
삼성전자
제일제당
삼성생명
등

1997

129조
1000억 원
59개사
삼성전자
제일제당
삼성생명
등
신세계, CJ그룹
계열분리

2007

348조
2000억 원
59개사
삼성전자
삼성생명
삼성물산
등

2016

신세계그룹 9조9000억 원
15개사(신세계백화점 등)
CJ그룹 8조4000억 원
64개사(제일제당 등)

신세계그룹 29조2000억 원
18개사(신세계백화점 등)
CJ그룹 24조8000억 원
62개사(제일제당 등)

할 수 있도록 보장했다.

이승윤 전 부총리 겸 경제기획원 장관은 한국학중앙연구원 현대 한국구술자료관과의 인터뷰에서 "잔뜩 빚지고 어 이거 때문에 금융이 마비가 된다. 금융공황이 온다. 그러니까 이건 탕감해줘야 된다. 이건 잘못된 습관을 길러주는 거다. 그런 나쁜 마음을 가지고 맘

대로 꾸는 사람이야 적겠지만, 차입금을 무서워하지 않는 이 생각이 만연돼 있다"며 '8·3조치'가 불러온 도덕적 해이를 회고했다.

덕분에 삼성은 재무상태 악화에서 벗어나 다시 사업 다각화에 골몰한다. 1973년 제일기획·호텔신라 설립에 이어 1974년엔 삼성석유화학·삼성중공업을 설립한다. 1973년 박정희 정부의 '중화학공업화' 선언에 발맞춘 것이다. 그러나 삼성의 중화학공업화 행보는 상당히 신중하게 진행된다. 이병철은 《호암자전》에 "오일쇼크의 영향은 너무나 컸다. 사태가 이러함에도 계속 계획을 그대로 추진한다는 것은 무모한 일이었다. (조선소) 착공을 2~3년 더 연기하기로 했다. 그러나 정부의 요청이 강해서 국가적 차원에서 결국 (조선소를) 인수하기로 결정하였다"고 적었다.

> "구 사장(구인회 금성사 회장), 우리도 앞으로 전자산업을 하려고 하네."
> 지금도 분명히 기억하고 있지만 아버지는 꼭 이렇게 이야기했다. 아버지는 별다른 생각 없이 지나가는 투로 이야기를 던졌는데 반응은 예상치 못하게 터져나왔다. 구 회장은 벌컥 화를 내면서 '남으니까 하려고 하지'라고 느닷없이 쏘아붙였다. 즉, 이익을 보이니까 사돈이 하고 있는 사업에 끼어들려고 하지 않느냐는 뜻이었다. 그때까지 퍽 친하게 지내셨던 두 분은 이 일로 아주 서먹서먹해졌다.《묻어둔 이야기》)

2016년 말 기준으로 전체 상장기업 시가총액의 25% 정도 비중을 차지하는 공룡기업 삼성전자의 기원은 1969년부터다. 이병철은 권력의 요구에 따라 마지못해 뛰어든 중화학산업과 달리 전자산업에 큰 관심을 보였다. "사업성을 검토해본 결과 전자산업이야말로 우리나라의 경제단계에 꼭 알맞은 산업이라는 결론을 얻었다"는 것이었다. 이맹희는 이병철이 교류해온 일본 경제인의 영향이 크게 작용한 것 같다고 했다. 이병철이 흉금을 터놓고 지냈던 인물은 일본전기(NEC), 도에이, 미쓰이, 산요 등 일본 전자업계 경영자들이었기 때문이다. 이 가운데 일본전기의 고바야시 사장은 "삼성은 자동차보다는 전자를 해야 한다"고 수차례 강하게 권유했다고 한다. 전자산업으로의 진출을 결정한 삼성은 1969년 1월 삼성전자를 설립하고, 삼성산요전기(1969년 12월), 삼성엔이시(삼성NEC, 1970년 1월), 삼성일렉트릭스(1971년 9월)를 잇따라 설립한다. 정부는 삼성전자가 설립되기 2년 전인 1967년 전자공업진흥 5개년 계획을 발표하고, 1969년 전자공업진흥법을 제정한다. 이어 '전자공업 육성 8개년 계획'을 마련해 전자업계에 대한 과감한 금융·세제 지원에 나선다. 식품·섬유 등 소비재 위주의 사업구조에 머물렀던 삼성이 후발주자로 뛰어들 무렵, 전자산업은 국가의 주력 수출전략산업으로 떠오른 것이다.

문제는 기존 전자업계와의 알력이었다. 특히 10여 년 전(1958년) 전자업계에 진출했던 금성사의 구인회는 이병철의 사돈이었다. 금성사를 비롯한 전자공업협동조합 59개 회원사는 과당경쟁에 따른

112

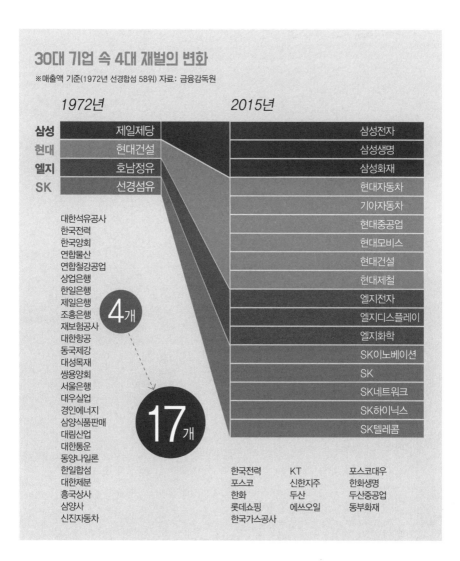

30대 기업 속 4대 재벌의 변화

※매출액 기준(1972년 선경합섬 58위) 자료: 금융감독원

1972년		2015년
삼성	제일제당	삼성전자
현대	현대건설	삼성생명
엘지	호남정유	삼성화재
SK	선경섬유	현대자동차
		기아자동차
	대한석유공사	현대중공업
	한국전력	현대모비스
	한국양회	현대건설
	연합물산	현대제철
	연합철강공업	엘지전자
	상업은행	엘지디스플레이
	한일은행	엘지화학
	제일은행	SK이노베이션
	조흥은행	SK
	재보험공사	SK네트워크
	대한항공	SK하이닉스
	동국제강	SK텔레콤

4개 → 17개

대성목재
쌍용양회
서울은행
대우실업
경인에너지
삼양식품판매
대림산업
대한통운
동양나일론
한일합섬
대한제분
흥국상사
삼양사
신진자동차

한국전력	KT	포스코대우
포스코	신한지주	한화생명
한화	두산	두산중공업
롯데쇼핑	에쓰오일	동부화재
한국가스공사		

내수산업의 붕괴를 우려하며 강력 반발했다. 제품이 생산·출고된 뒤에는 대리점들 사이에 주먹다짐까지 벌어지기도 했다. 구인회는 장남인 구자경한테 이렇게 말했다고 한다. "그쪽(삼성)에서 꼭 그래

하겠다면 서운한 일이지만 우짜겠노. 한 가지 섭섭한 점이 있다면 금성사가 지금 어려운 형편에 있는 점을 노려서 다리를 걸어 넘어뜨리자고 덤비는 것 같은 기라. 그러나 나는 내 할 일만 할란다."

기득권을 주장하는 업계의 반발을 무마하는 과정에서도 이병철은 박정희의 손을 빌렸다. 이병철은 《호암자전》에 "그들을 설득하다 못해 부득이 대통령에게 직접 전자산업의 장래성을 설명하여 이것은 국가적 사업이 돼야 한다고 강조했더니, 즉시로 전자산업 전반에 관한 개방 지시가 내려 삼성전자공업의 설립을 보게 되었다"고 적었다. 대통령과의 독대를 통해 업계의 반발을 무마했다는 사실을 스스로 밝힌 셈이다. 중화학공업화가 마무리되는 1970년 중반 이후 삼성그룹의 사업 다각화는 마무리된다. 전자·금융·식품·섬유 등 13개 갈래로 뻗어나간 사업 영역 내부적으로 수직 계열화를 시도하며 자기 완결성을 갖춰나가기 시작한다. 삼성뿐만 아니라, 각 재벌들도 '박정희의 시대'를 관통하며 성장과 분화를 마무리하고 철옹성을 구축한다.

1960~1970년대를 관통하며 지배블록을 형성한 독재정권과 재벌경제, 이들 가운데 최종 승자는 누구일까? 앞서 소개한 주한미국 대사관의 기밀 보고서 한 대목은 많은 사실을 시사한다. "이맹희는 그의 아버지가 박정희 대통령한테 굽실거리기를 거부한 대가로 많은 고통을 당하고 있다고 말했다. 박정희 정부에 매달 정기적으로 정치자금을 상납하는 가운데, 한국비료를 정부에 헌납하게 되는 진퇴양난까지 겪게 됐다는 것이다. 이맹희는 이병철에게 재산을 해외

로 빼돌리고, 한국 정부의 부패 스캔들을 폭로하는 방안까지 건의 했다고 말했다. 이맹희는 박정희 정부는 몇 년 안에 무너질 것이며, 삼성물산은 그 뒤에라도 재건할 수 있다고 주장했다." 박정희의 유산으로 대통령에 당선된 박근혜 대통령이 정치적 사망선고를 선고받은 지금, 이재용의 삼성은 여전히 대한민국의 경제적 욕망을 상징하고 있다.

"노동자 짓밟고 '빨갱이'로 몰아" _ 노동배제 정책의 탄생

●

> "제일모직 노동운동 당시에 출입했던 그 담당형사 둘이 찾아왔더라고요. '좀 가줘야겠다.' 경찰서 정보과에 있으니까 여자 조합원 최○○ 씨도 들어오는 거예요. 하룻밤 새우고 아침에 자술서를 쓰라기에 따졌죠. '기껏해봤자 제일모직 노동조합 결성하다가 그해 연말에 그만두고 나왔는데 무슨 문제될 게 있냐'고했죠. '여튼 위에 지침이 노동운동한 사람들은 일단 예비검속을 합니다' 그러더라고요."(2003년 8월 9일 나경일 구술자료, 민주화운동기념사업회)

나경일 씨(당시 31살)는 1961년 5·16 군사쿠데타 직후 대구 동부경찰서에 끌려왔다. 4·19 혁명 직후 제일모직에서 노조를 결성했다는 이유였다. 당시 조합원이었던 최씨는 한밤중에 집에 아이들만 둔 채 홀로 붙잡혀왔다. 경찰서 유치장은 초만원이었다. 교도소까지 연락했는데도 수용할 여유가 없었다. 그냥 그대로 정보과에서 사흘 밤낮을 보냈다. 다행히 나씨는 특무대에 있던 지인의 도움으로 풀려나 혁명재판을 간신히 면했다.

1957년 나씨는 제일모직 공채 1기로 입사했다. 이병철이 자본금 1억 환(약 2500만 원)으로 대구 침산동에 제일모직 공장을 설립한 지 3년째 되는 해였다. 당시 제일모직 근로환경은 열악했다. 공장 노동자들은 한 주씩 번갈아가며 12시간씩 주야간으로 일했다. 일요일에도 쉬지 않고 특근하고 연차나 생리휴가는 엄두도 못 냈다. 다른 방직회사들은 이미 8시간 3교대하던 시절이었다. 월급도 형편없었다. 대졸 출신 '사원'은 월급봉투가 두둑했지만 공장에서 일하는 '공원'은 최저생계를 유지하는 수준이었다. 3년간 공원으로 일했던 나씨는 "명목임금은 매년 조금씩 올랐지만 실질임금은 줄어드는 추세였다"고 말했다.

여성 종업원은 기숙사에 강제 수용됐다. 집이 아무리 가까워도 예외가 없었다. "일요일에도 (기숙사) 사감 허가 없이는 외출하지 못해요. 다 장시간 노동을 위해서죠. 근무시간 이후에 밖으로 내보내면 자기 볼일 보고 잠도 제대로 못 자고 결근할 경우가 생길 테고. 최대한 노동력을 짜내기 위해서 강제 수용한 거예요." 지나친 노동강도 탓에 노동자들은 병이 났다. '방직공장 만기는 5년, 모직공장 만기는 3년'이라는 말이 있을 정도였다. 모직공장엔 털먼지가 많아

호흡기 계통, 특히 폐결핵이 많이 생겼다. 병이 나면 쫓아내고 퇴직금도 주지 않았다. 산업재해보상은 꿈도 꾸지 못했다.

> "이병철은 인자 일본까지 와 있었어요. 미국에서 일본에 건너와 국내 정세 전망하고 있었다고. 하루에도 몇 번씩 제일모직 대구공장에 노동조합 활동 기미가 보인다(고 보고하니까) 동경에서 어떤 지시가 오냐면(요). '안 돼. 내가 죽어도 그런 건 못해. 내가 살아 있는 동안에는 내가 경영하는 기업에 절대로 노동조합 구성 이런 거 할 수 없어.' 왕의 명령이 그렇게 떨어졌는데, 그 명령을 거스르면 목이 달아나는데 (노조 와해에) 결사적이죠."(나경일 구술자료)

1960년 3월 15일 장기집권에 눈먼 자유당이 부정선거를 감행했다. 제일모직도 종업원을 3인조, 5인조로 묶어 투표소로 보냈다. 서로 감시하라는 의미였다. 노동자들의 불만이 솟구쳤다. 회사의 강압적인 통제방식에서 벗어나려면 "하나의 단결된 힘이 있어야 한다"는 목소리가 터져나왔다. 노동자의 권리를 보장받을 수 있는 노조가 필요하다는 의식이 싹튼 것이다. 대구의 3대 방직회사로 불리던 대구방직과 삼호방직, 내외방직에는 이미 노조가 있었다. 그러나 제일모직은 이병철의 무노조 경영원칙 때문에 노조가 없었다.

4·19 혁명을 계기로 노조 결성 움직임이 본격화하자 회사 쪽은 다급해졌다. 온갖 회유와 공갈, 협박이 이어졌다. 그러나 노조는 그해 5월 깃발을 올렸다. 회사의 탄압은 거셌다. 첫째, 직장폐쇄. 노

1961년 11월 박정희 국가재건최고회의 의장이 제일모직 대구공장을 방문했다.(왼쪽) 대통령이 된 뒤인 1965년 9월에도 이 공장을 다시 방문했을 정도로 관심이 많았다.(오른쪽)

조 설립 3일 만에 공장 출입문에 '공장 폐쇄한다'는 공고문을 붙이고 기숙사생은 24시간 안에 전부 나가라고 통보했다. 공장에 들어가지 못한 노동자 300여 명이 잔디밭에 모여 농성을 시작했다. 하루 종일 굶은 채 밤을 새웠다. 아침이 되자 여성 노동자들이 쓰러졌다. 당황한 회사 임원이 중재에 나섰다. "최고경영자의 의사니까 어떻게 하는지 내가 해결해 보겠다. 시간 말미를 달라." 그 말을 믿고 노동자들은 해산했다. 그러나 회사는 묵묵부답이었다. 노조는 경북노동위원회에 조정을 신청했다. 노동위원회는 노조 손을 들어줬다.

둘째, 어용노조. 어용노조를 만들어 놓고는 "노조 간 분쟁으로 작업할 수 없다"며 일부 노동자를 휴직 조처했다. 여성 조합원 400여 명이 어용노조 타도를 외치며 농성했다. 노동위원회도 부당노동행위라며 조업 재개를 명령했다. 그러나 회사는 대응하지 않았다. 노동자들이 공장 사무실까지 점거하자 회사 쪽이 경찰에 고발했다. 경찰 200여 명이 출동해 1시간 동안 노동자들은 경찰과 육탄전을 벌였다. "(4·19) 사회 분위기 탓에 경찰이 무지막지하게는 못하더라고요. 회사에서 요청하니까 마지못해 오긴 왔는데. 뇌물을 안 먹은 관리가 없을 정도로 엄청나게 뿌렸거든요. 관리들은 완전히 종이지. 이병철이라카면 자다가도 쫓아나올 정도로 되어 있었다고요."

이번엔 계엄군이 비상 사이렌을 울리며 들이닥쳤다. 노동자들이 상황을 설명했다. "회사가 아무 이유 없이 (공장을) 폐쇄해놓고 휴업계를 내놓았다. 이걸 해결하려고 노동위원회에 진정했다. 근데 회사 책임자가 어디 갔는지 행방불명이니까 나타나도록 기다리고 있다." 계엄사령관이 경찰에 "당장 철수하라"고 명령했다. "종업원들이 무슨 죄가 있나. 합법적으로 농성하는데." 뜻밖의 지지에 노동자들은 힘을 얻었다. 계엄군 헌병은 회사 내에서 경비까지 맡아줬다. 농성은 평화롭게 이어졌다. 회사 쪽도 하는 수 없이 협상테이블에 앉았다. 회사는 두 노조를 모두 해산하고 3일 내에 직장 폐쇄를 해제하기로 했다. 대신 조업을 개시하고 40일 내에 단일노조를 다시 결성하기로 했다.

제일모직 노조는 다시 결성됐지만 참여율이 저조했다. 회사의 당근과 채찍 정책 때문이었다. 회사는 '장미상조회'를 만들어 회원들에게 무이자 대출 등 특혜를 베푸는 반면 조합원들은 사규에 어긋나면 사정없이 해고했다. 노조는 최후의 수단으로 파업을 결의했다. 그러나 12월 20일 파업은 몇 시간 만에 공권력에 의해 진압됐다. 회사는 파업 참가자를 업무방해죄로 고발했다. 고발을 취소하는 조건으로 노조 간부들은 회사를 떠났다. 제일모직 노조는 깃발을 내렸다.

이병철의 "내 눈에 흙이 들어가기 전에 노조는 인정할 수 없다"는 무노조 선언은 1987년 경영권을 승계한 이건희 회장을 거쳐 오늘까지 이어진다. 1960년 제일모직 첫 노조를 와해했던 그 전략도 여전히 살아숨쉰다. 2012년 1월에 작성된 '2012년 S그룹 노사전략'이라는 제목의 문건을 보면 "신규노조 내부 분열 유도", "노조 설립 주동자들을 즉각 징계하기 위해서는 평소 문제인력들의 사규 위반 사항을 채증, 필요시 활용할 수 있도록 준비되어 있어야 함." "불가시 친사노조 설립 판단 후 교섭을 진행하며 고사화 추진" 등의 내용이 담겨 있다. 심상정 의원(정의당)이 이 문건을 2013년 10월에 공개했는데 법원은 삼성그룹이 작성한 것으로 판단했다.

> "68년도 봄에 (한국나일론) 공장 작업환경이 열악했어요. 평균 실내 온도가 38도, 40도 가까이 되고 습도도 높아서 찜통 같은 밀폐된 환경에서 노동을 하는 거야. 임금이 또 완전히 최저임금이 채 안 될 정도로 아주 열악하고. 통째로 착취하는 그런 상태더라고요. (내가 노조) 경험자니까. 젊은 친구들이 찾아와 자문을 구하는 거지요. 근데 '남조선해방전략당 사건'이 터져 남산(중앙정보부)에서 취조를 받았는데 (나로 인해) 또 노동조합 주동했던 사람들 몇 사람이 곤욕을 치렀어요."(나경일 구두진술)

1961년 5·16 쿠데타로 집권한 박정희 정권은 값싼 노동력을 바탕으로 한 노동집약적 수출공업화 전략을 채택했다. 이를 위해선 노동자의 저임금과 장시간 노동을 유지해야 했다. 이에 출범 직후부터 노동운동을 철저히 통제했다. 우선 모든 노동쟁의를 금지하는 계엄사령부 공고 제5호를 발표했다.(경제질서회복에 관한 특별성명) 국가재건최고회의 포고령 제6호로 노동 4법의 효력을 정지하고 전국노동단체를 모두 해산했다. 3개월 만에 노조 재조직을 허가했지만, 새로운 한국노총은 군사정권의 계획과 지시 아래 조직된 것이었다.

박정희 정권의 노동운동 탄압 속에서도 나씨는 제일모직에서 노조를 결성하며 만난 사람들과 계속 인연을 맺었다. 이들은 한국노총을 어용노조라고 보고 민주노총 건설을 시도했다. 경제학자 권혁재 씨 등과 함께 노동운동이 나아갈 방향에 대해서도 토론했다. 1968년 중앙정보부는 권씨 등 13명을 불법구금하고 간첩으로 몰아갔다. '전략당 사건'이다. 법원은 2015년 2월, 재심에서 46년 만에 무죄를 선고했지만, 권씨는 1969년에 이미 사형당했고 나씨도 같은 해 징역 3년에 집행유예 5년, 자격정지 3년을 선고받았다.

전략당 사건 피해자 13명 가운데 처벌 수위가 낮은 편이었지만 나씨는 더 이상 직장을 구할 수 없는 처지가 됐다. '3선개헌 반대운동'과 '6·3 한일수교 반대운동' 등 민주화운동을 계속하다가 1974년 5월 인혁당 사건으로 또다시 감옥에 갇혔다. 8년 8개월 복역한 뒤 1982년 12월 출소했지만 24시간 감시와 '빨갱이'라는 오명만이 그를 기다렸다. 자녀들(1남3녀)은 어려운 가정 형편 속에서 '간첩 자식'이라는 손가락질까지 견뎌야 했다. 나씨는 고문후유증과 싸우다 2010년 7월 12일 세상을 떠났다.

3장
—

강남,
부동산 불패 신화의 시작

강남 땅 투기 원조는 박정희였다

●

　　박정희 정권은 허허벌판 강남을 국내 최초의 신도시로 개발
했다. 개발은 성공적이었다. 1963~1977년 사이에 서울시 전역의
지가는 87배 수준으로 크게 상승했고, 강남지역의 지가는 176배가
량 폭등했다. 정권은 앞장서 개발을 밀어붙였다. 박정희 정권이 내
세운 새마을운동 "잘 살아보세"라는 표어처럼, 아파트를 사면 중산
층이 될 수 있다는 신화가 시작됐다. 박정희 정권이 만든 부동산 투
기 대열에 올라탄 사람들은 중산층이 됐지만, 그러지 못한 다수에
게는 '헬조선'이 열렸다. 강남발 투기 열풍이 번지면서 전 국토가

투기장이 됐다. 헌법에도 명시된 '쾌적한 주거권'을 안정적으로 보장해야 하는 정부가 이를 돈벌이용 투기 수단으로 변질시킨 것이다. 강남 개발은 부동산 버전의 재벌 육성이었다.

아파트 새마을운동

박정희 정권이 강남 개발을 밀어붙임과 동시에 1970~1971년 땅 투기로 수백억 원의 매매차익을 남겨 대선자금으로 썼다는 정황이 곳곳에서 확인된다.

청와대 대선자금 마련을 위한 땅 투기 정황의 중심에 1970~1972년 서울시 도시계획국장을 지낸 윤아무개 씨가 있다. 윤씨 뒤를 이어 서울시 도시계획국장으로 일했던 고 손정목 서울시립대 교수가 쓴《서울 도시계획 이야기》를 보면, 윤씨는 당시 청와대 지시로 강남구 토지의 2%인 24만여 평을 매매해 18억 원(현재가치 약 324억 원)의 차익을 남긴 뒤 청와대에 바친 것으로 나온다. 윤씨를 만나 책 내용의 사실 여부를 확인하는 한편, 폐쇄등기부등본 등을 통해 숨겨진 역사의 비밀을 추적했다.

윤씨는 1968년 서울 풍납동, 방이동을 올림픽 후보지로 미리 선정한 인물이며, 지금의 강남에 해당하는 영동지구개발계획을 1970년에 세우고 집행한 주인공이다. 서울시 도시계획상에는 1960년대부터 올림픽대회 후보지가 논의돼왔다.

윤씨는 영동개발계획이 발표되기 11개월 전인 1969년 12월, 김현옥 서울시장의 안내로 서울 한남동 유엔빌리지에 들른다. 박종규 청와대 경호실장의 집이었다. 정권 실세였던 박 실장은 윤씨에게 강남 땅을 사들여 차익을 본 뒤 바치라고 지시한다. 2주일 뒤 김 시장이 알려준 대로 고태진 제일은행 전무실을 찾아간다.

"윤씨는 서울시 도시계획과장 신분이던 1970년 1월께 시장실에서 연락이 와서 찾아갔더니 (…) 당시 제일은행 본점은 신세계백화점 서편 지금의 제일지점 건물이었다. 고태진 전무실은 서울시장실보다 더 으리으리한 방이었다. 조심조심 찾아온 용건을 말하는 윤 과장에게 고 전무가 책상서랍에서 꺼내준 것은 적금 통장 한 개였다. 원금 3억 원짜리였는데 예금한 지 햇수가 많이 지나서 이자가 누더기로 붙어 있었다. 윤씨는 이 자금을 통장 또는 A통장이라 적고 3억4138만6983원으로 기록하고 있다. 첫 번째 자금공급은 이렇게 시작됐다."《서울 도시계획 이야기》110쪽) 이때 윤씨가 고씨로부터 받은 돈의 현재가치는 약 70억 원에 해당한다.

자금이 부족할 때는 김성곤 공화당 재정위원장이자 쌍용그룹 창업자를 찾아가 자금을 받았다고 훗날 손정목 서울시립대 교수에게 밝힌다.

국고 관리자 고태진

"울산 상업은행 출신 인물 중 금융인으로 가장 출세한 사람이 고태진 씨다. 고씨는 울산에서 2년간 근무하다가 해방 후 1953년 대전지점장, 1957년 진주지점장, 1961년에는 심사과장을 거쳐 부산 중앙동지점장이 되었는데 그에게 행운의 기회가 온 것이 이 무렵이었다. 박정희 대통령 비서실장으로 있었던 이후락 씨가 울산 출신의 금융인 중 국고를 맡길 인물을 찾게 되는데 이때 고씨가 발탁되었다. 이후락 실장의 지원 속에 제일은행 전무가 되었다."(장성운 울주문화원 이사)

손정목 씨는 2016년 5월 88살을 일기로 숨졌고, 고태진 씨는 2003년 별세했다. 고씨에 대한 기록을 장성운 울주문화원 이사에게서 찾을 수 있었다. 지역 역사학자인 장 이사는 울산에 거주하는 고씨의 차남에게서 들은 이야기를 바탕으로 2015년 지역 일간지에 이 내용을 실었다. 윤씨가 청와대 경호실장 지시로 고씨를 찾아가 자금을 받았다는 주장을 뒷받침하는 내용이다.

윤씨는 이 돈을 어떻게 굴렸을까. 윤씨가 강남구 토지의 2%인 24만여 평을 매매해 당시 18억 원대의 차익을 남겼다고 손씨는《서울도시계획 이야기》에 적었다. 이 책은 2003년 발간돼, 올해까지 7쇄를 찍었다. 윤씨가 손씨에게 털어놓은 땅 투기 비화를 언론에 직접 언급한 적은 단 한 번도 없다.

윤씨는 1966년 도시계획과장, 1970년 5월 도시계획국장에 오른다. 1974년 서울시를 퇴직하고 쌍용건설로 자리를 옮겼다. 1981년에는 총선에 출마했다가 낙선했다. 경주·월성·청도 지역의 민주한국당 후보로 출마한 것이다. 그는 "영동(강남) 지역 개발 경험을 살려 경주를 발전시키겠다"는 공약을 내세웠다. 그리고 다시 역사 밖으로 종적을 감췄다.

윤씨가 국장이 된 1970년 11월 영동지구 개발 계획 전모가 발표

박정희 정치자금 마련을 위한 강남 땅 투기 내역

※총 6만 평 소재지
1971년 당시 지번

강남구

삼성동

삼성동 산40-82	삼성동 40-150
삼성동 40-83	삼성동 66-63
삼성동 40-128	삼성동 66-64

대치동

대치동 2	대치동 50-15
대치동 3-1	대치동 55-5
대치동 6	대치동 56-1
대치동 9	대치동 57
대치동 10	대치동 57-1
대치동 11	대치동 59-1
대치동 12	대치동 59-2
대치동 14	대치동 60
대치동 16	대치동 61
대치동 18-1	대치동 64
대치동 19	대치동 65
대치동 20	대치동 69
대치동 22-1	대치동 66
대치동 22-2	대치동 67
대치동 31-2	대치동 68
대치동 31-3	대치동 70
대치동 41	대치동 71
대치동 42	대치동 72
대치동 46	대치동 73
대치동 50-1	대치동 75-1
대치동 50-10	대치동 78-2
대치동 50-13	

서초구

서초동

서초동 산144
서초동 146-1
서초동 150-2

양재동

양재동 산57-2
양재동 168
양재동 169
양재동 171
양재동 167

24만 평

강남구
면적의
약 **2%**

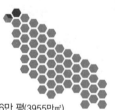

강남구 면적:1196만 평(3955만㎡)

1970년	1971년	1971~1972년
24만 평 매입 삼성동, 대치동, 서초동, 양재동 **12억 원**	18만 평 매각 **18억 원** (현재 가치 324억 원)	6만 평 김성곤 전 공화당 재정위원장에게 넘어감

됐다. 당시 강남은 나날이 과밀화하는 인구를 한강 이남으로 분산하고 서울의 균형발전을 위해 중앙정부가 적극 나선다는 취지로 개발됐다. 영동 제1지구(472만 평)에다 제2지구(365만 평)를 합해 서울시가 1972년까지 837만 평을 개발하는 데 총 167억 원 투입 계획을 세웠다. 60만 인구가 거주하기 위한 새 시가지였다.

강남이 서울에 편입된 시점은 1963년 1월. 서울 편입 목적이 신시가지 구상만은 아니었다. 서울시가 1966년 1월 초순 '강남 개발 구상'을 발표했지만 이는 군사적 필요성에 따른 것이었다. 한국전쟁이 끝나고, 1955년 서울시 인구는 150만 명이었는데 다리가 2개뿐이었다. 전쟁의 참상을 겪은 나라로서, 전시 상황에 국민들이 한강을 건너지 못하면 어떻게 되느냐는 문제의식이 팽배했다. 1966년 1월 19일 제3한강교(한남대교)가 착공되면서 땅값이 꿈틀댔다. 제3한강교 착공 당시 신사동 일대 땅값은 1평에 200원. 1년이 지나자 1평에 3000원으로 뛰어올랐다. 본격적인 개발은 경부고속도로와 맥을 같이한다. 당시 건설 중인 제3한강교 남단을 경부고속도로 기점으로 한다는 결정이 1967년 11월 떨어진 것. 3년 뒤인

1970년 11월이 돼서야 영동지구 개발 계획이 발표됐다.

박정희 정부가 부동산 투기 억제로 정책을 바꾼 시점은 1973년 말부터다. 이미 투기 광풍이 한 차례 지나간 뒤였다. 그조차도 주거용 토지에 대해서는 세율이 낮았고 조세 중과 대상이었던 토지의 범위는 한정적이었다. "재무부는 투기 억제세에 의한 과세 대상 지역을 확대하고 공제율을 5% 인하함으로 투기를 억제하기로 했다."(〈매일경제〉 1973년 12월 5일치)

1972년 유신을 부른 1971년 대선
—

"'이 사람(김대중)과 비교해서 국민들이 나를 대접하는 게 겨우 이 정도인가. 민주주의가 역시 약점이 있어. 우리나라 같은 경우 선거 바람이 잘못 불면 엉뚱한 사람이 당선될 가능성이 얼마든지 있어. 그랬을 때 과연 이 나라가 일관성 있게 자유민주주의 체제를 할지 의심스러워. 그래서 내가 심각하게 걱정을 해. (…) 이제 그따위 놈의 선거는 없어.' 비서관은 (박정희 대통령의 말을 듣고) 섬뜩한 느낌이 들었다."(《박정희의 결정적 순간들》 505~506쪽, 조갑제) 박 대통령의 지독한 불안은 1972년 유신으로 이어졌다.

윤씨가 대선 자금을 마련하기 위해 24만 평을 매매한 시절은, 박정희가 1971년 4월 대선에서 김대중과 치열한 경합을 벌이던 때다. 박정희는 95만 표 차이로 간신히 당선됐다. 윤씨를 만나기 위해 그가 살고 있는 경기도 용인시 기흥구 보라동으로 찾아갔다. 그는 한사코 인터뷰를 거부했다. "(전직) 공무원으로서 〈한겨레〉와는 인터뷰하면 안 된다"고 했다. 윤씨는 인터뷰를 거절하면서도 몇 가지 질문에는 답을 했다. 손 교수에게 투기 거래 문건을 넘겼다는 것과 본인이 정치자금을 조성하다 곤욕을 치렀음을 인정했다. 강남 개발 당시 기억을 책으로 내기 위해 노트에 글을 쓰고 있다고도 했다.

대선자금이 아닌, 박종규 전 청와대 경호실장의 개인 땅 투기였을 가능성도 있지 않냐고 물었다. "아니, 아니. 그렇게 소소하진 않아, 그 사람들은. (박종규 살았던 한남동) 유엔빌리지 20평 응접실에는 외국에서 가져온 호피, 도자기 그런 거 꽉꽉 앉을 자리가 없을 정도였어. 김현옥 서울시장도 군인 출신이니까 제2서울 개발 아주 잘 알아. 김정렴 (대통령비서실장) 그 사람들이야 워낙 크게 놀았으니까. 김대중이하고 박정희 대통령하고 출마할 때 그때 돈을 안 갖다주는 거야, 장관들이. 박종규(청와대 경호실장)는 영동 개발(로 자금 만들어서 줬는데)인데."

윤씨는 투기를 위한 계약 시 가명을 썼지만, 등기는 가명으로 할 수 없었다. 모든 부동산을 실명으로 등기할 수도 없는 노릇이었다. 농지개혁법 규정에 의해 한 사람이 3정보(*ha*) 이상 농지 소유가 금지돼 있었다. 조아무개, 조아무개의 부인 윤아무개, 박아무개 이름이 쓰였다. 부동산 투기억제에 관한 특별조치 세법이 1967년 11월 법제화됐다. 당시는 등기 이전이 되고 난 뒤 상당한 기간이 경과해야만 거래를 집계해 세금 고지서가 발부됐다. 2, 3년이 지나야 발부되는 경우도 있었다. 그가 1972년 도시계획국장을 그만둔 뒤에도 세금 문제가 불거졌다.

"(땅) 세금 문제도요, 정치해놓고 다 끝나니까 다 책임이 나한테 돌아오는 거예요. 그니깐 처음에는 오정근이가 국세청장 할 때, 그 다음에 청와대가 전화해서 (내 앞으로 나온 세금을) 없애버리고 그랬는데. 나중에는 (청와대가 국세청에) 전화 안 해주는 거야. 나중에 이경식이가, 청와대 비서실 담당(비서실장 보좌관)이 귀찮다고 오지 말라는 거야. 결국 무마는 됐어요."

"아이고, 그, 아이고, 그래서, 내가 오죽 답답하면 전두환 때 국회의원에 출마했을까. 근데 떨어졌지. (나도) 배신감 들었겠지."

현대차, 한전, 봉은사

"한전 부지(7만9342제곱미터)를 고액에 매입하게 된 배경이 뭡니까?"(새누리당 하태경 의원)

"각 기업 상황에 따라 꼭 필요한 부분이 있으면 그렇게라도 투자하는 것입니다. 투자 금액은 상대적인 것이고, 입찰에서 그 정도는 내야 이길 수 있다고 판단했습니다."(정진행 현대차 사장)

대기업 총수 9명이 최순실 국정 농단 청문회에 참석한 2016년 12월 6일, 미르재단과 K스포츠재단에 128억 원을 낸 현대자동차 정몽구 회장을 대신해 정진행 사장이 하태경 의원의 질의에 답했다. 현대차는 쌓아둔 사내유보금 114조 원을 특혜성 땅 투기에 사용한다는 비판을 받아온 터였다.

논란이 된 한전 부지의 과거를 추적하는 과정에서도 윤씨가 등장한다. 한전 부지는 원래 서울 삼성동에 자리한 봉은사가 대대로 소유한 땅이었는데, 1970년 조계종과 '윤태진'이 계약서를 체결해 한전으로 넘어오게 된다. 윤태진은 윤씨의 가명이다.

현대차는 2014년 9월, 서울 삼성동 한전 부지를 감정가의 약 3배인 10조5500억 원에 매입했다. 정부가 1970년 이 땅을 사들인 금액은 5억3000만 원. 정부는 엄청난 수익을 남겼다. 현대차는 한전 부지에 사옥은 물론이고 호텔, 전시장, 공연장 등이 함께 들어서는 개발계획을 세우고 있다.

봉은사가 국가기록원을 통해 입수한 상공부의 대외비 문건 '상공부 예하 주택조합 대지 해결방안'을 보면 "상공부 장관이 서울시장에게 매입 의뢰하고 서울시장은 도시계획과장(윤아무개)에게 1970년 1월 12일 지시하라"는 내용이 있다. 윤 과장은 그해 5월 도시계획국장으로 승진한다.

이 문건에서 나타나듯이 1970년 1월 이낙선 상공부 장관은 김현옥 서울시장에게 상공부가 이전할 부지를 매입하라고 공식적으로 의뢰한다. 서울시장은 당시 도시계획과장 윤씨에게 비밀리에 매입을 지시했다. "종합청사 건설계획이 누설되는 경우 영동지구 지가의 폭등 등 부작용으로 인하여 서울시의 영동지구 개발계획에 지장을 초래할 우려가 있다"는 게 이유였다. 윤 과장이 조계종 총무원과 계약을 체결하기 불과 6일 전이었다.

그가 사야 할 땅은 서울에 상공부 건물을 지을 10만 평. 흩어진 땅이 아니라, 한데 모여 있는 부지여야 한다. 윤 과장은 봉은사가 대대로 소유한 땅을 주목했다.

손정목 씨 책에도 관련 내용이 나온다. 윤 과장은 봉은사 땅을 헐값에 사들이기 위해 신분을 속이고 봉은사에 접근한다. 조계종 총무원은 뒤늦게 윤씨의 신분을 알고 상공부 청사건설위원회와 재계약을 체결했다. 윤씨가 애초 계약한 금액은 한 평에 4300원, 10만 평에 총 4억3000만 원이었다. 상공부가 계약 주체로 바뀌면서 계약금액도 5억3000만 원으로 뛰어올랐다.

애초 상공부 및 산하기관인 대한석탄공사, 대한광업진흥공사, 한국전력, 포항제철 등이 들어설 부지였으나 계획이 틀어졌다. 한국전력만 1977년 이전 등기를 마치고 1982년 12월 31일 옮겨왔다.

봉은사는 이 부지 매각 건으로 1970년 9월 청와대에 탄원서 한 장을 보낸다. 당시 조계종은 이 땅의 매매 건으로 분란을 겪는다.

"존경하옵는 대통령 각하, 1970년 9월 27일 본 종단은 정부의 요청에 의하여 봉은사 토지 약 10만 평을 상공부에 매도하고 총무처로부터 공무원 교육원을 매입한 사실이 있습니다. 그러하온데 봉은사 토지가 정부에 완전 이전(1970.9.30)된 지금 서울 동부 세무서는 동 매매에 대한 투기 억제세 84,533,700원, 과태료 8,453,370원, 계 92,987,070원을 부과하고 이를 납부하지 않는다 하여 천년 고찰인 봉은사의 사사지마저 압류하고 오는 1971년 12월 21일 공매 처분하기로 공고하고 있습니다."

XY문건 속 대치동 쌍용아파트
—

"그가 연희동에 있던 나의 일터에 서류 보따리 하나를 들고 찾아온 것은 1995년 초여름이었다. 그 보따리 안에는 내가 기대했던 용역보고서 같은 것은 들어 있지 않았다. 그 대신에 전혀 정리가 안 된 채로 뭉쳐놓은 부동산 매매 관련 문서들이 들어 있었다. 토지 매입·매각 계약서, 등기부등본, 여러 가지 메모, 서류 납입 영수증 등 강남의 토지 매입 매각과 관련된 서류 중 약 80%가 그 안에 들어 있었다. 나는 이 서류를 성질별로 나누고 날짜순으로 정리하여 'XY문서'라는 이름을 붙였다. (…) 윤아무개는 그런 무거운 비밀을 20년이 훨씬 넘도록 혼자의 가슴에만 묻은 채 우스갯소리를 하고 너털웃음을 웃으면서 살아온 것이다."(《서울 도시계획 이야기》106~107쪽)

윤씨가 마지막으로 서울시를 퇴직한 시점은 1974년 2월. 서울시 도시계획국장으로 탄탄대로를 달리던 윤씨가 1972년 한직인 한강 건설사업소 소장으로 전출되기 전부터 청와대 자금을 조성하기 위해 투기를 한다는 소문이 팽배했다고 손씨는 전한다. 손씨는 윤씨 후임으로 도시계획국장으로 일할 때 대강의 윤곽을 파악했다. 윤씨가 서울시를 퇴직한 지 21년이 지난 1995년 여름, 대선자금을 마련하기 위해 강남 땅 투기를 했다며 당시 매매 문건과 메모 등을 들고 서울시립대 교수였던 손씨에게 찾아오면서 박정희 정권의 강남 땅 투기가 세상에 알려졌다. 손씨는 이 거래 문건을 'XY문건'이라 이름 붙이고 분석했다.

현대사학자, 또는 도시계획 전문가들은 손씨의 책을 다수 인용해 논문 등을 작성했다. 그러나 해당 문건을 보았다거나, 윤씨를 만났다는 이는 없다. 손씨의 유족들도 'XY문건'이 어디 있는지 알지 못

2부
우리 안의 박정희들

133

1인당 국민소득의 성장과 주요 아파트 준공연도

자료: 통계청

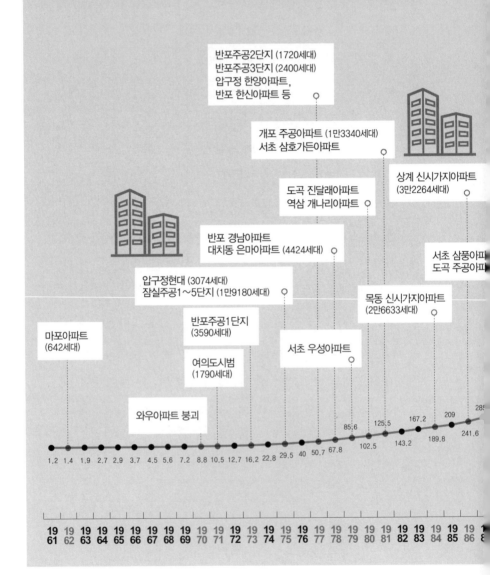

반포주공2단지 (1720세대)
반포주공3단지 (2400세대)
압구정 한양아파트,
반포 한신아파트 등

개포 주공아파트 (1만3340세대)
서초 삼호가든아파트

상계 신시가지아파트
(3만2264세대)

도곡 진달래아파트
역삼 개나리아파트

서초 삼풍아파
도곡 주공아파

반포 경남아파트
대치동 은마아파트 (4424세대)

압구정현대 (3074세대)
잠실주공1~5단지 (1만9180세대)

목동 신시가지아파트
(2만6633세대)

마포아파트
(642세대)

반포주공1단지
(3590세대)

여의도시범
(1790세대)

서초 우성아파트

와우아파트 붕괴

285

209

167.2

241.6

125.5

189.8

85.6

143.2

102.5

67.8

50.7

40

29.5

22.8

16.2

12.7

10.5

8.8

7.2

5.6

4.5

3.7

2.9

2.7

1.9

1.4

1.2

| 19 61 | 19 62 | 19 63 | 19 64 | 19 65 | 19 66 | 19 67 | 19 68 | 19 69 | 19 70 | 19 71 | 19 72 | 19 73 | 19 74 | 19 75 | 19 76 | 19 77 | 19 78 | 19 79 | 19 80 | 19 81 | 19 82 | 19 83 | 19 84 | 19 85 | 19 86 | 1 8 |

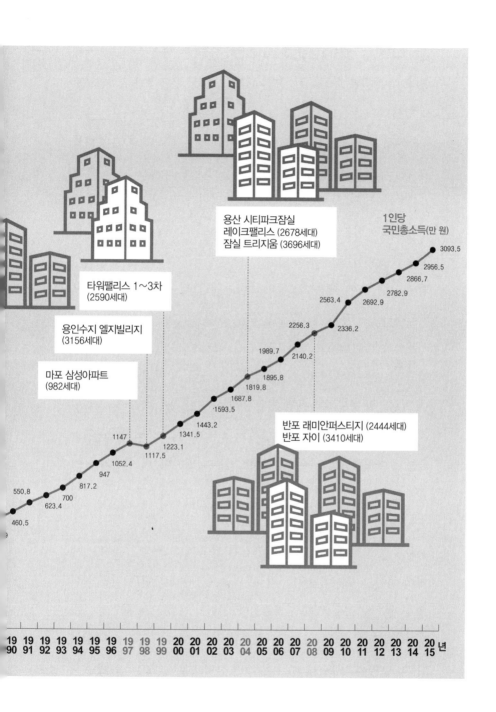

타워팰리스 1~3차
(2590세대)

용인수지 엘지빌리지
(3156세대)

마포 삼성아파트
(982세대)

용산 시티파크잠실
레이크팰리스 (2678세대)
잠실 트리지움 (3696세대)

1인당
국민총소득(만 원)

반포 래미안퍼스티지 (2444세대)
반포 자이 (3410세대)

460.5
550.8
623.4
700
817.2
947
1052.4
1147
1117.5
1223.1
1341.5
1443.2
1593.5
1687.8
1819.8
1895.8
1989.7
2140.2
2256.3
2336.2
2563.4
2692.9
2782.9
2866.7
2956.5
3093.5

19 90 19 91 19 92 19 93 19 94 19 95 19 96 19 97 19 98 19 99 20 00 20 01 20 02 20 03 20 04 20 05 20 06 20 07 20 08 20 09 20 10 20 11 20 12 20 13 20 14 20 15 년

했다. 손씨는 생전에 소유한 책과 기록을 모두 서울시립대에 기증했다. 이 책들은 현재 서울시립대 중앙도서관 '손정목 문고'에 보관돼 있는데 여기서도 XY문건을 찾을 수 없었다.

윤씨도 해당 문건을 갖고 있지 않다고 했다. "(손정목에게) 자료를 넘겼다는 것은 아니고, 달래서 가져갔죠. 그렇게 (책에) 쓸 줄 몰랐죠. 다 가져갔어요. 복사도 안 했지. 그러니까 그 친구는 (문과 출신) 문학가고 우리는 (공대 출신) 기술자고. (둘 다 경주중학교) 고향 친구고. (나중에) 돌려달라고 하니까 없어졌다는데, 뭐라 그래? 손정목이 시립대 교수 할 때 찾아가도 없다고 하는데. 그러니까 내가 바보였지, 말하자면."

윤씨가 1970년 2월부터 약 1년간 12억8000만 원을 들여 사들인 강남 땅은 24만8368평. 강남구 전체 면적의 약 2%다. 이 땅을 1971년 1월 중순부터 매각했다. 윤씨는 18만 평을 매각해 18억 원에 가까운 자금을 마련한다. 당시 서울시가 영동 지구 개발투입자금으로 계획한 167억 원의 10%를 넘는 금액이다. 마지막 남은 땅은 6만5000여 평. "이 땅은 김성곤 공화당 재정위원장에게 넘겨졌다"고 책은 윤씨 입을 빌려 기록했다.

손씨는 공화당 재정위원장이자 전 쌍용그룹 회장인 김성곤 씨에게 넘어간 부지 6만5000여 평 가운데 5만8805평의 지번 목록을 공개했다. 모두 57개의 지번이다. 지번 이전 등으로 확인되지 않은 14개를 제외하고 43개의 폐쇄등기부등본과 구등기를 확인했다. 이 땅의 대다수는 1971~1972년 사이에 김성곤이 소유했던 국민학원과 구암학원으로 들어갔다. 매매일도 거의 동일했다. 다양한 지번의 땅들이 1972년 8월 31일, 9월 1일에 집중적으로 거래됐다.

대치동 쌍용아파트 부지도 이 거래에 포함된다. 현 주소로 대치동 59-6번지와 그 일대에 조성된 대치동 쌍용아파트는 7호선 학여울 역과 바로 붙어 있는 역세권 아파트다. 현재 시세는 32평에 약 13억 원. 1983년 3~11월에 완공된 아파트로 재건축 기대감이 높다.

이 아파트 부지의 폐쇄등기부등본과 구등기를 보면, 쌍용건설은 1981년 4월 7일, 12월 29일, 1982년 2월 2일, 2월 23일 순차적으로 이 땅을 매입했다. 쌍용건설에 땅을 판 주체는 학교법인 구암학원과 국민학원. 모두 쌍용 김성곤 회장이 사실상 소유했던 법인들이다. 두 곳의 공익법인을 통해 땅을 사들여 아파트를 지은 것이다.

두 공익법인이 이 땅을 사들인 시점도 1972년 9월 1일 전후로 같고, 매도인도 박아무개 씨로 같다. 박씨는 1970년 11월 1일과 3일 이 땅을 매입한다. 박씨-국민·구암학원-쌍용건설로 이어진 거래는 일사천리로 이어진다.

양재동 266-5, 262-6번지 일대 폐쇄등기부등본에는 윤씨의 실명이 등장한다. 1970년 6월 10일 정아무개 씨가 조아무개로부터 땅을 매입하고, 이 땅은 1976년 3월 12일 상공부 산하 남서울 주택조합연합에 넘겨진다. 윤씨는 1980년 3월 10일 다시 이 땅을 매입했다가 불과 9개월 뒤인 1980년 12월 30~31일 임아무개 씨에게 넘긴다. 윤씨는 상공부 땅이 임씨라는 개인에게 넘어가는 하나의 다리다. 중앙정보부가 매입한 땅도 확인됐다. 현 주소로 대치동

2번지는 국민학원(1972.9.1.)-중앙정보부(1978.11.27.)- 서울특별시(1983.1.10)로 넘어갔다.

그에게는 강남 땅이 없다

윤씨는 강남에 단 한 평의 땅도 갖고 있지 않다. 그는 이용당하고 버려졌다. 오랜 기간 입을 다물었다. 청와대 땅 장사에 이용됐다는 것 때문에 억울했을 것 같아, 서울시를 그만두고 그들을 찾아가지는 않았는지 물었다.

"(비서실장) 김정렴, (경호실장) 박종규 안 찾아갔어. 그때, 마, 운명이라 여겼지. (1971~1975년 국무총리였던) 김종필이 나를 잘랐겠지. 서울시가 국무총리 직속 아냐. 김종필이 책 안 읽어봤어? (쌍용건설 회장이자 공화당 재정위원장) 김성곤이가 (중앙정보부장이었던) 김종필한테 와서 빨갱이 (기록을) 지워달라고 했다고. 거기 보면 나와요, 김종필이 김성곤이를 굉장히 싫어했던 거. 김성곤하고 가깝게 지내니까 나를 좌경으로 봤겠죠."《김종필 증언록》을 보면, 김성곤이 남로당 재정위원이었다고 나와 있다.

그는 김종필 국무총리가 자신을 잘랐다고 말하지만, 후임 국장인 손정목 씨는 상공부 주택단지용 토지 때문에 윤씨가 1972년 도시계획국장에서 한강건설사업소 소장으로 밀려났다고 전한다.

당시 정황은 이러하다. 이낙선 상공부 장관이 김현옥 서울시장에게 상공부 주택단지용 토지를 구입해 달라고 1970년 상호 합의를 했다. 합의 이면에는 상공부 주택단지용 토지를 서울시에서 개발하는 영동 1, 2구획정리지구에 넣어준다는 약속이 있었다. 그러나 1970년 11월 영동구획정리 1, 2지구 계획 내용이 확정발표됐을 때 보니, 합의 내용이 지켜지지 않았다. 윤씨가 구입한 상공부 주택단지용 29만3766평 가운데 11만3245평이 구획정리지구에 포함되지 않은 것. 서울시로서는 돌산이었기 때문에 공사비가 많이 들어 구획지구에 넣기 어렵다는 어려움이 있었다. 윤씨는 서울시를 떠나 1974~1975년 쌍용건설 이사를 지냈다.

"나는 뭐, 생활 자체가 (국회의원) 선거 치르고 쫄딱 망했지. 살기도 어려운데 뭐. 손정목이가 (책) 쓰니까 나도 한번 써봐야 되겠다 싶어서. 정치자금 땅에 관해선 소소한 이야기 많아. 나는 망했어. 쌍용건설 갔던 게 잘못이지. 김성곤이 (박정희 정권에서 1970년 10·2 항명파동으로) 쫓겨나고 1975년 죽고 나니까 (김성곤) 아들이, (내가 아버지) 친구니까. 아버지가 발령낸 사람(인 나를) 바로 쫓아내데."

그가 도시계획국장으로 지내면서 강남 땅을 개발할 때 자기 몫도 챙겨놨다면 어땠을까 물었다.

"내가 만약 땅 샀다면 (그때) 쫓겨났겠죠. 지금도 후회스러운 것이, 내가 평당 4000원 주고 살 때 제일 먼저 산 땅이 어딘지 알아요? 청주대학교 이사장의 땅을 4000원에 10만 평 샀어요.(김준철 청주대 이사장은 1996년 감사원 감사에서 학교 땅 16만 제곱미터를 불법 상속하거나 매각한 사실이 드러났다). 그때 산이었어요. 그게 테헤란로의 중심가가 됐어요. 마지막에 병신 같은 이야기할 게요. 다 (사고팔고) 하고 나서, 2000평 이것은 아무도 모르는 건데. 청와대가 땅 남았는 거 없냐고

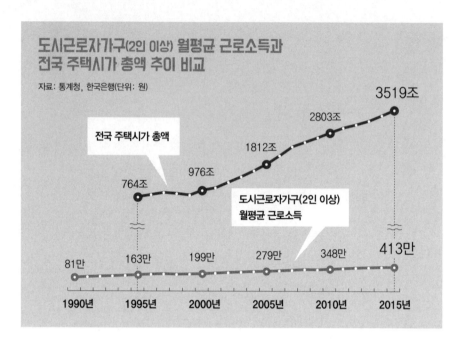

도시근로자가구(2인 이상) 월평균 근로소득과
전국 주택시가 총액 추이 비교

자료: 통계청, 한국은행(단위: 원)

전국 주택시가 총액

764조 976조 1812조 2803조 3519조

도시근로자가구(2인 이상)
월평균 근로소득

81만 163만 199만 279만 348만 413만

1990년 1995년 2000년 2005년 2010년 2015년

해서, 없다고 해도 (그들은) 몰라. (그런데) 여기 있습니다 했더니, 쌍
용에 주라고 하더라고. 그래서 줬어. 그런 관계…. 아이고, 그 이야
기 하면 울화통이 터져서, 지금도 (강남) 지나가다 보면…. 그때 내
가 막 모른 척하고 100평이라도 샀으면 먹고살 거 아니에요. 요 꼬
라지 해서 여기 먼 데 와서 살고 있으니. 얼마나 비참하겠어요. 그런
이야기 하면, 하이고, 나 말 시키지 마. 미친다. 그래, 여기까지 와가
지고, 꼬라지가 부끄러워서 안 만나려고 한 거야. 강남은 개발을 왜
이렇게 했냐고 하는 사람도 있어요. 있는데, 나 갈라요. 미안해. 찻
값은….”

　이후 윤씨에게 수차례 접촉을 시도했지만 윤씨는 만남을 거절했

다. 마지막 전화통화에서 손씨의 책 내용을 인용하겠다고 했더니 "정치자금과 나는 관계가 없다"고 말을 바꿨다.

그는 강남 신화를 설계한 실무자였다. 강남의 교육 자본과 인적 네트워크를 누리기 위해 허리띠를 졸라매고 입성하려는 풍토와, 아파트를 사고팔아 차익을 누리지 않으면 더 나은 삶으로 나아갈 수 없다는 '아파트 새마을운동'의 근간을 만들었다. 관권, 금권에다 지역감정까지 동원한 끝에 95만 표 차이로 간신히 승리한 1971년 7대 대선 정치자금을 만들다 버려진 인물이다. 지금은 강남 땅을 사지 않았던 것을 지독히 후회하는 개인이다. 그는 '박정희들'을 만들었고, 그 또한 우리 안의 박정희들이다.

아파트 새마을운동은 계속된다

●

"좋은 대학에 들어가면 왜 좋은 거예요?"

"좋은 회사에 들어갈 수 있지. 좋은 회사에 들어가면, 좋은 동네에서 살 수 있고, 좋은 동네에서 살면 좋은 친구들을 사귈 수 있지."

"좋은 친구들을 사귀면 어떻게 돼요?"

"당연 연설문을 직접 안 써도 되지."

텔레비전 프로그램에선 개그맨인지 작가인지 모를 유병재가 풍자 코미디를 하고 있었다. 현실적으로 너무 맞는 말은 듣기가 불편하다. 채널을 껐다. 서울의 서쪽에 사는 그에겐 이런 조언을 코미디 아닌, 진심으로 해 주는 친척들이 있다. "너 왜 아직도 그 동네 사니?" 고모 ㄱ(70)씨는 그에게 늘 이렇게 말한다.

ㄱ씨는 친척들 사이에서 '재테크의 여왕'이라 불린다. 서울과 경기도에 부동산 11건을 갖고 있다. '서울 송파구 신천동 재건축 예정 18평 아파트/ 송파구 신천동 상가/ 청담동 28평 아파트/ 경기도 용인 56평 아파트/ 분당 정자동 상가…' ㄱ씨의 남편은 평범한 직장인으로 2000년에 정년퇴직을 했다. ㄱ씨는 지금도 갖고 있는 부동산 전세 만기, 월세 날짜를 매일 '부동산 일기'에 쓴다.

"월세, 전세 만기가 돌아오면 뱅 돌아가면서 돈 회전을 한다. 전세가 1억 올라가면 1억을 또 다른 데 투자하든지 필요한 일에 쓴다." 일종의 투자 원칙이다. ㄱ씨는 젊은 시절 매일 부동산 중개업소에 찾아갔고, 요즘도 한 달에 몇 번은 들른다. "전세가 얼마예요?" "매매가 얼마예요?" 오랜 습관이다.

ㄱ씨는 서울 송파구 석촌호수가 본격 개발에 들어가기 전인 1980년대 초반(정확한 연도는 기억하지 못한다), 30대 나이에 잠실 주공 4단지(2006년 12월 잠실 레이크팰리스 아파트로 재건축됐으며, 26평 아파트 현 시세는 8억5000만~8억8000만 원) 17평 아파트를 2250만 원에 샀다. 방이 2개, 재래식 화장실 1개인 연탄을 때는 5층 아파트였다. 남편이 월급을 타오면 간신히 먹고살았다. 융자는 1200만 원쯤 있었다.

"지금까지 베드타운으로 발전해온 강동지역은 88년 올림픽 타운 지역 확정에 따라 개발이 급진전하는 새로운 전환기를 맞을 것으로 전망되고 있다. 강동지역은 73년 천호지구 토지구획정리사업, 75

년 잠실지구 주공, 시영 아파트 착공을 계기로 발전해왔으나 주택 일변도로 개발이 되었고 도로망의 확장이 늦어져왔다."(〈매일경제〉 1981년 10월 2일치)

주공4단지에 살았을 때 먼지 폴폴 날릴 만큼 공사 차량이 석촌호수에 드나드는 풍경이 ㄱ씨 기억에 남아 있다. 30여 년간 부동산 거래를 24번 해온 ㄱ씨의 기억 속에서 어떤 아파트를 몇 년에 샀는지는 정확하지 않다. "몇 년쯤에 산 것 같다"로 설명했다. 아마 ㄱ씨가 그 아파트를 샀을 때는 '88년 올림픽 타운 지역'이 확정된 1981년 전후가 아닐까 싶다.

젊은 시절 ㄱ씨의 꿈은 이랬다. 서울 가서 수돗물에 세수를 하는 것, 기저귀를 세탁기에 돌리는 것, 서울 학군에 애들을 보내는 것. ㄱ씨는 젊은 시절, 남편의 근무지를 따라 전국구로 이사를 다녔다. 월셋집에 살던 ㄱ씨가 1980년대 초반, 30대 나이에 5층 아파트를 매입한 시절은 잠자고 일어나면 집값이 뛰었다. ㄱ씨는 이 집에서 2년쯤 살다가 250만 원을 남기고, 2500만 원에 팔았다.

당시 전두환 정부는 완화-규제-완화로 부동산 정책 방향을 계속 수정했다. 1980년 '택지개발촉진법'을 제정하는 등 2년간 부양하다가 1983~1985년 규제 정책으로 돌아선다. 규제 정책이 먹혔고 한동안 집값은 오르지 않았다. 사람들이 집을 안 사고 자가용을 사는 게 유행이었다.

"고개 숙이는 아파트값. 아파트값이 내리고 있다. 4·18 부동산 종합대책 등에 영향을 받아 치솟던 아파트값의 오름세가 꺾이고 전

지역에서 내림세로 돌아섰다. 그동안의 상승폭이 워낙 크고 급격했기 때문에 부동산 관계자들은 내리는 것이 아니라 제값을 찾아가는 것이라고 지적하기도 한다."(〈매일경제〉 1983년 4월 22일치)

당시 한국인의 주거 트렌드는 꼬마 아파트에서 넓이 25평, 높이 12층 이상의 고층, 도시가스로 전환돼갔다. 잠실 주공4단지에 살던 ㄱ씨는 1983년쯤 잠실 5단지(1978년 건축, 재건축 추진 중이며 34평 아파트 현재 시세 13억5000만~13억7000만 원) 전셋집으로 이사를 갔다. 남편 회사 선배 두 사람이 살던 15층 고층 아파트였다. 연탄을 갈아 넣지 않아도 되는 보일러 아파트였다. 잠실 주공5단지는 민간업체들이 당시 건축하던 12층 고층에서 3층을 더 높이 올린 획기적인 아파트였다. 34, 46평 두개 평형밖에 없는, 중산층의 로망이었다.

ㄱ씨는 2년 전세 계약으로 살면서도 매일 장을 보고 오는 길에 부동산에 들렀다. 한동안 잠잠하던 집값은 하루에 100만 원씩 올랐다. 전세 살다가 나중에 집값이 오르면 연탄 아파트로 쫓겨 가는 것 아닐까. 불안했다. 국내 경제 호황과 대통령 선거, 올림픽 특수 등의 국가적 이슈와 맞물려 부동산시장은 날뛰기 시작한다.

ㄱ씨는 집주인에게 전화를 걸어 지금 전세로 살고 있는 집을 사겠다고 했다. 있는 돈을 탈탈 털어 융자를 내도 등기비가 모자랐다. 집주인(대치동 은마아파트에 살던 집주인을 고아무개 박사로 기억한다)이 등기는 나중에 돈 생기면 하고, 전세가와 매매가의 차액만 치르면 매매를 하겠다고 했다. 집값은 치솟고, 나중에 사지 못할 것 같아서 주인 말대로 했다. 그리고 1년 뒤 등기를 쳤다. ㄱ씨는 그 집을 1986년,

3500만 원에 팔았다고 기억한다.

국가는 규제 정책을 고수했지만, 당시 전두환 대통령 부인 이순자 씨는 부동산 투기에 열을 올렸다. 청와대 입성 전 이씨는 강남의 '빨간 바지'로 불렸다. 부동산중개소에 나타날 때면 빨간 바지를 입고 다닌다는 전설이었다. 대통령 부인 시절에는 비자금을 관리하던 청와대 김아무개 비서관에게 맡겨 재산을 증식했다고 2004년 전두환-노태우 비자금 수사 당시 실토했다.

1970년대 후반부터 1980년대 말까지 15년간 우리나라 아파트 건설업자는 땅 짚고 헤엄치는 장사를 했다. 분양 계약서를 담보로 막대한 자금을 융자받을 수 있었다. 아파트 골조 공사가 시작되면 다달이 분양대금이 들어왔고, 입주가 시작되면 잔금이 들어왔다. 은행 돈을 마구 빌렸다. 그렇게 빌린 돈으로 땅을 사고 또 아파트를 지었다.

ㄱ씨는 1986년 잠실 5단지 아파트를 팔고 같은 아파트 다른 동 2년 전세로 들어갔다. 집값은 또 뛰어올랐다. 이러다 거지 신세가 되겠다 싶었다고 한다. 만기도 되지 않았는데 1987년쯤 신천동 장미아파트 28평을 2800만 원에 샀다. 마침 1990년 부모님에게서 유산 4300만 원을 받았다.

ㄱ씨가 1990년대 초반쯤 장미아파트를 팔았을 때 차액이 1억 원이 넘었다. 그해 신천동 장미아파트 39평을 2억2000만 원에 샀다. 마흔세 살쯤이었다. 그리고 2000년 4억2000만 원에 팔았다.

남편 퇴직을 앞두고 2000년 청담동 현대아파트 27평을 7500만

강남 개발은 부동산 버전의 재벌 육성이자 정경유착이었다. 한강을 따라 늘어선 서울 강남구 압구정 일대 아파트와 그 뒤로 펼쳐진 고층빌딩의 불빛들이 밤을 밝히고 있다. ©김명진

원에 샀다. 매매 2억2500만 원인데, 전세 1억5000만 원을 안았다. 퇴직을 앞두고 공기 좋은 경기도 용인에 내려가기 전 강남에 하나 남겨놓아야겠다 싶었다. 당시 청담동 시세가 의외로 쌌다. 압구정 동만 시세가 나갔다. 청담동 아파트의 현재 시세는 8억, 전세는 5억 3000만 원이다. 퇴직 후 용인에 56평 아파트를 3억500만 원에 샀다. 지금은 5억이 안 된다.

ㄱ씨가 30여 년간 24번의 거래로 재산을 굴려 11개의 부동산을 만드는 동안 정권은 수차례 바뀌었다. 규제와 완화 정책이 반복됐다. 정부가 부동산 정책을 번복해도 ㄱ씨는 손해보지 않는 법을 알았다. 늘 부동산 경기에 민감했고, 팔아야 할 때와 사야 할 때, 팔아야 할 지역과 사야 할 지역을 알았다.

"너 왜 그 동네에서 이사 안 가니? 좋은 동네로 이사해야 한다." ㄱ씨는 조카를 만날 때면 조언을 한다. 현실적인 조언이다. 좋은 동네에 살아야 집값이 떨어지지 않고, 오를 때도 대폭 오른다.

ㄱ씨와 조카는 정치적 성향이 전혀 다르다. 조카인 그는 서른네 살, 연봉은 3600만 원이다. 그는 매주 토요일 촛불 광장에 나간다. 집회가 끝나면 문을 열고 자신의 방으로 들어온다. 그에게는 대출을 받아 산 다세대주택 외에 오피스텔이 하나 더 있다. 1년 6개월 전 대출을 받아 산 8평 오피스텔이다. 살인적인 등록금을 내는 대학생과 늘어나는 비정규직과 계층 이동 사다리가 끊어진 현실을 안타까워하면서도, 세를 준 방의 월세가 떨어질까봐 걱정이 된다.

그가 세놓은 방에는 이제껏 세 명의 세입자가 살았다. 첫 번째 세입자, 두 번째 세입자 모두 이름이 기억나지 않는다. 세 번째 세입자 이름은 정아무개다. 휴대전화에는 세입자 정아무개로 저장돼 있다. 첫 번째 세입자는 보증금 2000만 원에 월세 45만 원, 두 번째는 2000만 원에 60만 원, 세 번째는 2000만 원에 65만 원에 계약했다는 것은 기억한다. 세입자들이 회사를 옮겨서, 좁고 답답하다는 이유로 몇 개월 만에 방을 비웠고 바뀔 때마다 월세가 올라갔다. 2억 원 오피스텔은 대부분 빚을 내서 구입했고 실투자금은 4000만 원이다. 세입자는 월급에서 65만 원을 그에게 주고, 그는 65만 원에서 33만 원을 은행에 냈다.

그는 중산층이 되기 위해 아파트 한 채를 사는 꿈을 갖고 있다. 언젠가 집값이 떨어지기만을 기다린다. 투기를 못 잡는 국가는 한심한 정부다. 아파트 한 채가 너무 비싼 이유는 한 사람이 여러 채를 갖고 있어서다. 하지만 앞으로도 정부는 투기를 잡지 못할 것이다. 그는 발아래 사는 작은 개미들을 딛고 위로 기어올라가기로 했다. 아파트 한 채를 사는 준비 과정의 일환으로 실제 거주하지도 않을 방 한 개를 더 매입해서 세를 놓았다. 세를 놓고 보니 염려는 두 배가 됐다. 집값은 떨어지고 월세는 오르기를 기다린다.

기어오르려다 자꾸 헛발을 디뎠고 미끄러질수록 발아래 개미 떼들에게로 떨어지고 싶지 않다. 개미 떼들 무리는 더욱 격렬하게 발버둥 친다. 그는 지금 이 개미 떼들에게 빨대를 꽂고 있지만 자칫하다간 자신이 빨대를 꽂히게 될지도 모른다. 주거 공간이 투전판으로 변해버린 헬조선의 풍경이다.

4장

—

대구, 반공주의와
지역주의의 첨병이 되기까지

'조선의 모스크바'로 불리던 변혁의 도시 대구는 언제부터 반공과 지역주의의 첨병이 되었는가. 이 질문의 답을 찾는 과정 역시 박정희라는 이름에 가닿는다. 쿠데타로 정권을 잡은 박정희는 반공주의에 기반한 조작 간첩 사건을 통해 자신의 정치적 고향인 대구에서 진보의 싹을 잘라내려 애썼다. 남로당 출신이라는 콤플렉스에 맞선 자기부정이라는 이야기가 나올 정도로 잔인하고 집요했다. 지역 연고주의에 기반한 영남 패권주의도 적극 활용했다. 당근과 채찍을 통해 대구의 풍토를 바꿔낸 박정희는 결국 그를 추종하는 정치세력에 '지역주의'라는 유산을 남겼다. 반공과 지역주의를 두 축으로 하는 '대구 이데올로기'가 탄생한 순간이다. 광장의 촛불이 박근혜 대통령에게 정치적 사망선고를 내린 지금, 대구는 박정희를 넘어설 수 있을까. 우린 망국적인 지역주의, 시대착오적인 반공주의와 이별할 수 있을까.

대구가 '좌파도시'였던 이유

대구는 '항쟁의 도시'였다. 1907년 차관 1300만 원을 강제로 제공해 대한제국을 경제 속국으로 삼으려던 일제에 맞선 국채보상운동은 대구의 중앙로에서 시작됐다. 1946년 미군정의 수탈에 맞선 10월항쟁도 대구에서 비롯했다. 9월 노동자 파업에 이은 10월 1일 시위에 대구 시민 1만여 명이 모이자 경찰은 시위대를 상대로 총구를 겨눴다. 경찰에 의해 목숨을 잃은 희생자가 늘어가면서, 이들은 '산사람'이 되어 좌익 활동에 나섰다. 대구 팔공산의 '야산대'는 한국전쟁 전 좌익 빨치산 활동의 시초 가운데 하나였다. 10월항쟁은 한국전쟁을 전후한 좌·우익 대립과 보도연맹 민간인 학살로 연결된다. '골로 간다'는 속어는 '산골에 들어간 자는 죽임을 당한다'는 처절한 이 지역 항쟁의 역사에서 연유한다.

일제강점기부터 대구에 좌파들이 많았던 이유는 크게 세 가지로 분석할 수 있다. 먼저 협소한 농경지 탓에 대지주 계층이 형성되지 않아 일찌감치 자영농 등 자립적 경제주체들이 형성됐다는 점이다. 일제는 대지주·양반 계층을 식민지배의 하위 파트너로 삼았는데, 대구 지역은 이런 흐름에서 한발 비켜 있었던 셈이다. 윤해동 한양대 비교역사문화연구소 교수는 "안동 김씨 등 서울로 올라가서 정치의 주류가 된 양반과 안동에 남아 있던 안동 김씨는 많이 다르다. 그들은 이미 중앙 정치 무대에서 제외돼 있었는데, 이 사람들은 일

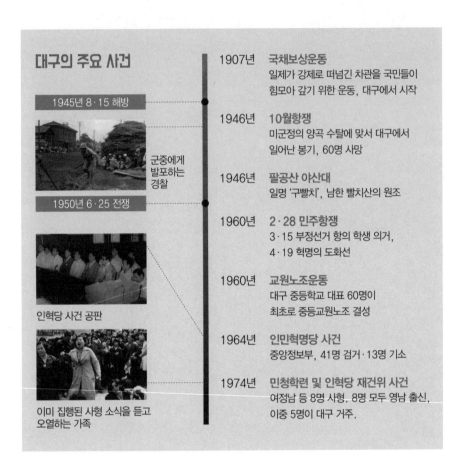

대구의 주요 사건

1945년 8·15 해방

군중에게
발포하는
경찰

1950년 6·25 전쟁

인혁당 사건 공판

이미 집행된 사형 소식을 듣고
오열하는 가족

1907년	**국채보상운동** 일제가 강제로 떠넘긴 차관을 국민들이 힘모아 갚기 위한 운동, 대구에서 시작
1946년	**10월항쟁** 미군정의 양곡 수탈에 맞서 대구에서 일어난 봉기, 60명 사망
1946년	**팔공산 야산대** 일명 '구빨치', 남한 빨치산의 원조
1960년	**2·28 민주항쟁** 3·15 부정선거 항의 학생 의거, 4·19 혁명의 도화선
1960년	**교원노조운동** 대구 중등학교 대표 60명이 최초로 중등교원노조 결성
1964년	**인민혁명당 사건** 중앙정보부, 41명 검거·13명 기소
1974년	**민청학련 및 인혁당 재건위 사건** 여정남 등 8명 사형. 8명 모두 영남 출신, 이중 5명이 대구 거주.

제에 비타협적인 특성을 가졌다. 초기 사회주의자 가운데 이런 양
반 출신이 굉장히 많다"고 말했다.

둘째, 일제 때 신교육기관이 경성, 평양, 대구에 생기면서 남쪽 지
역에서 신문물의 흡수와 젊은 지식인 계층 성장이 대구를 중심으로
이뤄졌다. 학생운동의 맥이 대구에서 퍼져서, 좌파 형성으로 이어
진 셈이다.

세 번째 이유는 대구가 한국전쟁 당시 인민군 점령지가 아니어서 대대적 숙청을 피할 수 있었다는 점이다. 10월 항쟁 직후 대구 민중 운동사를 연구한 김상숙 박사는 "대구는 인민군 점령지가 아니었다는 점에서 한국전쟁 뒤 부역자 학살에서 비교적 자유로울 수 있었다. 그 덕에 진보적 역량과 기풍이 보존될 수 있었고 4·19 혁명 등의 전후 진보운동의 중심이 될 수 있었다"고 말했다.

진보성의 뿌리는 제도 정치의 공간에서도 꽃을 피웠다. 1956년 제3대 대통령 선거 결과가 대표적이다. 당시 무소속으로 출마한 조봉암과의 양자 대결에서 자유당 이승만은 전국 70% 지지율로 재선에 성공했다. 현직 대통령과 맞붙은 무소속 진보 후보 조봉암은 전국 30% 득표에 머물렀다. 그 조봉암이 전국에서 가장 많은 지지를 받은 지역이 바로 대구였다. 대구는 강화도 출신의 무소속 진보 인사 조봉암 후보에게 무려 72.3%의 압도적인 지지를 보냈다.

선거 뒤로도 대구는 이승만 독재정권에 번번이 맞섰다. 1960년 2월 28일 자유당 부정선거에 맞선 대구 시내 고등학생들의 2·28 의거는 4·19 혁명의 도화선이 됐다. 4·19 직후, 대구는 교원노조 설립과 혁신정당(경북사회당) 건립 등 본격적인 진보운동의 근거지가 됐다.

스탈린의 그루지야, 박정희의 대구

대구의 역사는 박정희 등장 이후 극적 반전을 거친다. 박정희는 1961년 5·16 쿠데타 뒤 대구·경북 지역 '좌익 활동'에 대한 대대적인 탄압에 나선다. 진실·화해를 위한 과거사정리위원회가 작성한 '5·16 쿠데타 직후의 인권침해사건 진실규명 결정서'를 보면, 인권탄압의 대상이 된 진보정당(중앙당·지역당 포괄) 13개 가운데 경북사회당 등 5개가 영남 지역을 기반으로 활동하던 정당이었다. 민주민족청년동맹 계열 사건은 3건 모두 경북·경남 등 영남 지역이 기반이었고, 보도연맹 피학살자 유족회 사건으로 탄압당한 8건도 모두 영남 지역 중심이었다. 스탈린 '공포정치'의 시초가 고향이었던 그루지야(조지아)에 대한 대대적인 탄압에서 시작된 것처럼 박정희 역시 자신의 고향에서부터 좌익 숙청을 벌인 셈이다. 소수민족 출신으로 민족문제위원장으로 활동했던 스탈린과 남로당 출신으로 동지들을 밀고해 가까스로 살아남은 박정희는 콤플렉스를 극복하고 주류가 되는 방식에서도 닮았다.

'레드 콤플렉스'에서 시작된 공포정치

박정희는 미국의 정치적 지지를 얻기 위해 과거를 지우고 '반공 투사'로 돌변했다. 국가재건최고회의에서 법제사법위원장을 지낸 이석제는 회고록《각하, 우리 혁명합시다》에서 "5·16 직후 육군본부 상황실에서 미국이 박정희와 김종필의 배경을 뒷조사하고 있다는 정보를 입수하였고 (…) 미국의 사상 공세를 일거에 역전시키고 군사혁명의 성공을 결정하는 비상한 조치가 필요하여 보도연맹원 등 좌익 사상범들을 희생양으로 삼아 반공에 대한 의지를 미국에 보여주자"고 결심해, "전국의 군헌병대, 경찰에 비상을 걸어 보도연맹 관련자와 혁신정당 관련자, 좌파 지식인, 사회단체 지도자, 노조 지도자 등 사회불만세력과 좌익활동 경력자들을 대대적으로 색출, 4000여 명을 체포·수감했다"고 적었다.

심지어 5·16 쿠데타의 주도세력 가운데 하나였던 유원식은 《5·16 비록, 혁명은 어디로 갔나》에서 "이승만 정권기에 작성된 요시찰인 명부를 근거로 김종필이 2만8000명을 예비검속해 거제도에서 살해할 계획을 수립하여 박정희에게 보고했다. 국가재건최고회의 석상에서 한웅진 등과 함께 항의한 결과 대량학살 계획을 저지했다"고 회고했다. 한국판 '킬링 필드'가 일어날 뻔했던 아찔한 순간이다.

5·16으로 뒤바뀐 가해자와 피해자

보도연맹 피해자 가족 모임인 '경주유족회' 김하종 회장은 5·16 쿠데타를 기점으로 극과 극을 오가는 경험을 했다.

그는 경북 경주 내남면 홈실에서 자랐다. 경주 남산에서 내려오는 계곡물에 홈을 파 물길을 댔다고 붙여진 이름이었다. 홈실에서 4킬로미터 떨어진 바탕골에는 김씨의 친인척 4가구 27명이 살았다. 남산에 안긴 아늑한 고장이었다. 1949년 8월 1~2일 이곳 바탕골에 살던 주민 80여 명 가운데 30명이 이틀 밤 사이 '적색분자'라는 이유로 총살됐다. 그의 친인척 22명이 희생됐다. 당시 두 살이었던 순자·순영이, 세 살이던 이암이, 다섯 살 하진·순헌이… "세상 천지에 두 살짜리 빨갱이라니…." 김씨는 68년 전 일을 회상하면서도 목소리를 떨었다. 경북 전역에서 '산사람'들이 좌익운동을 하던 시절이었다.

김씨의 증언과 진실과화해위원회 보고서에 따르면, 김씨 부락에 총을 겨눈 이들은 이협우 단장을 위시한 내남면 민보단원이었다. 이협우는 내남면에서 우익청년단체인 대동청년단장, 민보단장, 대한청년단장을 차례로 맡았다. 이들 우익단체는 이승만 정권 경찰의 하부조직이었다. "그 다음날 시신을 수습한다며 바탕골에 들어간 아버지도 민보단원들한테 얻어맞았어. 옆집 아재가 피투성이가 된 아버지를 지게로 짊어지고 왔던 모습이 아직도 생각나. 아버지는 방에 숨어 계시다 11일 만에 돌아가셨어." 양민을 학살하고 그들의 가산을 빼앗은 이씨는 이승만 정권 시절 내리 국회의원에 당선돼 3선 의원을 지냈다. 당시 국민학교 6학년이었던 김씨도 이협우한테 살해 위협을 당했다. 자기 집 암소를 끌고 가려던 이협우를 어린 김씨가 막아서자 뒤춤에 감춘 권총을 내보였다. "야는 아가 바봅니더." 홈실 이장의 한마디가 없었다면 그 자리에서 총을 맞았을지도 모를 일이다. 그는 이름을 '김태우'로 고치고 숨죽이며 겨우 살아남았다.

11년 만에 세상이 뒤집혔다. 이승만 정권의 독재에 신음하던 국민들은 4·19 혁명으로 민주주의를 한걸음 진전시켰다. 김씨는 가족의 한을 풀기 위해 경주유족회를 결성했다. 경주 지역 곳곳에 엎드려 살아남았던 유가족들이 힘을 보탰다. 경주 지역 학살 피해자 75명은 당시 국회의원 이협우를 고소했다. 검찰은 살인·방화 등 혐의로 이씨를 기소했고 사형을 구형했다. 1심 재판부도 양민 76명을 학살한 혐의를 인정해 1961년 3월 사형을 선고했다. 비명에 간 가족의 한이 조금은 풀렸다고 믿었다.

그러나 이듬해 5월 박정희가 쿠데타를 일으킨 뒤 세상은 다시 제자리로 돌아갔다. 경주·밀양·대구 등 각지의 양민학살 피해자들은 군사정부의 예비검속 대상이 됐다. 김씨도 '반국가행위자'가 되어 서대문형무소에 구금됐다. 혁명재판소는 그에게 징역 7년형을 선고했다. 김씨는 "서대문형무소에 갇혀 있으면서도 내가 무슨 죄를 진 건지 도무지 알 수가 없었어. 심지어 순경들도 너는 무슨 죄로 여기까지 왔느냐고 했어. 2년 뒤 사면돼 나왔지만 요시찰 인물이라는 딱지 탓에 아무 일도 할 수 없었어"라고 말했다. 다시 '빨갱이' 사냥을 하는 시절로 돌아간 탓이었는지 이협우의 죄악을 지목하던 주민들의 증언도 돌아서기 시작했다. 이협우는 1963년 대법원에서 무죄를 확정받고 풀려났다. 우리 나이로 84살, 김씨가 아직까지 경주유족회 활동을 하고 있는 이유다.

영남 패권주의라는 당근

박정희는 대대적인 빨갱이 탄압으로 대구의 사상 토양을 정리한 뒤 이 지역 인사들을 고위직에 대거 등용함으로써 영남 패권주의의 싹을 심는다. 엄민영, 김성곤, 백남억, 이효상, 박준규 등 공화당의 주역들은 모두 대구고보(경북고의 전신) 출신이었다. 박정희의 통치 기간이었던 3~4공화국 당시 유정회·전국구 국회의원의 출신 지

대구 지역 역대 대통령 선거 결과 (%)

1956년
제3대 대선

자유당 이승만	무소속 조봉암
27.7	72.3

1963년
제5대 대선

민주공화당 박정희	민정당 윤보선
51.2	44.0

1967년
제6대 대선

민주공화당 박정희	신민당 윤보선
71.5	22.2

1971년
제7대 대선

민주공화당 박정희	신민당 김대중
67.0	32.3

1972년~1981년 통일주체국민회의 간선
제8~12대 대선 **박정희, 최규하, 전두환**

1987년
13대 대선

민주정의당 노태우	통일민주당 김영삼	평화민주당 김대중
70.7	22.7	2.5

1992년
14대 대선

민주자유당 김영삼	통일국민당 정주영	신정당 박찬종	민주당 김대중
59.6	19.4	11.7	7.8

1997년
15대 대선

한나라당 이회창	국민신당 이인제	새정치국민회의 김대중
72.7	13.1	12.5

2002년
16대 대선

한나라당 이회창	새천년민주당 노무현	민주노동당 권영길
77.8	18.7	3.3

2007년
17대 대선

한나라당 이명박	무소속 이회창	대통합민주신당 정동영
69.4	18.1	6.0

2012년
18대 대선

새누리당 박근혜	민주통합당 문재인
80.1	19.5

역별 분포를 보면 경상도 출신이 100명(26.6%)으로 서울 93명보다
도 많고 전라 53명, 평안 33명 등과는 비교가 되지 않는다. 고급 관
료 사회에 'TK 인맥'이 이식되면서 특정 지역의 지배계층화가 이

뤄진 것이다.

지역감정 조장도 이때부터 시작된다. 1963년 9월 19일 대구 수성천변 유세가 대표적이다. 박정희 대통령 쪽 찬조연사였던 이효상(훗날 국회의장 역임)은 "이 고장은 신라 천년의 찬란한 문화를 자랑하는 고장이건만 그 긍지를 잇는 이 고장의 임금은 여태껏 한 사람도 없었다. 박정희 후보는 신라 임금의 자랑스러운 후손이며 이제 그를 대통령으로 뽑아 이 고장 사람으로 천년만년 임금님을 모시자"고 연설했다. 연고주의가 강한 영남 지역에서 '신라 대통령론'은 주효했다. 박정희는 윤보선에 비해 영남에서만 66만 표 차이로 압도적 우세(전국 15만 표 차이)를 보이며 대통령에 당선된다. 진보인사 조봉암에게 압도적인 지지를 보냈던 대구 분위기가 불과 7년 만에 극적으로 변한 것이다.

현재 시점에서 궁금한 것은 이때 형성된 지역감정과 패권의식이 어떻게 수십 년간 지속되고 있는가 하는 점이다. TK라고 욕은 많이 먹지만 실제로 대구 경제가 풍족한 것도 아니다. 2015년 광역시도별 1인당 지역 총소득을 보면, 대구는 꼴찌에서 둘째로 광주보다 한 단계 위에 불과하다. 윤해동 교수는 "현재 대구의 정서는 70년대 이후 크게 바뀌지 않은 일종의 인식의 지체 현상을 보이고 있다. 전라도나 수도권은 이촌향도 등 해체의 과정을 겪으면서 다양화가 이뤄지는데, 대구는 그런 움직임이 없이 그대로 정체돼 있다. 인구 유입도 없고 유출도 없었다. 그래서 그런지 지역의 정서 자체가 정체된 느낌"이라고 말했다.

인혁당 사형수 8명 중 5명이 대구

대구를 중심으로 남아 있는 혁신세력에 대한 '뿌리뽑기' 작업은 계속된다. 인혁당 사건과 인혁당 재건위 사건이 대표적이다. 첫 번째 인혁당 사건이 담당 검사 3명의 기소 거부로 사실상 실패에 그치자 박정희 정권은 10년 뒤인 1974년 4월 '인혁당 재건위'라는 또다른 조작 간첩 사건을 기획한다. 이철·유인태 등 민청학련 사건의 배후 지휘부로 서도원·도예종 등 과거 인혁당 사건 연루자(인혁당 재건위)가 숨어 있다는 것이었다. 고문과 강압으로 만들어진 사건이었다. 1년 뒤 1975년 4월 8일 대법원은 인혁당 재건위 사건으로 기소된 여정남 전 경북대 학생회장 등 8명에게 사형을 선고한 원심을 확정한다. 그리고 이튿날인 4월 9일 '판결문의 잉크도 마르기 전에' 사형이 집행된다.

사형수 8명은 모두 영남에서 출생했다. 여정남·서도원·도예종·송상진·하재완 등 5명은 대구에 살고 있었다. 대구 지역에 한줌 남았던 혁신 계열이 뿌리째 뽑힌 순간이다. 박정희 정권은 '사법살인'이라는 국내외 비난이 거세지자 민청학련 등 나머지 관련자들을 형집행정지로 풀어준다.

인혁당 재건위 당사자가 대구를 떠난 까닭

인혁당 재건위 사건으로 옥고를 치른 정화영 씨는 그 사건 이후 대구를 떠난다. 사형당한 여정남의 경북대 법대 후배였던 그는 여정남이 학교를 떠난 뒤 반유신 투쟁에 주력했다. 1974년 3월 경북대에서 '반독재 민주 구국선언문'을 살포한 혐의로 인혁당 재건위에 연루됐다. 일주일 동안 잠을 재우지 않고 때리는 모진 고문에도 여정남을 모른다고 버텼다. 흠모했던 선배를 부인함으로써 그는 겨우 살아남았다. 1975년 대법원에서 징역형을 확정받아 대구교도소에 수감됐다. 그가 수감된 날 아침, 여정남의 사형이 집행됐다. 출소 뒤 긴급조치 9호 위반으로 다시 투옥돼 1981년 출소했다. 그는 어두운 감옥에서 밤마다 마음속으로 박정희를 죽였다고 했다.

그의 수감 시절이 기록된 재소자 신분카드에 긴급조치 위반자를 뜻하는 '緊'(긴), 요시찰 대상자를 뜻하는 '要'(요), 좌익사범을 의미하는 '左'(좌) 자가 새겨져 있다. 200쪽이 넘는 기록 안에는 교도소 안에서 그가 벌인 단식과 항의 내용이 '동정보고'로 빼곡히 들어차 있다. "폭력행위 공갈 등의 죄명으로 수용중인 1144번 ○○○가 보안과에서 구타당하였다는 선동에 동조하여 이를 적법 처리해 달라고 요구하며 1979년 1월 6일 조식부터 불식하고 있기에 보고합니다."(1979.1.9) "박(정희) 정권은 바뀌어야 하며 그러면 사면령이 있을 것이다. 각 부 장관이나 고관들은 도둑놈 아닌 사람이 없다 등의 유언비어를 전파."(1976.9.14) 재소자 신분카드에는 그와의 접견이 허가된 가족 5명(형과 형수, 자매 등)의 사진도 함께 기록돼 있었다.

"기자 양반, 연좌제라고 알아? 면회 허가자라고는 하지만, 뻘갱이 가족의 재소자 카드에 떡하니 사진이 들어 있으니 기분이 어떻겠어. 더구나 대구에서 말이야. 나로선 평생 가족들 눈치를 볼 수밖에…."

'요시찰 대상'이었던 그는 도망치듯 대구를 떠날 수밖에 없었다. "여정남 선배는 경북대 학생운동의 중심이었지. 의협심과 의리, 용기가 넘치는 사내다운 선배였어. 박정희의 대를 이은 독재정권에 여정남의 복수를 하고 싶다는 마음뿐이었지. 그런데 대구에서는 아무도 만날 수가 없었어. 8명이나 사형당한 인혁당 재건위 출신을 누가 만나주겠어. 대구에 남아 있던 혁신 계열은 그때 충격으로 이미 뿔뿔이 흩어졌고, 몇몇 후배들도 얼굴 보기를 꺼렸어. 형제와 가족들도 마찬가지였지. 사복 경찰이 노상 쫓아다니던 시절이었으니….” 그는 떠돌이의 도시, 인천으로 흘러들게 된다.

그에게 대구는 어떤 기억으로 남았을까. "지금 대구에는 박정희 수혜자들이 많아. 이부영 씨 경선 때 대구 유세를 갔는데 하나같이 얼굴에 기름 번지르르한 놈들밖에 없어. 박정희의 혜택을 뜯어먹고 산 사람들, 그놈들은 지금도 사돈의 팔촌이라도 자기 가족 중에 고위직 하나씩은 있다고 생각한다고. 그게 자기 신분이라고 착각하고 말이야.”

여전히 그곳엔…

박근혜 대통령은 2012년 대통령 선거 과정에 인혁당 재건위 유가족에 대한 사과 의사가 있느냐는 질문에 "같은 대법원에서 상반된 판결(1975년 사형판결과 2007년 재심 무죄판결)도 있었고, 그 조직에 몸담았던 분들의 여러 증언도 있어 이런 것을 다 감안해 역사의 판단에 맡겨야 한다"고 말했다. 아버지의 '사법 살인'에 대해 사과할 뜻이 없음을 명확히 한 것이다. 역사인식에 대한 논란이 빚어지자 그제야 "전부터 제가 당시 피해를 입으신 분들께 참 죄송하고 위로의 말씀을 드린다는 이야기를 많이 했습니다. 그 연장에서 같은 이야기입니다"라며 눙치고 지나쳤을 뿐이다. 그해 대통령 선거에서 대구는 박근혜 대통령에게 80.1%의 압도적 지지를 보냈다. 그의 아버지 박정희가 마지막으로 선거에 나선 1971년(박정희 67.0%, 김대중 32.3%)보다 훨씬 더 높은 지지율이었다.

박근혜가 외면하고 싶었던 인혁당 재건위 피해자의 입장은 어떨까. 1차 인혁당 사건과 인혁당 재건위 사건으로 두 차례 옥고를 치른 고 정덕진 씨는 재심을 통해 '공식적으로' 명예를 회복했다. 그러나 그의 아내 ㅊ씨는 여전히 세상이 무섭다고 말한다. ㅊ씨는 인터뷰 요청을 거절하며 이렇게 말했다. "저희는 그냥 아무것도 이야기 안 할랍니다. 저희는 세상이 무섭습니다. 재심으로 무죄도 받고 보상금도 조금 받았는데, 그 뒤로 오히려 손가락질을 더 받고요. 저희는 세상 사람들이 그저 무섭습니다. 그냥 조용히 살고 싶습니다."

정덕진은 1940년 대구 출생으로 영남대의 전신인 대구대학 법학과를 졸업했다. 사형수 여정남의 절친한 선배였던 정덕진은 1964년 1차 인혁당 사건으로 구속됐고, 1975년 인혁당 재건위 사건으로 징역 20년형을 선고받았다. 1982년 형집행정지로 출소한 그는 고문·수감생활의 후유증으로 투병생활을 이어가다 1998년 숨을 거뒀다. 그의 아내 ㅊ씨는 여전히 대구에 살고 있다.

5장

낙인과 배제,
문제아에게 인권은 없다

장애인, 성매매 여성, 노숙인. 몸이 성하지 않거나, 몸을 팔거나, 몸은 성한데 노동력으로서의 구실을 못하는 사람들이다. 한국이 비정상의 최전선 범주에 두는 사람들이다. 국가는 줄곧 '복지'라는 이름으로 이들을 길에서 치우고는 시설에 가두었다. 자신을 '정상'이라 인식하는 다수는 노숙인, 장애인, 성매매 여성을 치우는 것으로 깨끗하고 발전된 사회에 산다는 안도감과 소속감을 갖게 됐다. '복지'라는 이름은 정상인들의 죄책감을 덜어줬다.

세계사를 봐도 정통성 없는 정권들은 사회 불안을 취약 계층에 떠넘겼다. 나치 독일은 부랑인, 매춘부, 집시, 알코올 중독자, 전염병·성병 보균자 등을 반사회적 존재로 분류하고 2만 명 이상 강제수용소에 가뒀다. 불행하게도 이 조처는 다수의 환영을 받았다.

한국 역사도 별반 다르지 않다. 감금, 살인, 강제노역, 폭행 등으로 1975~1987년 513명이 숨진 형제복지원. 2002~2014년 연속 6회 우수시설로 선정됐음에도 2014년부터 2년 8개월간 거주 인원의 10.6%인 129명이 숨져 지난해부터 검찰 수사를 받고 있는 대구시립희망원(희망원). 그리고 전두환 정권의 삼청교육대.

취약 계층 강제 수용의 한국적 기원을 찾아나선 길의 끝에서 '박정희'를 만났다. 1961년 쿠데타로 집권한 박정희 정권은 노숙인, 깡패, 성매매 여성 수천 명을 총으로 위협해 '대한청소년개척단'을 만들었다. 이들은 충남 서산군 인지면 모월리 막사에 강제 수용돼 아침부터 밤까지 폐염전을 개간했다. 국가는 얼굴 한 번 본 적 없는 남녀를 '깡패와 창녀의 새 출발'이라는 이름 아래 강제 결혼시켰다. 부산 남포동 건달이었던 정영철 씨 등 개척단원 11명은 여전히 모월리에 살고 있다.

양아치 히라이 똘만이 윤락여성

"사정없이 퍼붓는 따가운 햇살을 받으며 허허한 갯벌을 다지고 있는 800여 명의 청소년들의 알찬 함성이 황해의 물결에 메아리치고 있다. '양아치', '히라이'(부랑인), '똘만이', '왕초', '폭행치사'를 비롯한 '전과 9범' 등 어마어마한 대명사로 불리는 뒷골목의 왕자(문제아)들과, 사창가를 전전하던 윤락여성들이 지금 한창 지난날의 오명을 씻어버리고 무에서 유를 창조하는 서산 해안의 기적을 빚어내고 있다."(《경향신문》 1963년 7월 22일치)

언론은 인지면 모월리 개척지에 강제 수용돼 일하는 풍경을 미화

했다. 누구도 불편한 진실을 파헤치려 하지 않았다. 거리에서 치워진 깡패, 노숙인이 사정없이 퍼붓는 따가운 햇살을 받으며 새 삶을 시작한다고 믿었다.

"사정없이 퍼붓는 햇살"과 함께, 사정없이 두드려 패는 주먹을 맞고서 정영철 씨는 1961년 12월 부산에서 전남 장흥으로 옮겨졌다. 5·16 쿠데타가 일어나고 7개월이 지난 뒤였다.

부산 자갈치시장 옆 완월동 다리 아래 마약쟁이들이 살았다. 다리 옆 '하꼬방'이 정씨의 집이었다. 잠을 자는데 탕탕, 총소리가 울려퍼졌다. "손을 올리고 당장 내려오라." 집 밖으로 나가니 주먹 쓰고, 근본 없고, 돌아다니고, 꺼떡거리는 놈들이 줄줄이 잡혀와 있었다. 똥물이 흘러내리는 다리를 건너는데 해병대원이 허공에 대고 위협사격을 했다. 정씨 앞에 선 사람이 총에 맞아 쓰러졌다. 덜덜 떨려서 발이 떨어지지 않았다. 수십 명을 마구 두드려 패더니 버스 두 대에 나눠 실었다. 부산의 수용소에 갇혀 사흘간 지냈다. "개척단에 가면 땅을 주니까 도망갈 생각 마라"고 했다. 창문을 차단한 차를 타고 장흥 수용소에 도착해 2개월을 살았다. 다시 서산으로 넘겨졌다. 1962년 2월이었다.

"옷 입히면 도망가니께, 빨가벗겨서 산에서 내려오는 물이 있는데, 그 추운 물에 잡아넣고 '어머니 사랑 정신 보신탕'이라고 쓰인 몽둥이로 마구 때리는 거여. 버스에서 내리자마자 잘잘못을 떠나서, 정신없게 막. 대가리 숙여 해서…."

한국전쟁 때 고아가 된 그는 부산에서 '21세기', '태풍' 등 건달

조직에서 활동했다. "깡패가 됐든, 건달이 됐든, 먹고살려고 남의 등을 쳐야 했던 시절"이었다고 회고했다. 1960년 4·19 당시 폭력으로 서부산경찰서에 잡혀갔다. 시위를 하다 붙잡힌 대학생들이 너무 많아 건물 안에 들어가지 못하고 마당에 수십 명이 앉아 있었다. 대학생들에게 물었다.

"공부는 안 하고 여기 와 있노?"

대학생들은 독재 이승만 정권을 타도해야 한다고 했다. 한참 설명을 들으니 대학생들 말이 맞는 것 같았다. "두드려 부수는 건 내가 전문이니 같이 하자." 그날 경찰서에서 함께 도망친 대학생들과 일주일간 거리를 헤맸다. "이승만은 물러가라!" 목청껏 외쳤다. 그들처럼 정씨도 대학생이 된 것 같았다. "시민들이 주먹밥 만들어서 주고 그랬다고, 그때는. 물 떠다 주고. 버스 위에 올라가서 태극기 흔들고…."

이듬해 박정희가 5·16 쿠데타를 일으켰다. 군사정권은 명분으로 '부패와 구악의 일소'를 내세웠다. 깡패, 불량배, 부정선거 관련자, 부정축재자, 용공분자 등을 사회에서 격리했다. 삼성의 이병철 등 다수의 대기업 사장들도 부정축재로 구금됐다. 그러나 이내 풀려났다. 깡패는 관용의 대상이 아니었다.

"국가재건최고회의가 자신들의 업적을 처음 정리해서 발표한 《혁명정부 7개월간의 업적》을 보면, 우범지대 단속이 사회 분야의 첫 번째 업적으로 꼽힌다. 1962년 쿠데타 1년의 시정 비판에서 국민들의 이목을 끈 공적으로 '사회 전반에 걸친 시정'을 거론하며 '소매치기, 부랑아, 강력범의 강력단속과 소년 걸인 등의 수용으로 사회가 질서를 유지해 가다'고 했다. 1961년 말까지 용공분자 3000여 명, 폭력배 4000여 명을 체포했다. 부랑인 단속 수치를 보면 1962년 9115명, 1963년 1만7025명, 1964년 3만4619명, 1965년 4만5077명, 1966년 4만651명으로 급격히 증가했다. 늘어가는 인원에 대처하기 위해 부랑인들을 모아 작업시키는 사업을 시작하게 된 것이다.(김아람, '5·16 군정기 사회정책', 《역사와 현실》)

007가방 들고 찾아온 첫 번째 아내
—

발밑으로 바닷물이 들어오는 척박한 땅이었다. 1952년 염전을 만들려 제방만 축조한, 폐염전 263만8884제곱미터에 던져졌다. 새벽부터 저녁까지 폐염전에 흙과 돌을 들이부어 바닷물을 막았다. 장비 같은 것도 없었다. 외출도 할 수 없었다. 움막에서 군대처럼 단체생활을 했다. 그들을 감시하는 간부들도 전직 깡패 출신들이었다. 단원들이 '인간 철조망'을 이뤄 서로를 감시했다. 10여 미터마다 1명이 감시조로 배치돼 도망갈 수도 없었다. 개척단은 1961년 11월 68명으로 시작해 1963년 712명, 1964년 1771명으로 불어났다.

당시 군정은 대한청소년개척단과 비슷한 사업을 전국에서 진행했다. 1961년 5월 1일 한국합심자활개척단 단원 200명이 강원도 대관령으로 떠났다. 단장은 '거지왕'으로 알려진 김춘삼이다. 보건사회부 장덕승 장관이 직접 걸인과 부랑아를 국토건설 사업에 동원하겠다고 했다. 경남 창원군 북면 외감리의 3만 평 황무지 개간도 시작됐다. 15~29살 남성 30명이 재건소년개척단이라는 이름으로 1961년 8월 조직됐다.

작업량에 비해 먹을거리는 턱없이 부족했다. 쌀 5작(1작은 1홉의 10분의 1), 보리 1홉으로 하루를 버텼다. 일하다 죽는 이들은 태극기를 덮어 뒷산에 묻었다. 단장은 민간인 민아무개 씨였지만, 정부 주도 아래 이뤄진 사업이었다.

"개척단 1주년인가, 2주년인 11월 14일에 기념행사를 하는데, 경찰서장이 왔어. 개척단 단장하고 귀빈석에 둘이 앉았는데 친구같이 굴더라고. 저것들 패서 죽였으면 했어."

정부는 이들을 서산에 정착시키려 강제 결혼을 시켰다. 전국 부녀보호소에 잡혀온 성매매 여성을 서산에 이주시켰다. 처음 보는 남녀가 강제 부부를 이뤘다. 1963년 9월 26일에 이어 이듬해 11월 24일에도 225쌍의 합동결혼식이 서울 광진구 워커힐호텔에서 열렸다. 모월리 간척지에서 서울로 가려면 대형 버스를 타야 했는데 버스가 지나갈 만한 도로가 없었다. 개척단원들은 자신들의 결혼식을 위해 직접 길을 닦았다. 그곳에 정씨도 포함됐다. 윤치영 당시 서울시장이 합동결혼식에 참석했다.

"처음 보는 여자와 정 같은 게 어딨어? 그 여자들도 여기서 자유가 없다고. 먼지 폴폴 날리는데 흙 날라야 하고 여기 있어봤자 뭐 하겠어. 고생만 하지. 몇 개월 살다가 여자가 임신을 했어. 너 여기 있어봐야 고생하니까 가라고 했어. 임신한 여자한테는 외출증을 끊어

박정희 정권은 사회적 약자를 강제로 끌어다 노동을 시키면서 결혼까지 강제로 시켰다. 충남역사문화연구원 제공.

주니까. 아이는 고아원에 맡기든지 하라고. 그 여자, 가버렸어. 다시는 안 오나 보다 했지."

정확한 연도는 기억나지 않지만 1965~1966년 사이 개척단에도 '민주화'가 일어났다.

"이렇게는 못 살겠다, 우리가 막 덤볐어. 우리도 민주주의로 살자, 자유를 달라고. 내가 그때 소대장이었는데 친구들하고 몇 명이 뭉쳤고, 앞장을 섰어. 윗사람들이 나를 단본부(사무동) 안으로 끌고 들어갔어. 밖에 있던 (개척)단원들이 와 하고 함성 지르고 일어난 거야. 사람 죽이지 말라고 난리난 거지. 내가 몇 대 맞기는 했어. 그날서부터 중간간부들 중에서도 내 편 들어주는 사람이 있었다고. 밤에 간부들끼리 싸우고 난리가 나. 자기들도 개척단 출신이니까 서로 의견이 엇갈렸겠지. 간부들 몇십 명이 밤에 도망을 갔어. 맞아 죽게 생겼으니까. 점잖은 것들만 남고."

강제수용 생활은 와해됐다. 자고 일어나면 몇십 명씩 사라졌다. 1700여 명 가운데 수백 명만 남았다. 개척단이라는 이름은 있었지만, 계급이나 감시는 사라졌다. 정씨는 도망치지 않고 간척지에 남기로 했다.

"내가 배운 게 뭐가 있어? 하는 거라곤 개간해서 농사짓는 것밖에 없는데. 밖에 나가서 살 자신이 없었어. 그리고 땅 준다고 했으니까, 땅도 받아야 했어."

공식적으로는 1966년 9월 1일 개척단이 해체됐다. 1968년 1월 1세대당 토지 3000평 가분배에 합의했다. 1968~1971년 5차례에 걸쳐 335세대에 가분배됐다. 권리금을 받고 땅을 팔아 도시로 나간 사람들도 117세대나 됐다. 정씨는 1970년 이웃 동네에 살던 시골 아가씨와 연애를 했다. 아내 될 사람 배 속에 아이가 들어섰다. 결혼을 앞둔 때, 사라졌던 과거 아내가 007가방을 들고 찾아왔다. 일곱 살 된 아들과 함께였다. 첫 번째 아내는 007가방 열어 보였다. 돈이 한가득이었다. 이제 자신과 함께 모월리를 떠나 살자고 했다. 정씨는 한사코 거절했다. 과거 아내는 읍에 나가 사진 한 장만 같이 찍어 달라는 마지막 부탁을 했다. 첫 번째 아내가 떠나고 한참 뒤 두 사람이 함께 찍은 사진이 우편으로 도착했다. 그 뒤로 소식이 끊겼다.

"지금도 아주 가끔 생각이 나지. 소식이 없는 것으로 미뤄 외국에 나간 것 같어."

내가 개간한 땅을 돈 주고 사라니…

최순실-박근혜 게이트가 한창이던 2016년 12월 어느 날, 정씨는 수확한 쌀을 팔러 서울에 갔다. 3000평에 1년 꼬박 쌀농사를 지으면 65~70가마니를 수확한다. 80킬로그램 쌀 한 가마니 값은 약 10만 원. 이것저것 제하고 손에 떨어지는 금액은 300만~400만 원이다. 시골에선 돈 쓸 일이 없으니 몇 년 전까진 먹고살 만했다. 그러나 이젠 빚을 갚으려 키우던 소 두 마리를 팔았다. 1년에 약 800만 원을 정부에 내야 하기 때문이다. 정씨는 2013년 과거 자신이 개간한 땅 3000평을 20년 상환 조건으로 샀다. 평당 5만 원으로 시세와 비슷했다.

"서울 가는 길에 항의 팻말이라도 들자 싶어서 국회에 갔어. 어느 날인지는 기억하지 못하는데 국회 앞에, 박근혜 나가라는 사람이 너무 많은 거야. 광화문에도 경찰이 쫙 깔리고. 사람이 너무 많아 포기했어. 서산으로 내려온 다음날인가 촛불집회가 시작되더만."

정씨처럼 1968년 당시 땅을 가분배받은 주민들은 22년의 탄원과 5년에 걸친 정부와의 소송에서 패소했다. 1968년부터 순차적으로 개척단원들에게 땅을 주면서 국가는 '가분배'라는 용어를 썼다. 국가는 영장도 없이 전국 각지에서 잡혀 들어와 이 땅을 개간한 노동력을 인정해주지 않았다. 반면 비슷한 시기 전남 장흥에서 땅을 개척한 단원들은 무상 분배를 받았다. "개척하면 땅을 준다고 했다"는 정씨 주장을 뒷받침한다. 1968년 7월 23일 '자활지도 사업에 관한 임시조치법'에 따르면, 대통령이 정하는 바에 의해 '근로구호의 대상자에게 우선적으로 무상 분배할 수 있다'고 돼 있다. 그러나 시행령 미제정으로 1982년 12월 이 법은 폐지됐다. 서산시도 1969년, 1970년 두 차례에 걸쳐 홍성세무서에 무상 불하 또는 무상 대부를 건의했지만 번번이 거절당했다.

1992년 국무회의는 유상 매각을 결정했다. 기획재정부는 그해 국유재산 관리계획에 따라 신청인들에게 매각하기로 결정하고 매수를 촉구했으나 신청인들 대다수가 불응했다. 소송으로 전환했다. 2002년 대법원까지 이어졌지만 정씨 등은 패소했다.

주민 김아무개 씨가 2010년 국민권익위원회에서 청원을 넣어 소위원회 심의가 열렸다. 기획재정부는 무상 불하해줄 수 없다고 했다. 서산시와 충남도 의견은 달랐다. "민원인들이 폐염전 부지였던 땅을 개간하여 우량 농지로 조성하였기에, 무상 양여가 되도록 특별법을 제정하거나, 요구를 수용할 수 없을 경우 개량비를 공제하여 매각할 수 있도록 승인해 달라"는 것. 2013년 주민들은 10~20년 상환 조건으로 평당 5만 원에 땅을 매입하라는 정부 제안을 받아들이기로 했다. 주변 시세와 비슷했다. 납치, 강제 감금에 따른 피해 보상, 강제 노역에 따른 인건비조차 인정받지 못했다.

건달이었던 정씨에게 박정희 정권이 어떤 존재인지 물었다. "깡패지, 뭐여. 내 젊은 시절 다 그렇게 뺏겼는데."

정씨는 요즘 자신을 탓한다고 했다. 끊었던 담배가 간절하다. "농사꾼이 농사를 지어야 하는데, 내 땅을 포기할 수도 없어서 정부 땅을 결국 산 거여. 근데 농사지어도 빚을 지고. 부산에 살면서 깡패 생활할 때 참 몹쓸 짓을 많이 했어. 내가 살아온 것을 다 쓰자면 비참하고 사람들이 곧이듣지 않을 거여. 우리 마누라 교회 집사인데 나는 교회 안 가. 죄 많은 놈이라. 내가 죄가 많아서, 그 죄를 내가 지금 이렇게 받는 건가 그런 생각이 들어."

2017 '정글'의 기원, 1961 '명랑사회'

"우리 정부가 주로 대재벌이나 대기업만 키우고 중소기업 같은 것은 전연 돌보지 않는다, 공업에만 치중한다는 비판을 받습니다. (…) 우리나라의 가장 뒤떨어진 농촌을 빨리 발전을 시켜야 되겠다, 이것이 정부가 말하는 중농정책입니다."

1967년 4월 17일 박정희 공화당 대통령 후보는 대전 연설에서 농촌 진흥을 통해 양극화를 해소하겠다고 밝혔다. 땅값이 폭등하고 대한민국 최초의 양극화가 벌어지던 시대였다. 1997년 외환위기 이후 양극화가 시작됐다고 생각하지만, 그 기원은 대기업, 서울, 강남 중심으로 개발이 이뤄지던 박정희 시대에서 찾을 수 있다.

급속한 성장 시대에 농촌은 급속히 위축됐다. 1956~1981년 전체 산업이 연평균 7.4% 성장한 반면 농업은 3.1% 성장에 그쳤다. 전체 인구는 1.9배로 커졌지만 농업 인구는 25% 줄어들었다. 급속한 인구 성장의 시대였음에도 농촌은 사람들이 떠나는 공간이었다. 급속히 비워진 농촌에 대한민국 3등 국민, 전직 깡패 정영철 씨가

1961년 강제 이주됐다. 그는 지금껏 연 소득 300만~400만 원의 농민으로 산다.

건달, 성매매 여성, 노숙인에서 시작된 '배제 국민'은 농촌, 청년, 저소득, 비정규직 등으로 확대됐다. 그들을 길에서 치워야 '명랑사회'가 도래한다는 1961년 첫 단추를 줄줄이 끼우다 2017년 지금, 여기에 도착했다. 누구나 배제 국민이 될 수 있는 정글에.

6장

울산,
노동 천국인가 노동 지옥인가

2017년 1월 11일 오후 4시께 울산시 동구 방어동 현대중공업(이하 '현대중')울산조선소 정문 앞. 파란 신호등이 켜지자 오토바이 수백 대가 부릉 소리를 내며 조선소에서 빠져나왔다. 해가 지려면 한참 남은 시각에 서둘러 퇴근하는 사내하청 노동자들이었다. 조선업 불황으로 일감이 줄어들어 잔업이나 특근은 하고 싶어도 할 수 없다. 근처 도로에 빼곡히 주차돼 있던 출퇴근용 오토바이도 눈에 띄게 감소했다. 2년 새 현대중에서 일하는 원·하청 노동자 수가 4분의 1이나 줄었다. '수주절벽'의 직격탄을 맞은 해양플랜트 사업본부가 있는 방어동 꽃바위 아파트 주변 원룸은 텅텅 비었다. 2014년까지만 해도 빈방이 거의 없었지만, 이제는 들어오는 사람이 없다. 월 50만 원 수준의 원룸은 20만 원대로 떨어졌다. 퇴근시간이면 북적이던 마트나 식당도 한산하다. 노동자들은 퇴근길 술 생각을 애써 누르고 집으로 향하거나 '알바'를 뛰러 갔다.

'박정희의 천국' 울산이 흔들리고 있다. '동남권 공업벨트'에서도 '산업수도'로 불리는 울산은 대한민국의 수출입국을 선도한 전진기지로서 자부심이 남다른 지역이다. 수출공업화 전략이 성공하면서 일자리와 소득이 늘었고, 일부 노동자들은 중산층이 되었다. 하지만 지난해부터 조선업이 위기에 빠지면서 사상 유례없는 고용 한파가 몰아닥치고 있다.

정규직도 '대리 알바' 뛰는 현실

내년 퇴임을 앞둔 현대중 정규직 노동자 이민선(가명·59) 씨는 지난달부터 휴직 중이다. 1981년 입사해 35년간 장비·설비를 지원하는 업무를 맡아왔는데 지난해 7월 회사가 설비지원부 등 3개 부서의 분사를 결정했다. 설비지원부 노동자 994명 가운데 316명이 분사를 거부했다. 다른 부서에서도 220명이 거부에 동참했다. 이들 536명은 용접과 도장 교육을 6주간 받았다. 사내 자격증을 딴 노동자는 현장실습을 나갔지만 이씨처럼 자격증을 못 딴 사람은 자택 대기 명령을 받았다. 그 후 휴업 대기자로 발령나 한 달에 200만 원을 겨우 받는다. 평달에 400만 원, 상여금이 나오는 달에는 700만 원까지 손에 쥐었던 그는 "가족들 얼굴 보기에 면목이 없다"고 말했다. 이씨는 "아이들 학원비가 필요한 30~40대들은 대리운전이나 치킨 배달 아르바이트로 버티고 있다"고 전했다.

지금 울산에서 정규직과 비정규직은 '대리 알바' 시장의 경쟁자다. 현대중 사내하청으로 일하며 대리운전을 병행하는 김상희(가명·37) 씨는 이렇게 말한다. "(현대중이 있는) 방어진에선 대리운전 콜이 뜨질 않아요. 노동자들이 술 먹고 대리기사를 불러야 하는데 다들 어려우니까 안 먹는 거예요." 정규직들도 대리운전에 뛰어들면서 가뜩이나 잡기 힘든 콜 경쟁이 더 심해졌다.

'울산 토박이'인 김씨는 군 제대 후인 2002년 시급이 좋은 조선업에 뛰어들었다. 당시 시급 4300원에 야근하고 주말 특근하면 월 200만 원을 벌 수 있었다. 15년간 경력이 쌓였지만 그의 월급은 지금도 월 200만 원이다. 일감이 줄어 월급이 반토막 났다. 잔업이나 특근은 꿈도 꿀 수 없고 무급휴가를 강요받고 있다. 인터뷰 날에도 이틀간 쉬다가 출근했는데 정상 근무시간(8시간)도 못 채우고 오후 3시에 퇴근하라는 명령을 받았다. 노동시간과 임금이 줄어들자 사내하청 노동자들은 해고하지 않아도 스스로 떠나갔다. 김씨와 함께 일하던 동료 260명 가운데 겨우 70~80명만 남았다. 김씨도 다른 일자리를 찾아보고 있지만 갈 곳이 마땅치 않다. 9살, 7살, 5살인 세 아이를 키울 일이 막막해 아내는 도배 일을 배우고 있다.

한국적 신자유주의는 1970년대부터 시작

'신자유주의의 아버지'로 불리는 프리드리히 하이에크가 1978년 한국을 방문한 사실은 잘 알려져 있지 않다. 밀턴 프리드먼과 함께 20세기 신자유주의를 이끈 하이에크는 1974년 경제학 노벨상을 받은 석학으로 우리나라에서 큰 환영을 받았다. 전국경제인연합회 초청으로 9월 10일부터 이틀 동안 울산 현대중공업 등을 돌아본 하이에크는 "한국은 개발도상국 중 자유기업체제가 가장 성공적으로 운용되고 있는 나라다. 경탄을 금할 수 없다"고 칭찬했다. 박정희의 국가 주도 경제와 '작은정부-자유시장'을 주창하는 신자유주의는 언뜻 모순된 관계인 것처럼 보이지만 실은 그렇지 않았다. 둘은 극단적인 경쟁을 장려하고 노조를 적대시하는 정책에서 통하는 면이 있었다.

박정희 시대에 노동유연화 개념이 이미 도입됐다는 사실은 역사적으로 확인된다. 대표적인 사례가 이른바 '위임관리제'다. 위임관리제는 공장의 일정 부분을 하도급업자에 넘기는 사내하청제도다.

1974년 9월 19일 오전 8시께 울산 현대조선소(현대중 울산조선소). 출근하던 노동자 300여 명이 건조부 앞 모래사장에 모였다. 조장(조원 위 관리직급)의 작업 지시를 받기 위해서였다. 조장들은 회사가 직영 노동자 2000여 명을 위임관리제로 전환할 계획이라고 알렸다. 노동자들은 반발하며 본관 사무실로 몰려가 유리창을 깨고 전화기, 장부, 책상 등을 부쉈다. 경찰이 도착해 제지했지만 연좌농성에 참여한 노동자는 2000명으로 불었다. 오후 5시 30분께 정주영 회장이 도착했다. 정 회장은 단호했다. "위임관리제는 회사의 존폐 문제다. 종업원이 반대한다고 절대 철회할 수 없다." 노동자들은 야유와 함께 돌을 던졌다. 정 회장은 머리에 상처를 입고 도피했다.

걷잡을 수 없을 정도로 흥분한 노동자들은 폭동 양상으로 치달았다. 오후 4시께 출근한 야간 조 노동자까지 합세해 시위대는

울산 현대공단의 역사

울산공업지구 기공식에서 박정희

현대울산조선소 기공식

하이에크 전경련 강연

*프리드리히 하이에크
– 자유시장 경제 체제를 옹호하고 사회주의,
좌파 경제 정책을 비판한 신자유주의의 사상적
아버지

1962 1월 제1차 경제개발5개년 계획
2월 울산특정공업지구 기공

1963 9월 울산항 개항

1967 3월 한국비료 울산공장 준공

1968 10월 현대자동차 울산공장 준공

1972 3월 현대중공업 울산조선소 기공

1973 1월 중화학공업화 선언
7월 현대중공업 '위임관리제' 도입
11월 공장 새마을운동 선포

1974 9월 현대중공업
위임관리제 반대 집단 시위

1978 9월 신자유주의 경제학자
프리드리히 하이에크 울산 방문

1987 7월 노동자대투쟁

1997 외환위기

2011 울산지역 수출 1000억 달러 달성

2012 현대자동차 '촉탁계약직' 도입

2016 6월 조선업 특별고용지원업종 지정

3000~4000명에 이르렀다. 공장 밖으로 나와 소방차, 시내버스, 택시 등을 공격하고 회사 앞 외국인 숙소를 습격해 TV 등 물건을 집어 던지기도 했다. 외국인 기술자 47명은 뒷산을 넘어 달아났고 일본인 기술자 25명은 부산 수영 비행장까지 도주했다. 새벽 1시께, 18시간에 걸친 싸움에 지친 노동자들이 흩어졌다. 이때부터 경찰의 연행이 시작돼 아침까지 877명이 붙잡혔다.

시위가 끝나자 현대중은 3일 동안의 휴업을 거쳐 위임관리제를 밀어붙였다. 그 결과 기능직 사원 중 직영은 3929명(26.6%)으로 줄었고 하도급 사원은 1만852명(73.4%)으로 늘었다.

박정희 시대, 국가가 비정규직 고용 앞장
—

비정규직이라는 고용 형태 역시 1997년 외환위기 이후 우리나라에 새롭게 등장한 것으로 아는 사람이 많다. 하지만 1970년대에도 '비정규직'은 있었다. 특히 박정희 정권은 공공부문이 앞장서 이 제도를 활용했다. 철도 노동자의 경우 임시직 2874명 가운데 2473명이 매년 재고용하는 상용임시직이었다. 나머지는 겨울철에만 150일간 고용하는 일용임시직이었다. 임시직에겐 △해고예고 △퇴직금 △유급 휴가 △시간외근무수당 △승급·승진 등을 적용하지 않았다. 체신 부문은 3개월마다 재고용하는 형식을 취했고, 서울시·부산시·대구시 등 행정기관에 일하는 임시직 노동자도 3만 명이 넘었다.

은수미 전 의원은 '사내하도급과 한국의 고용구조'라는 논문에서 "1970년대 박정희 정권은 하청계열화와 사내하도급을 결합하는 산업정책을 펼쳤다"고 밝혔다. 사내하도급을 활용하면 원청의 노무관리 능력이 취약하더라도 대규모 집적과 생산이 가능해진다. 포항제철(현 포스코)이 이런 방식을 활용한 대표적인 사례다. 포철은 포항공장이 완공되기도 전인 1971년 2월 '협력사업부'를 신설하고 6월에 사내하청 모집계획을 확정했다. 그 결과 포철에는 1973년 사내하청이 20개 업체, 노동자 3213명(전체 노동자의 44.7%)에 이르렀다. 은 전 의원은 "사내하청을 활용한 노무관리 모델은 손쉽게 퍼져 한국 자본주의 성장의 특징으로 정착했다"고 진단했다.

국가가 솔선수범하는데 기업들이 따르지 않을 이유가 없었다. "대리급들, 쪼금 과장급들 요런 사람들은 반짝반짝하는 알루미늄 화이바(안전모)를 썼고, 그다음에 직영들은 노란 화이바, 하도급은 파란 화이바. 모자 쓴 화이바만 보면 아 저게 누구라는 거 어디서나 다 알 수 있거든. (…) 직영하고 (하도급은) 천지 차이인데. 한 아파트에 살면서도 여자들이 대하는 게 벌써 달라요. 애들도 역시 직영 아들은 쫌 우쭐대고, 하도급 아들은 벌써 한풀 꺾(어지)고." 1974년 현대중 사내하청에 입사해 용접공으로 일했던 윤석수(가명) 씨의 말이다.(성공회대 노동사연구소 구술 자료, 2005년)

위임관리는 언제든지 해고될 수 있는 불안한 신분인데다 상여금, 퇴직금 등을 주지 않았다. 직영사원은 점심을 무료로 먹는데 위임 기능공은 돈 내고 사먹어야 했다. 안전화, 안전모도 차별 지급했다. 같은 라인에서 일하는 정규직과 비정규직을 유니폼으로 구별하고 처우도 차별하는 지금과 별반 다르지 않다.

현대중은 1970년대 말까지 위임관리 등 하청 비중을 60% 이상 유지했다. 그러나 하청이 생산성 향상에 장애가 된다는 것을 뒤늦게 알아차리고 하청 인력을 정규직으로 전환하기 시작했다. 1983년엔 하청이 직영(1만7114명)의 36.9%인 5423명에 그쳤다.

사내하청 제도가 현대중에서 잠시 사라진 것은 1989년의 일이다. 1987년 노동자 대투쟁에서 사내하청노동자들이 '하도급 철폐, 하청의 직영화'를 요구했고 56일간의 파업 끝에 노사는 '하도급 직영화 합의서'를 작성했다. 그러나 '비정규직 없는 세상'은 길지 않았다. 현대중은 직영의 이직률이 낮아지자 신규채용을 중단하고 사내하청 비율을 점점 높여갔다. 1997년 외환위기 이후 그 속도가 빨라졌다. 직영과 하청의 임금 격차가 커지면서 회사는 비용절감 차원에서 사내하청 고용을 더욱 확대했다. 최근에는 기술과 경험 부족으로 노동력을 대거 투입한 해양사업부에 사내하청이 몰렸다. '수주절벽'이 본격화하자 사내하청 노동자가 '방패막이'로 활용됐다. 2016년 11월 말 기준으로 현대중의 원청 노동자는 2만3400명, 사내하청 노동자는 2만6850명. 2015년 1월보다 원청은 15.8%(4400명), 사내하청은 31.1%(1만2120명) 감소한 수치다.

비정규직 고용형태는 갈수록 교묘해지고 있다. 현대자동차는 대법원이 사내하청을 불법파견으로 최종 판결하자 새로운 직제를 만들었다. 촉탁계약직(원청이 직접 고용한 비정규직)이다. 2013년 2월 현대차에 입사한 박점환 씨는 23개월 동안 울산공장에서 일하며 근로계약서를 16차례 작성했다. 계약 기간은 13일짜리부터 184일짜리까지 천차만별이다. 재계약이 어려워질 수 있다는 불안감에 단 하루의 연차휴가도 쓰지 않고 박씨는 성실히 일했다. 상사들은 "성실히 잘하면 계속 일할 수 있다"며 '희망고문'을 했다. 그러나 근로기간 2년을 앞두고 계약해지 통보를 문자로 받았다. 정규직 전환을 피하기 위한 꼼수였다. 박씨는 "촉탁직은 일회용품과 마찬가지"라고 말했다. 그는 2015년 7월 중앙노동위원회에서 부당해고 판정을 받았지만 회사가 불복해 법정싸움을 시작했다. 하지만 박씨는 씩씩했다. "고깃집에서 아르바이트하며 긴 싸움을 준비한다"며 "정규직이 되는 꿈을 끝까지 포기하지 않겠다"고 다짐했다.

'노동귀족'과 '현금지급기' 사이

동남권 벨트의 정규직 노동자들은 '노동귀족'이라 비난받기 일쑤지만, 상대적으로 높은 연봉이 잔업과 주말특근 같은 초과근무의 대가라는 사실은 쉽게 무시된다. 노동자들에게 잔업은 강제적인 동시에 자발적이었다. 회사가 필요로 할 때 언제든지 잔업을 해야 하며, 불황기에는 잔업을 할당받기 위해 경쟁하기도 한다. 관리자는 노동자를 통제하는 수단으로 잔업 할당을 활용한다. 1983년에 현대중에 입사했다가 3년 만에 현대차로 옮겨 31년째 근무하는 한승기(가명·58) 씨는 "주말 특근 탓에 평생 놀러 다니지도 못하지만 잔업을 하지 않으면 살림이 빠듯하다"고 말한다. 29살부터 초등학교 1학년까지 자녀가 넷이나 되는데다 이혼하며 전 아내의 빚까지 갚

아주는 바람에 형편이 어렵다. 29살 큰아들은 아직 취업하지 못했다. 퇴직이 2년밖에 남지 않아 마음을 졸이고 있다고 했다.

현대그룹 계열사의 정규직 노동자들은 장시간 노동에 따른 임금소득 상승으로 내 집 마련에 성공했다. 한국적 기준으로 중산층에 편입된 것이다. 하지만 그 생활수준을 유지하기 위해 다시 장시간 노동을 해야 하는 악순환에 빠졌다. 송호근 서울대 교수(사회학)는 〈거주지의 공간성과 노동계급의 형성〉이라는 논문에서 "장시간의 육체노동이 지배하는 작업장과 중산층 주거지의 문화적 간격은 남성 노동자와 그 아내 혹은 자녀들 사이의 가치와 의식 차이로 나타난다. 한 노동자는 가족 안에서 자신의 처지를 '현금지급기'에 빗댔고 동료들은 이에 공감을 표시했다"고 밝혔다.

장시간 노동은 산업재해로 이어진다. 1974년 경주의 방산업체인 풍산금속에 입사한 김영석 씨는 1979년 3월 23일 새벽 3시께 산재를 당했다. 19살 실습생이 졸다가 넘어지면서 스위치를 잘못 건드려 순식간에 김씨의 손가락 3개가 프레스 기계에 의해 잘려나갔다. 기절한 채 병원으로 옮겨졌지만 봉합 수술은 실패했다. 잘린 손가락으로 다른 공장에 취업하지 못해 청소노동자로 살아온 김씨는 1976년 풍산금속이 1억 달러 수출을 달성했을 때 박정희 대통령이 회사를 방문한 모습을 또렷이 기억하고 있었다. 1960~1970년대 노동집약적 수출공업화 전략으로 산업재해가 급증했다. 박정희 정권 말기, 매년 13만 명의 노동자가 재해를 입고 그 가운데 1500여 명이 사망한 것으로 기록돼 있다. 현대중공업에서 8년간 일했던 조

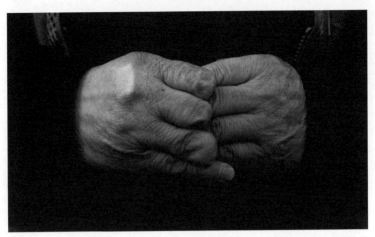

김영석 씨의 손. 1974년 경주의 방산업체 풍산금속에서 입사했다가 손가락을 3개를 잃고 정리해고됐던 그는 울산과학대에서 청소노동자로 일하다 3년 전 또다시 해고당했다. ©김명진

돈희 씨는 조선소에 대해 "더 이상 갈 곳이 없을 때 가는 막장과 다를 바 없는 곳"으로 회고했다. "컴컴한 배 안에서 거대한 환풍기가 돌아가는데 한쪽에선 불꽃을 뿜으며 용접하고, 다른 쪽에선 철판을 그라인더로 갈며 분진을 쏟아낸다. 떨어지고 부딪히는 안전사고는 시도 때도 없이 발생하는 전쟁터와 같았다." 원영미 울산대 교수(역사문화학)는 "(노동자들이) 현대차는 '철공소', '똥구루마' 현대중은 '조지나 공장'으로 불렀다는 것은 스스로 작업장을 어떻게 평가하고 있었는지 보여준다"고 말했다.

유럽을 비롯한 선진국에선 산업재해가 발생한 공장에 발주를 하지 않는 경향이 뚜렷해지고 있다. 산업재해가 국제 경쟁력을 낮추는 주요 원인으로 떠오르고 있는 것이다.

'새마을 성과제', 박근혜 정부 성과급제의 원형

1973년 10월 오일 쇼크로 성장이 주춤하자 박정희 대통령은 '공장 새마을운동'을 구상하고 노동생산성과 임금을 연결하는 '새마을 성과급제'를 실천 사항으로 내세웠다. 박근혜 정부가 일방적으로 도입해 대규모 파업을 불러왔던 '공공부문 성과급제'의 원형인 셈이다. 새마을 성과제는 호봉, 입사연도에 관계없이 기능 정도에 따라 4등급으로 분리해 각각 4점, 3점, 2점, 1점을 배정하는 형식이었다. 이와 함께 '직장 점수'를 둬 상사가 노동자의 근무 태도 등에 따라 시간당 1점씩 부여하도록 했다.

"보통 시급이 약 30원 정도 올랐습니다. 요즘은 하향평준화되어 가지고 똑같이 정액, 정률로 올리지만 옛날에는 A, B, C, D 해가지고 차등을 뒀거든요. 그래서 많이 오른 사람은 약 30~40원, 적게 오른 사람은 20~25원, 이런 식으로 등급을 매겨 줬다고. 그때 상여금도 다 그렇게 줬어요."(김상철,《울산 근로자들의 생애사》, 2013년)

공장 새마을운동은 '근무 기강 확립운동'으로 번져 갔다. '작업 중 잡담 안 하기', '보행 중 담배 안 피우기', '꽁초 안 버리기', '안전모 안전화 착용하기', '표준 삭발하기', '인사 먼저 하기' 등 다양한 운동이 펼쳐졌다. 이를 강제하는 통제 도구로 새마을 성과급제가 활용됐다. 인사고과의 덫에 걸린 노동자들은 노동통제에 복종할 수밖에 없었다.

군대 같은 작업장에서 경비원은 헌병 노릇을 맡았다. 건장한 체구의 경비원은 출근하는 노동자들을 일일이 점검했다. 짧은 머리 사진을 붙여놓고 그 기준에 따라 두발을 쟀다. 불량할 경우 머리를 깎도록 경고하거나 이발 기구로 직접 밀어버렸다. 출입증이나 작업복이 없는 노동자는 공장 안으로 아예 들여보내지 않았다. 내년에 퇴직하는 현대차 노동자 한승기 씨는 청년 시절 겪은 모욕감을 생생히 기억했다. "늦어서 택시를 타고 출근해 정문에 내리는데 경비가 다짜고짜 귀싸대기를 올리더라고요. 현대차 안 타고 다른 차 탔다고. 경비원이 이유 없이 때려도 다 맞았습니다." 1987년 노동자 대투쟁 때 노동자들의 요구 가운데 '두발·복장 자율화'와 '강압적인 경비원의 태도 개선'이 들어갔던 이유다.

공장 새마을운동은 1980년대 들어서면서 정부 주도에서 민간 주도로 바뀌었지만, 그 명맥은 오래 유지되지 못하고 1990년대 이후 사실상 중단됐다.

박근혜 탄핵 촛불의 경제적 요구

공장 새마을운동은 중단됐지만 박정희식 경제성장 모델은 그대로다. 박정희 모델의 핵심은 '저임금·장시간 노동-정경유착(재벌육성)을 통한 자본축적-수출을 통한 성장'이다. 이 모델은 짧은 기간에 압축성장을 하는 데는 유효했으나 이미 경제대국 반열에 든 21세기 대한민국에는 맞지 않는다는 지적이 많다. 특히 저임금과 장시간 노동을 통한 자본축적이 끝난 현재 상태에서 박정희 모델은 성장을 가로막는 걸림돌이라고 말할 수 있을 정도다. 공룡이 된 재벌은 돈 쓸 곳이 없어서 10조 원이 넘는 돈을 땅 사는 데 쓰고 있는

데, 청년들은 일자리가 없어 아우성이다. 노동 시간을 단축해 일자리를 창출하고, 노동에 대한 정당한 대가를 지불해 내수시장을 키우며, 재벌개혁을 통해 창업 공간을 열어야 진정한 '창조경제'가 가능하다. 이것이 '박근혜 탄핵 촛불'의 경제적 요구라고 할 수 있다.

세 아이의 엄마이자 공무원인 30대 여성의 과로사 소식은 장시간 노동이 더 이상 미덕이 될 수 없는 시대임을 일깨운다. 우리 사회 미래의 재앙을 예고하는 유례없는 저출산 문제는 장시간 노동을 당연시하는 사회 분위기와 깊은 관련이 있다. 고용된 소수의 살인적인 장시간 노동과 청년 실업은 동전의 양면이다. 장시간 노동은 저임금을 당연시하는 배경으로 작용하기도 한다. 우리는 이 악순환의 고리를 끊을 수 있을까.

3부

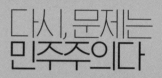

다시, 문제는
민주주의다

1장
―
민주주의가
뭔가요?

"민주주의가 뭔가요?"

2016년 11월~12월 초 강릉·광주·대구·대전·서울 등 전국 5곳에서 20대 대학생 30여 명에게 물었다. 단군 이래 가장 높은 학력, 치열한 경쟁과 높은 사회 진입 장벽, 그러함에도 가장 돈이 없는 세대. 20대는 답했다. "민주주의는 내게 피였던 적이 없다." "알바비는 수혈이다."

그들이 말하는 '민주주의와 나'를 바탕으로 가상의 대학생 한 사람을 추출했다. 1993년생, 24살, 대학교 4학년, 취업준비생, 여자, 이름 김혜민. 김혜민의 언어 한 문장, 한 문단마다 각기 다른 20대 서른 명의 언어가 담겨 있다. 김혜민들이다. '김혜민들'의 언어를 볼륨 높여 들어보자.

이들에게 민주주의는 밥이 아니었다. "먹고살기 바쁜데 나라까지 구해야 하느냐", "대통령 바뀌면 나아지느냐"는 항변에 말문이 막혔다. (대의)민주주의는 결국, 모든 사람이 골고루 잘살 수 있도록 인류가 고안해낸 제도의 하나에 불과하다. 밥이 하늘이다. 민주주의가 밥이 되도록 만들어야 한다.

'그렇게 해봤자, 인생 좋은 거 하나도 없단다. 너만 다치고 엄마, 아빠 고생하고 식구들만 슬프단다. 네가 얻는 건 아무것도 없단다. 아빠는 다 보았어.'

아버지는 1989년에 대학을 다녔다. 열혈 운동권은 아니었지만 그 시대를 좇아다닌 사람. 대학을 다니던 1989년에 부산 동의대 사태가 터졌어. 자세히는 모르지만 아빠 친구가 감옥을 갔다 나왔다고, 그때 다쳤다고. 시위가 있다고 하면 친척들까지 서울로 전화를 걸어와. '나서지 마라, 걱정된다. 네가 나설까봐.' 아빠에겐 강한 혐오가 있다, 보상받지 못했으니까.

예전에 만난 학원 선생님이 연대인가, 고대 출신이었는데 이런 이야길 해줬어. '선생님이 대학 다닐 때 운동을 했었다.' 집회에 자주 나갔는데 그만두게 된 계기가 있다고. 시위 나갔다가 친구가 짱돌 맞아서 넘어졌는데, 울고불고 경찰에 화염병 던졌는데, 알고 보니 그 짱돌은 뒤에서 던진 거였다고. 시위대가 던진 돌을, 경찰이 던졌다고 뒤에 있는 학생이 거짓말을 했다고. '다 그렇게 속고 속이는 거니까 절대 믿지 마라, 선동되지 마라.'

나에겐 세상을 뒤집을 용기도, 시간도 없어. 부모 피 빨아먹고 사는데, 부모님이 도와줘서 서울에서 살고 있잖아. 한 친구는 알바비가 통장에 들어오면 수혈받는 기분이 든다고 했어. 돈이 피 같은 거야. 민주주의가 나한테 단 한 번 피였던 적이 있었나? 어떤 이득을 주는데? 왜 숭고한 가치인데? 정말 싫은 건, 그렇게 물으면 지성인이 아닌 사람으로, 민주 시민이 아닌 것으로 인식된다는 거야, 짜증나게.

생활도 생존권도 보장돼 있지 않은데, 태평하게 시위에 적극 참여한다고? 가서 옳은 소리, 좋은 소리 하겠다고? 생계가 안 되는데 집회에 가는 건 정신 빠진 소리야. 이건 가치의 문제가 아니고. 알바랑 집회랑 겹치면 당연 알바 가야지. 먹고살기 힘든데 정치적 행위를 기대해. 너네, 왜 정치적으로 나서지 않아? 왜 연대의식이 없어? 왜 공동체에 관심을 갖지 않아? 시간이 없으니 관심을 못 갖지. 의식 없는 것으로 취급되면 되묻고 싶어. '좋은 소리 많이 하셔서 세상 뭘 바꾸셨는데요?'

"동성로에서 열린 시위에 참가했는데 부모님께 이야기했더니 '너 할 일도 많은데 뭐하러 거기까지 가냐?'고, 친구들은 '나 하나 살기 바빠 죽겠는데 그럴 시간이 어딨냐'고. 울산대가 시국선언을 하긴 했는데 준비 과정에서 나오는 반응이, '그럴 바에는 자기소개서 한 줄이라도 고쳐 써라' 그런 이야기가 되게 많이 나오더라고요."(대구대 ㄱ)

월세 내야 하고 학점 받아야 하고 스펙도 쌓아야 해. 정치를 접하려면 뉴스를 봐야 하고 세상이 어떻게 돌아가는지, 뭐가 문제인지를 알아야 하는데 물리적 시간이 안 돼. 시간이 없어.

48만 원을 내면 사흘간 모의 면접을 보는 어마어마한 학원이 있는 거 알아? 이런 돈을 내야 하는 거, 우리 탓이 아니잖아. 우리를 취직시켜 주지도 않을 거잖아. 그래도 인생을 모험으로 살 수는 없어. 고층 건물 층층마다 최종면접을 앞두고 답을 찾는 우리 같은 애들이 있어. 합격을 하느냐고? 알 수야 없지. 내가 안 다녔으니까. 고액 면접학원까진 다니지 않았지만, 공부해서 정답을 말하면 채용 마지막 단계까진 가. 최종면접 합격은 안 돼도.

최종면접을 준비하느라 월세방 계약이 끝났는데도 다음 방을 알아보지 못한 적이 있어. 계약이 끝난 날, 급하게 막 돌아다니고 있는데 집에서 전화가 왔어. 할아버지가 위독하니까 집에 내려오라고. 전화 끊고 5분 뒤에 다른 전화가 왔어. 최종면접에서 탈락했다고. 와, 진짜. 바닥에 떨어졌어. 한 달 뒤에 또 다른 회사 최종면접을 갔어. 뭐라도 해야겠더라고, 절박하니까. 할아버지 이야기를 꺼냈어. '위독한데도 왔습니다. 제발 뽑아주세요.' 근데 떨어졌어. 어떻게 해도 안 되는 거야. 다른 대답을 찾으려 실험을 하기 시작했어. 면접에서 내가 갑질을 한다면? 가고 싶었던 직종의 회사는 아닌데, 작은 회사 최종면접에 가서 '채용 시스템에 문제 있는 거 아니냐고, 왜 채용공고랑 다르냐고, 이거 알려지면 어떻게 되느냐'고. 면접 끝나고 인사팀장이 날 따라왔어. 쫄았나보지. 신기하게 합격이 되더라고. 가고 싶었던 직종의 회사는 아니라서, 안 간다고 했는데 갑질이 먹힐 수도 있네? 싫었어. 나중에 가고 싶었던 회사 면접장에 가서, 꼿대 세우면서 내 이야길 했어. 정치적 문제를 물었는데, 내 생각대로 말한 거지. 떨어졌지만 너무 통쾌했어. 굴복하지 않았다는 거.

최근에 또 다른 회사에 원서를 냈거든? 사장님을 웃기면 합격이라는 소문을 들었어. 최종면접장에 가서 보니까 서울대, 해외 명문대, 미모가 대박인 애, 이런저런 애들을 빼면 내가 졸업한 대학으로 갈 수 있는 자리는 딱 한 자리. 사장님을 웃겨야 하니까 성대모사를 준비했지. 사장이 날 보자마자 첫마디가 이랬어. '얼굴이 왜 그래?' '네?' 완전 얼어갖고. 첫 질문에 다 말린 거야. 납득이 전혀 안 됐어. 입사와 얼굴의 인과관계가 뭐지? 지금은 면접관 표정을 보면서 그때그때 답을 바꿔.

대학에 와서 보니까 시키는 대로 했던 때가 더 좋더라고. 고등학교 때보다 한 살 더 먹었을 뿐인데 스무살이 되면 책임질 게 너무 많이 생기니까. 제대하고 나서도 직장을 잡아야 한다는 중압감과 부모님 은퇴하기 전에 빨리 자리 잡아서 결혼도 해야 한다는 의무감이 들잖아.

성공에 대한 환상도 좀 있지. 어릴 때부터 대학 잘 가면 성공한다고 배웠어. '그러려면 외고를 가야 한다, 놀지 말고 공부만 하면 된다.' 인생에서 다른 얘기를 들어본 경험이 없어. 대학 입학했을 때 아버지가 그러더라고. '풍물패 같은 데 들어가지 말아라.' 상징하는 바가 엄청 크지 않아, 풍물패라는 게? 정치외교학과에 지원하겠다

고 했더니 어머니는 그랬어. '기업에서 안 좋게 보는 거 아니니?'

대학 입학해서 내가 속한 공동체는 정치 참여하는 걸 불온시하는 분위기였어. 입학했을 때 이미 운동권이 쓰러져 가고 있었고. 친구들이나 한두 학번 선배들이 목소리를 내는 경우는, 공정성이 명백하게 침해됐다고 느낄 때지. '나는 이렇게 노력했는데 보상받지 못하는구나.' 어떤 친구는 (서울) 강북에서 외고 나온 애들의 정체성이라고. 1980년대 후반, 1990년대 초반에 태어나 강북에서 외고 나온 애들이 공정성이 침해되는 걸 못 참는다고.

사실 다른 부분은 그렇게 보수적이진 않지만, 교육 문제에는 보수적이야. 어쩔 수 없이 그렇게 돼. 좋은 대학 가면 성공한다고 배웠으니까. 이번 최순실 사태 때 공직자 아닌 사람이 공직자도 휘두르지 못하는 크기의 힘을 휘두르는 것을 보고 불공정하다고 느끼잖아. 대학 얘기를 하면, 공정성의 문제도 있지만 나는 보수성의 문제도 있다고 생각해. 이번 사태에서 분기점이 된 것도 정유라잖아. '우리가 왜 저런 애랑 수업을 같이 들어야 해?' '내가 얼마나 노력해서 입학했는데 내 위치를 깎아내려?' 미래라이프대 사업 철회 요구하면서 이화여대 본관 90일 점거가 가능했던 것도 그런 거 아닐까?

"(특정 정치인들을 지칭하며) 두 쪽 다 좋은 사람들 아닌 거 같아서. 어느 순간부터 그런 생각을 했냐고요? 선거 때 고등학교 선생님한테 누구 뽑을 거예요? 물으니까 선생님이 '그래 봤자 진흙탕 정치에 대해서도 혐오가 있지. 그냥 싫은 거? 내가 이용당하는 느낌? 정치적인 것은 위험해. 운동권은 치고 들어왔다가 책임지지 않고 다른 사람들 다치게 해. 이런 인식?

운동권을 차단해야 한다는 암묵적 약속이 대학엔 있지. 불순하니까. 친구들이 다니는 대학만 봐도 그래. 고려대는 시국선언을 했는데 총학이 시국선언문에 '백남기는 죽이고 최순실을 살렸다'고 썼다가 난리가 났어. 고파스(고려대 학생 커뮤니티), 대나무숲에서. '백남기 (농민) 건을 왜 엮냐, 우린 너희와 정치색이 다르다.' '너네가 총학으로서 대표성을 가지고 학생들에게 정치적 주입을 하느냐?' '총학을 탄핵하자'는 얘기까지. 세월호 노란 리본을 금지한 대학도 있고. 이대는 첫 번째 기자회견인가? 그때 노동자연대 소속 애가 인터뷰하려고 올라갔다가 난리가 났잖아. 다들 마스크 썼는데 걔 혼자 마스크를 안 꼈다고. 밑에서 내려오라고 난리가 났어. 니가 왜 올라가냐, 운동권인데. 나머지 학생은 '순수한' 이화인인데. '정치적'이라고 판단하는 모든 것을 배제하라는 거야. '순수'하게 가라는 거지.

"군대 가면 사상 교육을 엄청 해요. '우리 주적은 누구인가?' 질문을 해요. 저는 미국이라고 써서 냈는데 미국 쓰는 사람만 계속 질문이 되돌아오더라고요. 결국 알아서 북한으로 바꾸게끔 하는 거죠. 그 기억이 아직도 강해요. 왜 이렇게까지 해야 하는지. 그런데 이런 얘기 하면 '빨갱이' 되는 거죠."(강릉대 ㄱ)

'진정성'이라는 단어가 난 참 별로거든. 민주화 단계부터 지금껏 여전히 진정성 싸움이야. 누가 더 순수하고, 누가 더 진정성 있느냐? 정치를 우리는 글로만 배웠고, 관념적으로 알고 있고, 경험도 없고, 어떤 건지 모르는데. 사람들은 정치를 '순수성 싸움'이라고 믿는 것 같아. 순수한가, 아닌가? 독재냐, 아니냐? 국가랑 결혼한다고 말을 해야 대통령이 되는 세상이니까. 그렇게 순수성을 검증받아야 하는 세상도 불행한 것 같아. 봉건 사회도 아니고 선명성 경쟁만 하는 거지.

대학에 입학한 뒤 처음 집회에 나간 적 있어. 고등학교 때까지는 정치 어쩌구 생각해볼 겨를이 없었는데 입학한 지 두달밖에 안 됐는데 어떻게 판단해? 선배가 옆에서 '넌 왜 안 해?' 말하더라고. 그 질문이 폭력적으로 느껴졌어. 집회에서 쓰는 그들의 말은 일상 언어가 아니야. 울부짖으면서 얘기하고, 집회하면 민중가요 부르면서 핏대 올리고 목 쉬고, 대자보를 쓸 때는 명조체로 써야 하고. 진지충이지.

근데 잘 모르겠더라. 집회에 나가면 이야기, 서사 없이 결론만 있어. 안 맞는 옷을 입은 느낌? 그런데 며칠 지나니까 그 속에 있다는

201만 명 전국 대학생을 빨대로 흐르는 자금원

자료: 금융위원회 '대학생 고금리 대출 이용실태 점검결과' 설문조사(2012)
　　　토대로 통계청 사회조사, 대학알리미, 대학교육연구소 통계 등 보완 추산

**대학생 1인당
부모 지출액
연간 764만 원**

용돈 및 생활비 명목

아르바이트 수입
3조4250억 원

과외 수입 **5306억 원**

기타 수입(금융이자, 중고물품거래 등)
1688억 원

부모님 용돈 지급
7조2118억 원

등록금

부모님 등록금 지원
8조1600억 원

스스로 마련(아르바이트 등)
9843억 원

장학금 **2조2925억 원**

대출 **1조4506억 원**

수입총액
24조2236억 원

**201만 명
전국 대학생**

(휴학생, 사이버대, 방송통신대 제외)

주거비(임대업)
1조8813억 원

교통비 및 기타
1조7607억 원

등록금(대학교)
12조9524억 원

교재비(출판사 및 서점)
1조8813억 원

학원(사교육 시장)
2412억 원

식비
3조4974억 원

의류비 **1조9537억 원**

문화·취미
1조2542억 원

유흥비
1조6642억 원

지출총액
27조864억 원

대학생 1인 한달 대차대조표

자료: 금융위원회 '대학생의 고금리 대출이용 설문조사'(2012)

수입원	
용돈	29만9000원
아르바이트	14만2000원
과외	2만2000원
기타	7000원
합계	47만 원

지출원(등록금 제외)	
학습교재비	7만8000원
식비	14만5000원
패션	8만1000원
취미·문화	5만2000원
유흥비	6만9000원
학원	1만 원
주거	7만8000원
교통	7만 원
기타	3000원
합계	58만6000원

20대(19~29살)의 수입 만족도 설문 자료: 통계청(%)

매우 만족	약간 만족	보통	약간 불만족	매우 불만족
2.0	10.2	43.1	32.7	11.9

안온감이 들었어. 그게 참 어색하고 싫어서 며칠 나가다 가지 않았어. 나중에 운동권 아닌 친구들이 묻더라고. '왜 해?' 근데 내가 설명이 안 되는 거야. 엄청 당황이 되더라고. 내가 뭐하고 있는 거지? 운동하는 사람들은 전체주의적이고, 하지 말라는 사람들은 하지 말라는 이유를 설명하지 않아. 이들은 다르지만 같은 모양이야. 이게 민주주의인가?

"행사 진행 아르바이트처럼 한 적이 있어요. 서울 출장 간다고 해서 지원했다가, 어느 진보단체 창단식에서 진행요원으로 일한 거죠. 우리나라 진보 세력이 정말 별로라고 느낀 게, 시민의식이 결여됐다고 해야 하나? 참여한 사람들 중에 그 안에서 높은 사람 중심으로 비벼대느라 바쁘더라고요."(충남대 ㄱ)

시민사회계에 대한 거부감도 크지. 어느 진보단체 창단식에 진행요원으로 일하러 갔다가 진보 세력이 정말 별로라고 느낀 게, 시민의식이 없더라고. 단체의 장이나 당 대표 같은 사람들한테, 높은 사람 중심으로 참여자들이 비벼대느라 바쁘더라고. 일반 회원은 뒤쪽에서 멀찍이 그냥 앉아 있고, 유명한 사람들은 앞쪽에서 원탁에 음식 놓고 대접받으면서 앉아 있고. 권력자에 대한 태도는 다 똑같구나. 거기서 전자 투표기를 돌리고 회수하는 일이 내 역할인데, 일반 회원들은 스스로 수거도 하고 일도 도와주는데 VIP들은 자리에 투표기 놓고 화장실에 가거나, 그 집계기도 비싼 거였는데, 브이아이

피 자리에서 집계기 하나가 분실됐어. 재야인사나 운동권도 고루하거나 자본화되어서. 자유주의적 가치도 없고. 거칠게 말하면, 자기들 좋은 걸 하는 거지. 본인이 독재와 싸웠던 경험만 갖고, 그 시간에 아직 사는 것 같아.

솔직히 말하면 설득이 안 돼. 386이 민주주의라는 말을 독점해버렸다고 생각해. 민주화 단계에선 독재정권이라는 큰 적이 있었겠지만 그 이후는 목표를 조정하고 싸움의 방식을 바꿔야 하는데 방식도, 내용도 발전이 없어. 내가 학교 일원으로 퉁쳐지는 게 아니라 '나'로 살고 싶은데 그걸 못하고 있어. 내가 멍청해서 그런가?

아버지 세대나 내 세대나 시대는 다르지만 똑같은 것 같아. 떠들면 맞고 튀어나오면 때려서 집어넣고. 이런 것은 고쳐주지 않으면서 민주주의라는 말만 하고 있어. '입 진보'도 똑같지. 운동하는 청년들, 박정희 대통령 엄청 싫어하잖아. 내가 물었어. 너, 박정희 대통령 때 살았어? 정책 뭐 아는데? 잘 몰라. 몇 번째 대통령인지, 집권기가 언제인지도 몰라. 긴급조치 9호도 몰라. 모르면서 싫어해. 모르면서 하는 '입 진보'가 제일 싫지.

"텔레비전 '슈스케'(슈퍼스타K) 보면 13만 명이 지원해서 1명만 1등 하고, 나머지 12만 명은 다 탈락하는 시스템인데. 탈락자들은 자신의 기량을 아쉬워하고 탓하지만 1명만 성공시키는 것에 대해 아무도 뭐라 하지 않잖아요. 우리 사회에 이게 녹아들고 이 지금은 그렇지 않지만, 한때는 민주주의에 대한 거부감이 심했어. 서울대 애들이 면접에서 나를 떨어뜨리고 합격하는 것 같고. 학벌 때문에 떨어진 것 같고. 민주주의 가치를 얘기하는 친구들한테 어설픈 민주주의보다 애정어린 독재가 백배 낫다고 입에 달고 살았어. 책에 나온 얘기야. '니네가 민주주의 얘기하면서 다양한 목소리를 얘기해봐야 의견 조율 안 되고 인생 망한다.' 팀플(팀플레이어) 하다 보면 공산주의가 왜 망했는지 알게 되지. 그런 자조 정도가 현실에서 인식하는 민주주의야. 나는 애초에 강의 계획서를 보고 팀플을 하는 수업은 다 빼는 편이야. 차라리 혼자 과제를 일주일에 2~3개 내고 말지.

민주주의가 사치스럽다는 생각을 한 적이 있어. 먹고살 만하니까 여유 있는 사람들이나 하는 거지. 좋은 대학교 다니는 친구들 보면 대부분 가정환경이 좋아. 그들은 부모님 양쪽이 모두 대학교 수준의 교육을 받았고 어렸을 때부터 민주주의, 정치 교육을 받았어. 그런 친구를 만나서 얘기를 한 적이 있는데, 어떻게 저런 생각을 진지하게 할 수 있지? 저게 가능한 생각인가? 싶더라고. 어떻게 돈보다 민주주의가 소중하다고 할 수 있지? 계속 물어봤어. 있어 보이는 척 그러는 거 아니냐, 책에 나온 얘기 말고, 니 마음의 목소리를 얘기해봐라. 그 친구 얘기를 들으면서 교육에 따라 다를 수가 있구나,

싶었어.

대학에는 진보적 가치를 숭고하게 생각하는 집단이 있는 반면 자본을 숭고하게 생각하는 집단이 있지. 반지성주의라고 해야 하나? 우리 세대에겐 그런 게 있어. 모르면 어쩌라고? 나보고 어쩌라고? 그런 거. 뭔가를 배우라고 하면 우리가 그걸 왜 알아야 하는데? 선비질, '십선비질'에 대한 거부감이 많지. 좋은 말, 옳은 말, 바른 소리 듣기 싫은 거. 최순실-박근혜 사태 터지고 시국 선언문이 대학별로 쭉 나왔는데 다운을 받아서 평가를 해봤어, 진지하게. 얘들은 알고 쓰나? 서울대 총학이 공화국, 공화정을 제대로 구별해서 썼는지 아닌지. 어떤 대학이 표현을 잘못 쓰면 '아는 게 없네, 알지도 못하면서 선비질 하네' 싶지.

'언피시'(unpolitically correct · 정치적으로 올바르지 않은)에 대한 환호가 있어. 커뮤니티에서 장애인이나 여성 혐오 관련 글에 웃지 않고 '여성 혐오 아니냐'라고 정색하면 '십선비질하네', 그러잖아.

민주화 운동은 대부분 1990년대 초반에 끝났고 나는 정리가 됐을 때인 1990년대 초반생이잖아. 아주 어릴 때 IMF 터졌고 경제적인 부분에 대한 압박도, 환상도 있어. 내가 노력하면, 돈을 많이 벌 수 있고, 입신양명할 수 있겠구나. 공정성에 대한 환상이 있지. 경제적 압박을 거치면서 살았기 때문에 돈에 대한 욕심이 있어. 내 것을 뺏기면 안 되잖아. 정치가 나한테 해준 것은 없지 않아? 우리가 민주화운동 한가운데 있었으면, 운동을 하면 민주화가 되는구나 알았겠지만.

"한국방송진흥공사라는 공공기관에서 대학생 기자단을 했었는데, 조금이라도 진보적인 아이템을 다뤄보려고 하면, 위에서 안 된다고 하면서 전부 '킬' 당했거든요. 알아서 눈치 보기, 이런 게 너무 심한 것 같아요. 학생들도 그 분위기에 금방 적응하고 순응할 수밖에 없는. 자기 생각을 드러내는 것을 '관종'(관심 종자)이라 여기고, '쟤는 일상에서 왜 저런 이야기를 해?' 반응하니까. 그런 분위기가 지배적이어서 정치 이야기를 하기 힘들어지는 것 같아요."(숙명여대 ㄱ)

'높은 자리에 올라가면 사익은 안 챙기고 공익만 챙길 수 있어?' 친구들과 술 마시면서 그런 얘기를 한 적이 있는데 공익만 챙길 것 같다고 얘기한 사람은 한 명도 없었어. 왜냐면, 솔직히 말해서, 금수저도 아니고, 집에 뭐가 있으면 모르겠지만, 좀 더 돈이 많아지고 좋은 집에 살고 좋은 차 타면 행복해지는 거니까.

나는, 삶이 알바야. 영어 학원에서 강사 알바 하나 하고 있고, 과외는 한 명 가르치는데 일주일에 3시간씩 2번 해. 방학 때는 마트 행사 알바도 뛰고. 그게 시급이 세거든. 과제에 알바에 취직 준비 하다보면 한 학기는 금방 가지.

내년에는 연애를 포기해야겠다는 생각도 들어. 취업 준비를 제대로 할 거면. 연애가 병행이 안 되니까. 예전에는 주변에 공부한다고 연애 포기하는 애들 보면 '왜 저러지?' 했는데, 공부를 하려면 잘해

주기도 어려울 테고. 포기하는 게 맞을 테니까.

학습된 무기력, 그런 게 있는 거 같아. 바빠 죽겠는데 우리가 왜 나라까지 구해야 하나, 그런 얘기 많이 하지. 삶에 대한 피로도가 높으니까 굳이 사적 자리에서까지 토론하고 싶지 않지. 최순실에 대해서도 왜 이렇게 됐고, 뭐가 문제이며, 그럼 앞으로 무얼 해야 하나 말할 수 있어야 하는데 그냥 '호스트바 얘기 들었냐?' 정도?

나는 민주주의가 자기 언어로 표현하는 거라 생각하거든. 재잘거리든, 집회에 나가든 아니든, 형식은 상관없이. 어떤 회사 인턴 할 때 세월호 리본을 가방에 달고 다녔어. 꽤 오랫동안. 인식도 못했어. 그 회사 선배가 '이 리본을 떼야 하지 않겠냐'고 하더라고. 왜 떼야 하냐고 하니까 '좀 그렇지 않아?'라고 말해. '진짜 나'와 '사회가 원하는 나'가 일치하지 않아. 계속 괴리를 느끼지. 이상하게 너무 바른 소리만 해도 비판받고, 너무 저열한 소리만 해도 비판을 받아. 사람들은 적절하고 튀지 않고 무난한 수준을 기대하는 것 같아.

> "민주주의는 제게 수동태예요. 누군가 민주주의를 이뤘지만 스스로 성취한 적도, 경험해본 적도 없죠. 누가 이뤄낸 것에 고마워해야 하고, 지키지 않아 반성해야 하고."(강릉대 ㄴ)

페이스북이나 트위터에서 젊은 세대가 패러디를 하는 게 난 너무 좋고 재밌거든. 살면서 대통령 패러디 사진이 이렇게 많이 나오는 걸 처음 보잖아. 그런 얘기를 나이 든 선배에게 하면 '너희들은 정치에 대해서 잘 모른다'는 식으로 이야기하더라고. 아, 이건 예전 이야긴데 '너네 최장집 교수의 책《민주화 이후의 민주주의》는 읽어봤냐'는 선배도 있었어. '그것도 안 읽어보고 민주주의를 논해? 풋 (비웃음)' 이렇게. 내가 그것까지 읽어야 하나? 싶더라고. 최장집 교수 책은 일개 개인의 의견인데, 그걸 바이블로 삼아야 하나? 되게 신성시해. 그걸 신성시하는 문화, 공동체가 있잖아. 민주주의는 나한테 수동태야. 누군가 이뤘지만, 내가 이룬 것도 경험한 적도 없으니까.

　이상하게 계속 얘기하게 되네. 그런데 이런 말을 계속해도 되나? 이거 기사 나가요?

2장
─
민주주의도
통역이 되나요?

'민주주의' 하면 떠오르는 단어는? _ 세대별 인터뷰로 본 '민주주의'

우리 민주주의는 파산했다. 어디서부터 잘못된 것일까?

박근혜 대통령 탄핵 촛불이 우리에게 던진 최종 질문은 이렇게 수렴된다. 이 질문에 대한 답을 얻기 위해 한국의 민주주의를 다각도로 분석해봤다.

먼저 민주주의에 대한 통시적 분석을 위해 세대별 그룹 인터뷰(FGI)를 진행했다. 1987년 6월항쟁을 겪은 386세대(40대 후반~50대 중반)와 1997년 외환위기 직후 대학을 다닌 아이엠에프(IMF) 세대(30대 후반~40대 초반), 2016년 박근혜 탄핵 촛불을 경험한 20대 등한 그룹에 5명씩 15명을 세대별로 인터뷰했다.

'민주주의' 하면 어떤 이미지가 떠오르냐는 질문에 386세대는 "자유", IMF세대는 "비효율", 20대는 "허세"라고 답했다. 같은 공간, 같은 시대를 살고 있지만 민주주의에 대한 경험과 인식이 세대별로 크게 달랐다. 독재와 민주화 과정을 경험한 세대, 국가부도 위기라는 충격을 트라우마로 떠안은 세대, 고도성장이 끝나고 최악의 취업난을 겪는 세대의 민주주의관은 세대별 경험 차이만큼이나 간극이 컸다. 이렇게 격차가 큰 이유는 우리 사회가 경제뿐 아니라 정치 분야에서도 압축성장하면서 과거와 현재, 미래가 공존하는 '복합 사회'이기 때문이라고 해석할 수 있다.

세 세대의 공통점을 한 문장으로 정리하면 이렇다. '우리는 민주주의 시대에 살고 있지만 일상의 민주주의를 경험하지 못하고 있다.' 그 결과 '불행하다'는 자각이 모든 세대를 관통했다. 1987년 6월항쟁 이후 민주화를 이뤄냈지만 일상적인 삶 속에서의 민주주의로 구체화하는 데 실패했고, 그 결과 모두 행복하지 않다는 것이다.

민주주의를 바라보는 세대별 공통점과 차이점은 동전의 양면과 같다. 세대별 다른 경험이 민주주의 가치관의 차이를 불러오고 사회적 합의를 가로막는 걸림돌로 작용하면서 민주주의가 일상에서 심화·발전하지 못한 채 허울로만 남았다. 이번 집중 인터뷰에서 빠진 60대 이상 '전후세대'를 포함하면 초라한 현주소가 더욱 적나라하게 드러났을 것이다.

2017년 탄핵 촛불은 꺼져가는 한국 민주주의를 다시 소환해냈다. 이번에는 모든 세대가 합의할 수 있는 새로운 가치를 만들어낼 수 있을까. 민주주의 인식의 세대별 차이점과 공통점을 파악하기 위해 인터뷰 결과를 '소셜네트워크 분석' 전문기업 아르스프락시아에 맡겨 분석해봤다. 세대별로 등장하는 주요 열쇳말과 그 빈도, 연결 형태 등을 컴퓨터로 계산하고, 세대별 민주주의 경험과 특징, 사회적 결과를 분석했다. 인터뷰는 2016년 12월 3일과 17일, 18일 서울 마포구 공덕동 한겨레 본사에서 각 3시간씩 진행했다.

386세대: 비민주 폭력과 놓지 못한 기득권

386세대는 군부독재 시대에 저항하며 '절차적 민주주의'를 얻어낸 경험을 가슴에 품고 살고 있었다. 1970~1980년대에 청소년 시절을 보내며 반인권적, 비민주적 폭력을 체험했다. "초등학교 등굣길에 주머니를 뒤졌는데 껌이 나왔다"고 선생님이 빰을 때렸다. 중학교 2학년 때 국어책에 나오는 작가 황순원 씨를 비판했다가 "대걸레 자루가 부러질 정도"로 맞았다. 백범 김구 선생은 상해 임시정부에서 독립운동했는데 황순원 씨는 왜 일본 메이지학원, 와세다대학을 다녔냐고 질문했다는 게 이유였다. 학교 운영과 관련해 교문 밖에서 항의하려던 여고생들을 학생주임교사가 발차기로 쓰러뜨리기도 했다.

북한의 5호담당제와 다를 바 없는 이웃의 감시체제도 일상이었다. "72년 어느 날 시커먼 지프차가 와서 어머니를 연행해 갔어요. 우리는 막 벌벌 떨고 말을 할 수가 없어서 (이유를) 물어보지도 못했어요. 나중에 신문에 났더라고요. 유언비어 유포죄라고. 무학이신 어머니가 마실을 가서 고구마 구워 먹으면서 '박정희 대통령 그럼 안 되지라'고 얘기했다가 동네 이장이 (경찰에) 이른 거예요. 구속돼 징역 8개월 (선고)받고 아버지는 구시렁구시렁 욕했어요, '여편네가 쓸데없는 말을 해서 잡혀갔다'고."(53·농민)

독재정권의 폭압은 386세대의 저항의식을 일깨웠다. 특히 대학에 입학한 이들은 "그전에는 듣지도 보지도 못했던" 1980년 광주 민주화운동의 실상을 알고는 큰 충격에 휩싸였다. "어떻게 저런 일을 저지른 사람이 아직도 대통령이고 우리는 그런 걸 하나도 몰랐을 수가 있나" 반문하며 "소름 끼치도록 화가 나 '데모 안 하면 인간도 아니구나!' 생각했다." "대학 가면 데모하면 안 된다"는 말을 "귀에 딱지 앉도록" 들었지만 결국 이들은 거리로 나섰다. 그러나 무서웠다. "학교에서 잘리고 감옥에 간다"는 결심이 없으면 그 길을 선택할 수 없었다. "(서울)시청에 내려 데모를 해야 하는데 무서워서 버스에서 내리지 못"해 죄책감과 패배감을 곱씹어야 했다.

1987년 6월항쟁으로 '절차적 민주주의를 달성'했지만 그 후 30년간은 기울어진 운동장에서 '지는 경험'을 되풀이하는 패배의 시간이었다.

"보수 편에 마음이 가면 얼마나 좋겠어요? 내가 지지하는 사람이 대통령이 막 되고. 근데 아니니까 화병이 날 것 같았어요. 몇 년 전 세월호 집회에 갔다가 집에 돌아가는데 얼마나 쓸쓸했는지. 다른 사람들 보면 모두, 딴 세상에 사는 것 같고 나만 혼자 이러고 사는구

나 싶고."(49·주부)

한때 "민주주의를 이룩하자고 목숨 내걸고 싸웠지만" 일상의 민주주의에서는 매일 실패한다. "유교적 권위주의가 삶과 문화를 지배"하는데다 민주주의를 체화할 기회가 없었던 탓이다.

"집에서도 민주적으로 하려고 하는데 아이들한테는 안 되는 게 있어요. 아빠는 보수적이고 권위적이라는 얘기를 들어요. 실생활에선 어려워요."(51·회사원)

"우리가 반민주를 경험하고 민주주의를 이루자고 목숨 내걸고 싸우면서도 개인의 삶에서는 권위적인 모습을 보이고 권위적이에요. 반민주적인 사고방식과 권위를 구분할 필요가 있다는 생각이 들어요."(53·농민)

이제는 내 손에 움켜쥔 한 줌의 기득권을 내려놓지 못한다. 그러면서도 한편으론 죄책감을 느낀다.

"민주주의는 밥을 같이 나눠 먹는 건데, 똑같은 공간에서 어떤 사람은 유리창 안쪽 따뜻한 공간에서 풍요롭게 밥을 먹고, 어떤 사람은 유리창 바깥에서 추위에 떨며 라면을 먹고 있는 거잖아요. 헬조선을 외치는 20~30대가 그렇죠. 386세대는 계층 차이가 있겠지만 기득권 공간에서 앉아서 밥을 먹고 있는 것이고. 우리가 자리를 비켜주든가 아니면 새로운 공간을 만들어줘야 하는데…."(54·회사원)

"우리가 일을 적게 하면 돼요. 세계 최장의 노동시간을 줄이면 돼요. 우리 직원들도 보면 주말 특근을 하는데 시간외 근무만 안 하면 (신입사원을) 더 뽑을 수 있습니다. 그런데 자기들은 절대 안 놔. 예를 들어 1억 원을 받는 윗사람이 야근, 특근 안 하면 열 명을 더 뽑을 수 있어요. 민주화를 얘기하면서도 자기 것은 절대 내려놓지 않습니다."(51·회사원)

"부탄이 우리나라보다 잘살아서 행복감을 느끼는 게 아니잖아요. 너무 많은 것을 욕망하는 게 문제죠. 아이들이 공부 잘하는 게 행복한 거고 그래야 자기 밥벌이를 하면서 내 노후에 폐를 끼치지 않고 혼자 독립할 수 있을 거고. 아이들도 그러죠. '나는 이 대학에 왔으니까 이 정도는 누려야 해. 이 정도 직장을 못 가면 되겠어?' 나 역시 은연중에 기대하고. 우리 아이들을 내가 이렇게 키웠다는 생각이 들 때면 자괴감이 듭니다."(49·교사)

김도훈 아르스프락시아 대표는 "386세대는 절대악인 독재정권과 싸우며 많이 희생했지만 그 이후 자신이 실현해낼 새로운 가치를 숙고하지 못했다"고 진단했다. "기득권을 내려놓으려면 새로운 가치에 대한 사회적 합의가 필요한데 저항하고 패배하느라 그 토대를 만들지 못했다. 동지는 간데없고 깃발만 나부끼는 갈림길에서 깊은 회한에 잠겨 있다."

IMF세대: 권위적인 조직문화 체험과 자기성찰 결핍
—

IMF세대는 "민주주의 핵심 가치인 자유와 평등을 보편적"으로 누려온 세대지만, 민주주의라면 "비효율"을 가장 먼저 떠올린다. 민주적인 의사결정을 한다면서도, 실제로는 말만 많고 합의에 이르지 못한다. 결국 권력자의 의사로 최종 결정이 내려지기 일쑤다.

IMF세대는 매일매일 "성과"를 내도록 요구받는 '을'의 위치에서 권위적인 조직문화를 경험하고, '갑'의 위치에서 민주적 리더십을 발휘하지 못하고 있었다.

"운동권 출신이고 투옥 경험도 있는 직장 상사인데 조직 내에서 권력을 마구 휘둘러요. 전혀 소통하지 않죠. 신입사원들이 뭘 모르고 막 기운을 빼요. 아무것도 변하지 않는데 그걸 매번 반복하는 게 짜증 나요. 그러니까 냉담해지죠."(41·회사원)

"사람들을 다 아우르면서 다독이는 사람은 성과를 못 내요. 내더라도 엄청 느려요. 그래서 평교사로 퇴직하죠. 성과에 혈안이 돼 후배들을 달달 볶으며 점수를 쌓는 사람은 교감, 교장이 되고요."(36·교사)

"처음에는 좋은 사장이 되려고 다양한 의견을 결론 날 때까지 들어줬어요. 일이 진행이 안 되더라고요. 효율을 따지기 시작하면서 (일하는 속도가) 굉장히 빨라졌는데 이젠 문제만 생기면 나한테 전화해대는 거예요. 경직돼서 결정을 못하는 거죠. 안 되겠다 싶어서 다시 얘기하자니까 아무도 말 안 해요. 사내 교육을 만들어서 강압적으로 밀어붙였죠. '너희가 얘기를 안 한 죄다! 토요일에 다 출근해!'"(42·사업가)

"저는 비민주적이라고 (시민단체에서) 쫓겨났죠. 저는 일에 빠지면 배고픈 줄 몰라요. 잠도 안 자요. 후배들이 힘들어 죽겠다고 좀 쉬었다가 하자고 해도 제가 말을 안 듣는대요. 빨리 실적을 내고 문제를

해결하는 게 중요하니까요."(42 · 인권활동가)

김도훈 대표는 "386세대가 학교와 독재정권에서 반민주를 경험했다면 IMF세대는 회사 조직에서 비민주 경험을 반복하고 있다"고 진단했다. "윗세대는 자신들의 희생으로 절차적 민주주의를 이뤄냈다고 주장하지만 IMF세대는 투표 말고는 민주주의 체험이 거의 없다. 개인의 가치가 정립되지 않은 상황에서 성과의 주체로 내몰리니까 공부(자기계발)를 통한 신분 상승, 인정 투쟁에 매달린다. 한마디로 내가 잘사는 게 중요한 세대다."

"저항한 경험, 이겨본 경험이 없는 세대"이기에 이들은 "내 탓"에 익숙하다. 1996년 연세대 사건으로 학생운동의 명맥이 끊기고 1997년 IMF로 취업에 직격탄을 맞았지만 "좋은 시절에 태어나 누리지 못한 것은 온전히 너희 탓"이라는 얘기를 자주 들었다. "좋은 대학에 합격하지 못한 것, 좋은 회사에 취업하지 못한 것, 좋은 배우자를 만나지 못한 것, 내 몸이 누울 공간을 못 구한 것, 모든 게 제 탓인 거예요. 아무리 힘들다고 한들 밥을 굶어 봤니, 윗세대는 그런 식이죠. 저항하지 못하고 내 탓이오, 승복하고 말았어요."(36 · 교사)

386세대와 20대 사이에 낀 세대로서 새로운 길을 발굴해야 한다는 자가진단도 나왔다. "우리 때는 성장할 수 있는 토대가 있었어요. 조직이든, 능력이든, 네트워크든, 돈이든 사회적 잉여가 발생했거든요. 하지만 지금은 그 경로 자체가 차단된 느낌이에요. 20대는 학자금 대출로 사회생활을 시작하는 거잖아요. 우리가 정말 꼰대가 되지 않으려면 새로운 선택지를 만드는 구실을 해야 해요. 내 삶을 어떻게 재구성할 것인가. (촛불 탄핵이) 어떤 정치인을 만들 것인가를 공부할 절호의 기회예요."(37·작가)

"성과를 가장 최우선 가치로 여기는 이상 민주주의가 불가능해요. 지하철을 타고 다니면서 도대체 (기관사가) 무슨 성과를 낼 수 있을까 싶은 거예요. 최고의 성과는 안전운행인데 그걸 보장하지 않잖아요. 사람 잘라서 이윤 올리면 공공의 이익인가요? 성과에 대해 다시 한번 생각해봐야 할 때예요."(41·회사원)

20대: 시간은 없고 돈은 필요하고

"교과서에서 형식적으로 민주주의"를 배웠지만 "권리에 대한 교육이 아무것도 안 된 상태"라서 "민주주의를 몸소 겪을 기회가 전혀 없었다." 한국의 민주주의를 "북한보다 평화롭고 돈 잘 벌면 만족하는 수준"이라고 말한다. 20대는 "나라의 주인이라기보다는 표 하나쯤"으로 무시된다고 여기고 있다.

"고등학교 때까지 계속 수능, 수능, 수능 그러다가 갑자기 대학에 와서 투표권을 얻었는데 어떻게 정치나 민주주의를 알겠어요. 어른들이 얘들은 정치에 관심이 없다고 말하면 안 되죠. 이 나라 교육 체제가 그렇게 돼 버렸는데."(20·전남대 학생)

"민주화 항쟁 좋아요, 그런데 (민주주의) 시스템이 왜 이래요? 시스템을 만들고 보완하고 다 그 (윗)사람들이 한 일인데 한자리씩 잡은 뒤에는 딱히 그런 연구도 발전도 하지 않은 거 아닌가요? 운동하다가 사회로 들어간 사람들은 지금 시스템을 굴리는 것만 하지 뭔가

(사회변화에) 관심이 있나요? 386세대도 자녀 키울 때 그러잖아요. 스카이(SKY) 가야 해, 공부 열심히 해, 수능 잘 봐.”(25·회사원)

　20대는 정치에 무관심한 “쿨병이 심하다”. 정치 이야기를 꺼내면 “허세”를 떠는 “먹고살 만한”“튀는 애”로 바라본다. “(학교) 과제도 많고 (아르바이트도) 바쁜데”“먹고살 만하니까” 한가한 소리 한다는 눈초리가 따갑다.

　20대의 중심 가치는 돈이다. 공익보다 사익을, 노동보다 자본을 추구하며 ‘돈의 노예’를 자청한다. “친구들과 술 먹으며 이야기해 봤는데요. 사익 안 챙기고 공익만 추구할 수 있냐니까 한 명도 그럴 수 없다는 거예요. 집에 돈이 많아지고 좋은 차 타고 하면 개인으로선 행복해지니까요.”(24·대구대 학생)

　박정희 전 대통령을 좋게 생각하는 것도 경제적 이유 때문이다. “먹고살기 힘드니까 고성장을 바라는 사람이 꽤 많아졌고”“쌀밥을 먹게 해준 경제성장 때문에 민주화가 이뤄졌다”는 시각도 있다. “일베가 박정희를 찬양하는 것도 먹고사니즘”과 관련이 깊다. 1987년 6월항쟁과 박 전 대통령의 성과를 비교해보면 어떨까. “박정희가 더 뚜렷하고 선명한 거 같다”는 답변이 줄을 이었다. “솔직히 6월항쟁은 진짜 가끔 교과서에서만 잠깐 보는 것”이기 때문이다.

　김도훈 대표는 “386세대가 정치적 폭압을 겪었다면 20대는 경제적 폭압을 견뎌내고 있다”고 설명했다. “윗세대가 정립하지 못한 개인의 가치에 돈이 자리했다. 등록금도 비싸고 월세도 올라 아르

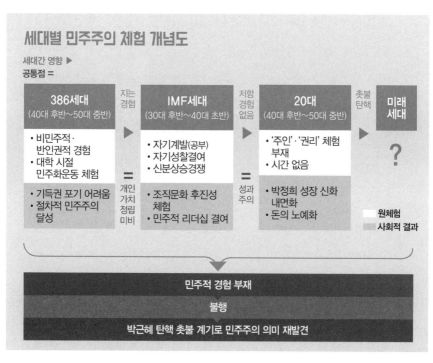

세대별 민주주의 체험 개념도

세대간 영향 ▶
공통점 =

386세대 (40대 후반~50대 중반)	지는 경험	IMF세대 (30대 후반~40대 초반)	저항 경험 없음	20대 (40대 후반~50대 중반)	촛불 탄핵	미래 세대
• 비민주적· 반인권적 경험 • 대학 시절 민주화운동 체험	▶	• 자기계발(공부) • 자기성찰결여 • 신분상승경쟁	▶	• '주인'·'권리' 체험 부재 • 시간 없음	▶	?
• 기득권 포기 어려움 • 절차적 민주주의 달성	= 개인 가치 정립 미비	• 조직문화 후진성 체험 • 민주적 리더십 결여	= 성과 주의	• 박정희 성장 신화 내면화 • 돈의 노예화		

□ 원체험
■ 사회적 결과

민주적 경험 부재

불행

박근혜 탄핵 촛불 계기로 민주주의 의미 재발견

바이트를 늘리니까 시간까지 부족해졌다. 돈과 시간이 없으니까 삶은 피폐해졌다. 최악의 세대다."

박근혜 탄핵 촛불 이후
———

이번 탄핵 촛불 국면에서 각 세대는 민주주의 의미를 다르게 발견하고 있었다. 386세대는 "역사는 진보한다"는 명제를 되새겼다. "우리나라 민주주의 역사가 짧지만 조금씩 나아질 것이라는 믿음"이 있었는데 이명박·박근혜 대통령을 겪으면서 "실망하고 좌절했다." 그러나 박근혜 탄핵을 외치며 광장으로 뛰어나온 사람들을 만나며 "한풀이가 다 됐다", "우리나라 국민이 바보가 아니구나", "뒤로 후퇴하는 것 같아도 우리는 갈 길을 가는구나" 하는 벅찬 희망으로 가슴이 뛴다. "역사의 흐름은 땅에서 걷는 것이 아니라 항해하는 배와 같아요. 시대의 흐름에 따라 가끔은 풍랑을 맞아 흔들리고 거꾸로 갈 수도 있지만 결국 우리가 목표하는 방향으로 정확하게 전진하고 있는 거죠."(49·교사)

IMF세대는 2008년 광우병 촛불과 비교하며 "훨씬 더 희망적"이라고 말하면서도 아쉬움을 털어놨다. "박근혜를 찍어서 미안하다는 사람이 별로 없어요. '내가 잘못했다'가 아니라 속았대요. 속고 싶으니까 속은 거지, 분명히 많은 징표가 있었는데. 개개인은 반성하지 않고 무조건 권력만 잘못했다고 말할 수 있나요?"(41·회사원) "실력 있는 민주주의, 공부하는 민주주의가 돼야 하는데 지금은 즐기고 신나고 쪽수로만 대결하는 것이 아닐까 하는 걱정이 있어요."(42·인권활동가)

20대는 낙관과 비관이 엇갈렸다. "사람들이 분노하고 있구나, 또 발산하려고 모였구나, 다행이라고 생각하면서도 또 저쪽에서 끝까지 버티면 어느 순간 지쳐버리지 않을까, 엄청난 절망감을 느끼지 않을까 불안해요."(19·숙명여대 학생) "촛불집회를 보며 대단하다고 생각하지만 과연 몇 명이나 이 사태를 알고, 자기 신념에 따라서 나온 걸까 싶어요. 그냥 (광장에) 나가면 '깨(어 있는) 시민'으로 보이니까 (나온 게) 아닐까 (의심스러워요)."(26·충남대 학생) "시스템 개선이나 제도 개선으로 이어질 것 같지 않아요. (최순실 국정농단 사건이) 부끄러워 (광장에) 나왔지만 그 부끄러움을 다 태우고 나면 들어가 버리겠죠."(25·회사원) 2017년 촛불 광장을 통해 우리는 민주주의 의미를 재발견했다. 그러나 대통령 탄핵 이후 일상의 민주주의를 가정과 학교, 사회에서 실현할 방법은 1987년 6월항쟁 때처럼 여전히 안갯속이다. 우리는 광장의 승리에 도취해 새로운 민주주의 가치를 합의하고 내면화하는 데 또 실패할 것인가. 민주화 30년, 한국 민주주의는 다시 갈림길에 서 있다.

87년 쟁취한 자유, 이제 '강자의 자유'만 남아
_'세대별 민주주의' 전문가 좌담

민주주의 국가에 살지만 누구도 충분히 민주주의를 경험해본 적 없는 나라에서, 광장은 민주주의를 몸으로 느끼는 사실상 유일한 공간이다. 촛불이 꺼지고 광장이 닫히면 우리는 일상으로 돌아간다. 질문을 할 수 없고, 경멸과 무시의 대가로 돈을 벌며, 진정 필요한 능력이 무언지 모르지만 그 능력을 키우기 위해 장시간 노동을 하는 세상. 우리는 어떻게 광장을 지나 일상의 민주주의를 맞이할 수 있을까. 민주주의를 주제로 진행한 '세대별 그룹 인터뷰(FGI)'를 '소셜네트워크 분석' 전문기업 아르스프락시아가 키워드 분석을 했고, 정치·사회·경제 전문가 4명이 이 분석 결과를 어떻게 해석해야 할지 의견을 나눴다. 김공회 한겨레경제사회연구원 연구위원, 김도훈 아르스프락시아 대표, 박권일 사회비평가, 이관후

서강대 현대정치연구소 연구원이 마주 앉았다. (2017년 1월 23일 서울 동교동 '미디어 카페 후')

비민주의 뿌리, 물질주의
—

이관후 우리는 광장에서 승리하고 일상에서 패배해왔다. 예전엔 민주화에 대한 신화가 있었다. 민주화하면 다 잘될 것이라는 믿음. 10년 뒤 맞은 게 경제 위기, IMF다. 이거 뭐지? 임시방편으로서 근본적인 성찰 아니고 일단 정권교체를 해본다. 10년 지나, 노무현 정부 끝나고 민주화 신화가 바닥에 떨어졌다. 민주주의 별로 좋은 게 아니다, 돈 갖다 주는 게 좋은 거구나, 하고. 지금 다시 세 번째 회의가 왔다고 본다.

김도훈 민주주의 가치가 구체화하지 못한 것이 오늘 위기다. 왜 일상에서 패배했는가. 1987년에 보통 선거권만 확보했고 그 이상 나아가지 못했다. 1987년 체제에서 민주주의 '가치'를 쉽게 생각하고, 일상적 민주주의를 심화하는 노력을 등한시했다.

김공회 우리에게 민주화보다 IMF가 더 영향을 준 경험 아니었을까. 뭐가 더 중요했을까, 요즘 그런 생각을 한다. 민주화는 제한된 세대, 제한된 그룹이 주도했지만, IMF는 누구나 맞아야 했으니까.

박권일 사실 모든 세대가 민주주의에 대해 관념적, 추상적이다. 현실에서 대화하고 토론하고 합의하면서 해결하는 게 민주주의인데, 외부에서 지켜야 할 것, 물화된 사물로 민주주의를 생각하니까. 한국은 비슷한 국내총생산(GDP) 규모 국가 중에서도 압도적으로 물질주의가 높다. 소득이 높아지면, 보통 삶의 질적인 부분으로 관심사가 옮아가는데 우리는 물질에 대해 여전히 집착, 강박이 심하다.

이관후 우린 압축성장을 했다. 소득 수준 높은데도 삶의 방식이 다양화하지 않은 이유가 뭐냐면, 같은 그래프라도 속도가 다르기 때문이다. 우리는 GDP가 올라가도, 같은 세대가 같은 공간에 살고 있다. 다른 나라는 공황, 불황 겪어도 한 세대 한 번인데, 우린 굴곡이 많다. 1970년대 말에 오일쇼크 겪고, 또 같은 세대가 IMF 겪는다. 지금은 또 헬조선이다. 압축 성장했는데 복지 체계는 없다. 복지가 없는데도 정부는 복지를 철회한다. 각자도생의 세대가 됐다. 믿을 수 있는 것은 '내가 돈을 버는 행위'다.

김도훈 전 세대가 물질주의다. 프랑스혁명 과정을 보면 권력 구조를 바꾸었다고 만족하지 않고, 멈추지 않았다. 이성에 대한 숭배와 함께, 종교 구조를 바꾸려 했다. 교육도 새로운, 대안적 인간을 만들려 했다. 반면 우리는 그렇지 않았다. 역설적으로 IMF 상황에서 돈이 최고라는 믿음과 체계 갖게 됐다.

스칸디나비아 복지 국가 국민들이 50% 세금을 내면서도 자긍심 갖는 이유를 봤더니, '고마운 체험'을 하더라. 국가가 의미 있다는 체험을 학교와 병원에서 한다. 반대로 한국은 학교라는 공간이 고마운 곳인가? 입시만 보게 하는 심리적 폭력, 영혼의 폭력이 있는 공간이다. 학교가 매개로서 민주주의 교육을 선사할 것인가? 문제의식이 든다.

이관후 386세대는 비민주적 경험, 독재 경험을 했다고 이야기한다. 그들에게 민주주의가 뭐냐고 물으면 자유를 이야기한다. 그런데 그 이야기를 20대로 갖고 내려오면, '강자의 자유'만 남는다. 정유라의 자유. 또 이재용의 자유. 20대가 386과 공감 못 하는 이유가, 그때(과거)는 민주주의를 자유라고 이야기했는데, 자유의 결과가 이렇게 돼버린 거다. 결국 부모가 돈 많은 놈의 자유다. 30~40대는 공부, 조직, 기업 통해 사회적 계층 상승할 수 있다고 여긴다. 그럼 뭘 잘해야 되느냐? 민주주의 좋아하는 놈은 절대 좋은 고과를 받지 못한다. 열심히 충성하는 놈은 좋은 고과를 받는다. 30~40대에게 경영방식, 기업문화는 철저히 비민주적이다.

능력주의가 아니라 출신성분주의다

박권일 한국의 직장인들은 이렇게 생각한다. 일을 해서 버는 게 아니라 모멸감, 억압을 버텨서 월급 받는 거라고. 상사가 주는 경멸의 대가로 이 돈을 타 간다고. 20대는 수능 점수 집착이 더 심해졌다. 한국 사람들, 순위에 환장한다. 댓글에도 등수 만들고. 이를테면 능력주의가 지배한다. 내 능력보다 못한 애들이 대우를 받으면 안 되는 거다.

김도훈 악순환 고리를 끊는 숨은 열쇠는 아까 박권일 선생님 답에서 찾을 수 있지 않을까, 능력주의에서. 수능 점수가 능력을 대변해서가 아니라 표식 통해서 능력처럼 보이게 하는 시스템에 살고 있다는 방증이다.

이관후 성과, 능력주의 이야기하면 근본적으로 평등한 가치 같다.

경쟁 사회에서 성과대로 평가받는 게 공정한 듯하다. 그러나 우리가 하는 건 능력주의 아니다. 출신성분주의, 즉 스펙주의다. 이른바 지잡대(지방잡대)라고 불리는 대학을 나와서 유럽에서 성공한 음악가가 인터뷰에서 이런 말을 하더라. '유학 가서는 아무도 출신 대학을 묻지 않고, 목소리를 들으려 하더군요.' 한국에선 서울대 출신 부장이 일을 하면 잘한다고 생각한다, 잘 못해도 포텐(가능성)이 터질 거라고 기대한다. 출신성분주의가 능력주의로 포장돼 있다. 우리가 지금 겪는 위기는, 민주주의 폐해가 아니고 민주주의를 제대로 못해서다. 능력주의조차 한 번도 해보지 않았다.

김공회 최근에 세계적으로 불평등 논의가 많이 되고 있다. 2014년 (경제학자 토마) 피케티 책이 나오면서다. 피케티가 말하는 게 자본주의가 더 나빠져서, 세습 자본주의로 가고 있다고 한다. 자본주의 미덕은 성과주의인데 이 미덕조차 훼손되고 있다. 자유주의자들이 보기에 이게 민주주의의 훼손이다.

박권일 왜 우리가 능력 키우는지 '목적'을 생각지 않는다. 한국에선 생산성 높이면 무조건 훌륭한 조직이다. 정의라는 관점에서, (정치철학자 존) 롤스가 이야기하듯 최소 수혜자, 즉 사회에서 가장 덜 수혜 받는 사람에게 최대 수혜를 주는 것이 좋은 사회다. 소수가 큰 파이를 받는다고 좋은 사회라 볼 수 없다. 능력주의 실현하는 목적이 무엇이냐, 근본적 합의를 해야 한다. 지금은 과잉 능력주의다. 능력 없으면 '충' 취급 받는다.

잘 나가지 않아도 존엄할 수 있는 세상

이관후 2016년 말 민주화 이후 국회의원 당선자 분석했다. 이들의 학력, 경력, 재산이 굉장히 급속도로 어마어마하게 엘리트화됐다. 2010년 기준으로 국회의원 평균 연령대인 55~59살의 일반적 학력 분포는 고졸 이하가 81.9%. 그런데 조사 당시인 18대 국회의원은 대졸 이상이 97.6%다. 괴리가 엄청나다. 국회의원들 보면 50대 남성, 법조인, 공무원, 서울대 출신이 보통사람이다. 민주화가 됐지만 결국 부는 편중되고 사회적으로는 엘리트, 초엘리트화되고. 우리가 생각하는 민주주의가 이건가? 허무하고 냉소적이다. 최근에 정치학 연구자들 사이에서는 IMF 이후 우리 사회가 '세습 귀족제'로 복귀하고 있다는 이야기마저 나온다. 실제로 퇴행이 일어나고 있다.

김도훈 30~40대는 과잉 능력주의로 짜인 사회에서 인정투쟁을 해왔다. 이게 어디서 비롯하냐면 '무시'다. 무시 때문에 투쟁이 치열해진다. '억울하면 출세하라'가 아니라 '비존중'을 없애가는 노력이 필요하다. 2000년대 초반에 뇌리에 남는 텔레비전 광고가, '렉스턴' 쌍용자동차다. 처음으로 '대한민국 1%' 이런 말이 나왔다. IMF 이후에 '부자 되세요'라는 말과 함께 사회를 전도시키는 가치가 '1%'다. 사회적 어젠다를 바꿀 때가 됐다. 엘리트주의에 브레이크를 걸고, 대한민국 50% 부모가 자랑스러운 사회. 일단 중간(계층)에 있는 사람들이 자식에게 떳떳하고 자랑스러운 부모가 되는 사회. 그런 사회를 만들어가는 구체적, 현실적 어젠다를 만들어야 그게 민주주의 아닐까.

박권일 한 단어로 말하면 노동권, 사회적 권리 이런 걸 통합하는 디그니티(dignity), 즉 존엄이 필요하다. 굳이 잘나가지 않아도 존엄한 사회로 가야 한다. 지금 1% 엘리트 계층도 회사에서 모멸적 대우를 받으면서 억대 연봉을 받는다. 상사한테 개새끼 욕 듣고. 이게 정상적인, 옳은 사회인가? 존엄이 뭔가. 알바 사장이 갑질하지 않는 것, 근로계약서 쓰고 우리가 별거 아니라고 생각하는 절차들을 실천하는 게 존엄이다.

세대갈등이라는 오해

이관후 삶의 존엄을 보장하기 위해 노동과 복지 두 가지가 우리 사회 당면 과제다. 세대간 이해하고 화해하고 보듬을 수 있는 콘텐츠다. 《표심의 역습》이란 책을 보면, 50대는 우리 생각과 달리 임금피크제 등으로 일자리를 나눌 준비가 돼 있다. 20~40대는 노인 부양하고 세금 더 낼 준비가 돼 있다. 정치 엘리트들이 문제를 왜 풀지 못하냐면 이들은 여전히 능력주의, 성과주의에 매달려 있기 때문이다. 사람들은 엘리트들의 오해보다 더 양보할 준비가 돼 있다.

박권일 세대간 갈등을 언론이 싸움 붙이듯 이야기한다. 세대간 갈등은 그리 심각한 수준이 아니다. 386부터 20대까지 능력주의, 성과주의, 물질주의를 겪고 있다. 동질성을 성찰적으로 되돌아보고, 같이 새로운 사회를 설계해야 한다.

김도훈 신뢰의 복원, 국가의 의지가 중요하다. 무조건 작은 정부가 아니라 강하고 능력 있는 국가가 필요하다는 사회 합의. 특히 재벌 문제, 경제 문제는 사법이 제일 중요하다. 일벌백계해야 한다, 갑질하다 걸리면 죽는다는 게 증명돼야 한다. 인류 사회에서 한 걸음 나아갈지, 이대로 멈출 것인지. 질문을 던지는 자들이 일상적 민주주의 가치를 만드는 주체가 될 것이다.

3장

—

새로운
민주주의의 시작

초딩들, 민주시민을 예습하다

●

    2017년 2월 6일 오전 11시 서울 강북구 삼양초등학교 6학년 5반 스물두 명의 아이들이 옥상으로 향하는 본관 4층 계단 앞에 모였다. 아이들은 의자로 변신한 나무 계단에 앉아 동네가 한눈에 내려다보이는 창문을 힐끗거리며 검은 벽에 열심히 낙서해댔다. 노란색 벽면에는 이 공간이 만들어진 지난 9개월간의 발자취를 사진으로 전시했고, 하얀 벽면에는 그 모습이 영상으로 비쳤다. 이날은 아이들이 건축설계한 학교의 옥상 앞 계단과 텃밭, 뒤뜰이 완공된 날이었다. 옥상 앞 계단을 디자인한 강우진군은 "처음엔 그냥 논다

서울 강북구 미아동 삼양초교 6학년 5반 학생들이 2016년 5월부터 직접 디자인해 만든 옥상 앞 계단에서 도움을 준 어른들과 함께 활짝 웃고 있다. 이 아이들에게 민주주의는 동사다. ©이정아

고 생각했지 우리가 학교를 바꿀 것이라고는 상상조차 못 했다"고 감격했다.

아이들은 지난해 5월부터 '움직이는 창의클래스' 프로젝트를 시작했다. 창의클래스는 '놀이' 관점에서 아이들이 학교 구석구석을 탐구하고 공간을 바꾸는 참여 디자인·건축 프로젝트다. 서울시립 청소년직업체험센터 '하자'와 한국암웨이의 어린이 창의교육사업 '생각하는 청개구리' 사업의 하나로 삼양초가 처음 시범 실시했다. 6학년 5반 담임 배성호 교사는 "창의클래스는 민주시민 교육"이라고 설명했다. "민주시민 교육은 지식이 담긴 명사로 존재하지 않는다. 살아 움직이면서 주어진 것을 그대로 받아들이지 않고 왜 그런지 살펴보고 좀 더 나은 것을 만들어가는 과정이 민주주의라고 할

수 있다. 따라서 민주주의는 동사다."

창의클래스는 매주 화요일 열렸다. 어린이도 시민이라는 교육철학을 지닌 교육기획그룹 '프로젝트 어린이'의 김희정·이오영 씨와 건축교육가 홍경숙 씨, 서울시립대 도시공학과 디자인어스 그룹이 아이들과 함께 새롭게 바꿀 공간을 찾아 헤맸다. 가장 먼저 한 일은 학교에서 뭘 하며 놀 수 있는지 아이디어를 모은 것이다. 놀이 종류는 총 31가지나 쏟아졌다. 술래잡기, 피구, 축구 등 뛰어노는 놀이뿐 아니라, 누워서 바람맞기, 수다 떨기, 멍때리기 등 아이들은 일상을 놀이로 바라보고 있었다.

노는 공간, 쉬는 공간, 위험한 공간을 찾으며 학교를 둘러보던 아이들은 '옥상 따러 가기'를 제안했다. 굳게 닫힌 옥상 문을 열기 위한 갖가지 아이디어가 나왔다. "고무줄, 실핀 등을 가지고 열어보겠다." "기둥을 타고 오르거나 밖에 계단을 만들어 올라가겠다." "자물쇠를 따주는 사람에게 부탁하자." 그러나 일부가 반대했다. 이유는 "우리가 학교 주인이 아니라서"였다. "학교의 주인은 누구지?" "교장 선생님이지." "교장 선생님인가?" 결국 아이들은 교장 선생님 면담을 신청했다. 공간을 바꾸기 위한 활동을 소개하는 영상과 발표 자료를 만들어 옥상 공간을 활용하게 해달라고 요구했지만 안전 문제를 이유로 허락받지 못했다. 이예진 양은 "학교 바꾸기가 쉽지 않다는 것을 느꼈다"고 말했다. 대신 아이들은 창문으로 동네가 내려다보이는 '옥상 앞 계단'을 디자인 공간으로 선정했다. 또 아이들이 많이 놀지만 쉬는 공간이 없는 '뒤뜰'과 활용하지 않는 땅이 있는 '텃밭'도 바꾸기로 했다.

지난해 11월과 12월, 아이들은 팀별로 토론을 거듭하며 아이디어 스케치, 공간 구상, 모형 제작 등 건축설계를 마무리했고 지난 1월 시공에 들어가 '어린이 공간 참여 디자인'이 그 모습을 드러냈다. 옥상 앞 계단은 맘껏 낙서할 수 있는 쉼터로, 뒤뜰은 가방을 던져놓고 놀 수 있는 놀이터로, 텃밭은 미끄럼틀과 같은 의자가 놓인 체험장으로 변신했다. 특히 지저분한 낙서로 가득했던 옥상 앞 계단 벽면을 아예 썼다 지울 수 있는 검은 낙서판으로 만들었고, 그 위 노란색 벽면엔 자석을 깔아 무엇이든 붙일 수 있게 했다. 아이들도 만족했다.

"'우리도 학교를 바꿀 수 있구나' '어른들이 우리 의견을 들어주는구나' 신기했어요. 학교는 원래 공부하는 곳이라고 생각했는데, 이번 활동을 하며 '학교가 추억의 장소구나!' 느꼈어요."(김노은)

"조금씩 바뀌어나가니 이제는 '학교의 어디를 바꿀까', '어떻게 바꿀까' 이런 생각이 들었어요. 우리가 쓰는 공간을 우리와 상의 없이 (어른들이) 마음대로 바꾸는 것은 안 좋아요."(김민성)

"학교가 어떤 공간인지 전보다 잘 알게 됐어요. 낙서가 많다는 것도, 쉴 공간이 필요하다는 것도. 후배들에게 도움이 될 공간을 우리가 바꾼다는 사실이 뿌듯해요."(김현수)

아이들과 건축 협업을 진행한 홍경숙 씨는 "어른들이 디자인했다면 벽면 낙서를 깨끗이 지우고 예쁜 그림을 걸어놓았을 것이다. 하지만 아이들의 선택은 달랐다"고 말했다. 배성호 교사는 "어린이는 미래의 시민일 뿐 아니라 이미 동시대를 살아가는 사회의 구성원이라는 점을 되새겨 볼 필요가 있다"며 "발 딛고 선 지금 여기의 삶터에서 아이들이 주인공이 되고 민주시민으로 성장하는 희망의 교육을 하고 싶다"고 말했다. 아이들의 학교 참여 디자인 경험은 책《우리가 학교를 바꿨어요!》로 출간될 예정이다. 이 프로젝트에 참여했던 서울시립대 도시공학과 석사 과정인 김호철 씨는 "초등학교 때부터 내 목소리로 내 공간을 바꿀 수 있다는 경험을 얻었기에 나중에 시민으로서 더 행복한 도시를 만드는 데 힘을 쓸 수 있을 것"이라고 말했다. 서울시교육청 김영삼 장학사는 "학교 공간을 바꾸는 과정을 민주시민교육과 연계한 삼양초의 시범 사업이 성공함에 따라 올해는 이 프로젝트를 두 학교로 확산시킬 계획"이라고 말했다.

교사 경력 15년차인 배 교사는 '세상을 바꾸는 아이들'을 꾸준히 길러냈다. 2012년 국립중앙박물관에 도시락 쉼터를 만든 서울 강북구 수송초등학교 6학년 8반 아이들이 대표적이다. 중앙박물관은 국내 최대 규모로 학생들이 체험학습을 자주 가는 곳이지만 실내에서 식사할 곳이 없었다. 비가 오거나 황사가 많은 날에는 아이들이 박물관 구석 바닥에 앉아 도시락을 먹었다. 수송초 아이들은 이 문제를 해결하려고 동아리 '솔루션'을 만들었다. 박물관에 전자민원을 내고 박물관장에게 편지를 썼다. 열흘 만에 "식사 장소를 마련할 곳이 마땅치 않다"는 답변이 왔다. 아이들은 좌절하지 않고 언론에 글을 기고하며 계속 도전했다. 국립과천과학관, 국립서울과학관, 서대문자연사박물관에는 식사 장소가 있다며 중앙박물관의 문제점을 조목조목 지적했다. 언론 보도가 나오자 중앙박물관의 태도가 확 달라졌다. 임시로 체험교실 한 곳을 도시락 먹을 장소로 제공하겠다고 직접 연락해왔다. 그 후 50석 규모로 도시락을 먹을 공간도 마련했다. 중앙박물관을 바꾼 이야기는 6학년 2학기 사회 교과서에도 실리고 《우리가 박물관을 바꿨어요!》(초록개구리)라는 책으로도 나왔다.

수송초 아이들은 2013년, 2014년 학교안전지도를 만들면서 학교 주변도 바꾸었다. 배 교사는 지도 제작이 끝난 뒤 아이들이 위험한 곳을 바꿔 달라는 편지를 강북구청장에게 보내도록 했다. 편지를 받은 구청장이 직접 학교로 찾아와 아이들을 면담한 결과 결국 문제점이 고쳐졌다. 등굣길에 보행자용 반사경을 설치하고 어두운 조명을 밝은 것으로 교체했다. 또 중고등학생이 모이는 골목에 초등학생을 보호하자는 펼침막을 걸었다. 배 교사는 "결과를 바로 얻지 못하더라도 문제를 해결하려는 과정에서 아이들은 세상을 바꾸는 주체로 거듭난다"며 "올해는 아이들과 함께 삭막한 학교 복도 바꾸기에 도전할 계획"이라고 말했다. 연애를 책으로만 배울 수 없듯이 민주주의도 삶 속에서 성공과 실패를 되풀이하며 자연스럽게 체득해야 한다는 의미다.

보통시민 99명, 풀뿌리 개헌을 논하다 _ 아일랜드 시민의회

18살 조던 카셀스가 앉은 원탁에 보고서들이 쌓여갔다. 낙태를 둘러싼 의학·법·윤리 논쟁에 관한 전문가 보고서다. 이틀간 그는 보고서를 쓴 전문가의 현장 발표를 듣고, 다른 시민과 원탁 토론을 벌였다. 그는 아일랜드에서 가장 민감한 헌법 조항을 고치는 '시민의회' 위원이다. 토론 참석을 위해 집에서 약 250킬로미터 떨어진 더블린에 왔다. 그에게 '내용이 어렵지 않으냐'고 물었더니 웃음을 지으며 고개를 저었다. "자세한 정보를 듣고 함께 토론하기 때문에 이해하는 데 어려움은 없다." 시민의회를 구성하면서 지식의 전문성은 중요한 게 아니었다. 면접원들이 전국의 집을 직접 방문해 시민의회 참석 여부를 확인하면서 공통으로 설명한 내용이 있었다. "옳고 그른 답은 없습니다. 논의 사항에 대해 전문 지식이 없어도 됩니다. 시민의회가 듣고자 하는 건 바로 당신의 의견입니다."

2017년 2월 4일부터 5일까지 아일랜드 더블린의 그랜드호텔 말라하이드에서 열린 시민의회 제3차 회의 전 과정을 취재했다. 촛불이 광화문 광장을 가득 덮은 이후 직접민주주의에 대한 관심이 높아진 가운데, 시민참여형 개헌과 참여민주주의의 유의미한 실험으로 평가받는 아일랜드 시민의회를 직접 찾은 것이다. 아일랜드 의회의 정식 의결로 출범한 시민의회는 전국에서 무작위로 뽑은 시민 99명과 정부에서 의장으로 임명한 대법관 1명 등 100명으로 이뤄져 있다. 자원한 시민들 중에서 추첨으로 500명을 뽑아 국가 의사

결정에 참여시킨 고대 그리스 평의회가 현대 유럽에서 유사하게 재현된 것이다.

시민의회는 시민 의견을 형식적으로 듣는 공청회가 아니다. 2016년 10월 출범한 시민의회는 1년간 활동하며 개헌과 국가 주요 과제를 다루고 있다. 1983년에 낙태를 금지한 아일랜드의 '헌법 제8조 수정안'에 대한 재수정 여부를 비롯해 국민투표 시기 및 방식, 의회선거일 고정 문제, 인구 고령화 대책, 기후 변화에 대한 아일랜드의 대응 방법 등 5가지를 논의한다. 각 주제마다 참석자 과반수로 권고안을 채택해 의회에 전달한다. 의회는 권고안마다 수용 여부를 밝혀야 한다. 만약 권고안이 수용되고 헌법 개정이 필요한 경우 국민투표에 부친다.

시민의회 의장인 메리 러포이 대법관은 시민의회가 출범할 당시 이 실험에 대해 "참여민주주의 모델이자 (시민이 토론하고 대안을 찾아가는) 숙의 민주주의의 훈련"이라고 의미를 부여했다. 그는 "아일랜드 사회가 직면한 가장 민감한 문제를 푸는 데 시민을 그 핵심에 올려놓았다"는 점을 강조하며 "시민의회 성공은 어떠한 공격이나 비평에 대한 두려움 없이 시민들이 의견을 자유롭고 자신감 있게 말할 때 가능하다"고 말했다.

아일랜드 시민의회 현장은 아일랜드 국민 구성의 축소판처럼 보였다. 14개 원형 탁자에 18살 청년부터 시민의회 최고령인 77살 노인까지 다양한 연령의 시민이 둘러앉아 있었다. 청바지를 입는 등 복장도 자유로웠다. 시민위원들은 지난해 8~9월 사이 선정됐

아일랜드 시민의회 현황

시민의회 구성 및 현황

48명	52명	10명	29명	28명	33명
남성	여성 (의장 포함)	18~24살	25~39살	40~54살	55살 이상 (의장 포함)

- 의장 1명(대법관·정부 지명) • 무작위 추첨된 시민 99명(예비 인원 99명을 따로 둠)
- 연령·성별·사회계층·지역 분포 등을 고려해 면접원 방문으로 모집

아일랜드 시민의회가 다루는 주제

 1 **낙태를 금지한** '수정 헌법 제8조'에 대한 재개정 여부

 2 **국민투표** 시기 및 방식

 3 **의회 선거일** 고정 문제

 4 **인구 고령화** 대책

 5 **기후 변화** 대응책

2월 4~5일 시민의회 진행 방식

 전문가 발표(공개) > 14개 원탁별 토론(비공개) > Q&A 전문가 상대 질의응답(공개) > 의장 발언으로 마무리

다. 여론조사기관이 인구통계를 근거로 표본추출 기준을 만든 뒤 면접원들이 지역별로 집을 방문해 참석 의사를 밝힌 사람 중에 기준에 맞는 대상을 찾아냈다. 시민의회 사무국은 "연령·성별·사회계층·지역분포 등이 고려됐기 때문에 아일랜드 국민의 대표성이 있는 시민들"이라고 설명했다. 시민의회가 논의할 주제와 관련된 단체에 가담했거나 그럴 계획이 있는 사람들은 제외했다. 언론·정

치권 등에서 일하는 가족이 있는 사람도 배제했다. 보통의 시민들이 얻는 정보의 수준을 가진 사람들이 시민의회에 참석하도록 하기 위함이다.

시민의회는 의장을 포함해 여성이 100명 중 52명, 남성이 48명으로 구성됐다. 참가 연령의 하한선은 아일랜드 국민투표가 가능한 18살로 잡았다. 시민 99명이 중도 포기할 경우를 대비해 이들과 비슷한 조건을 가진 또다른 인원 99명을 예비로 마련했다. 실제 11명이 초반부터 하차를 결정해 지난해 11월 1차 회의 때 11명이 예비인원에서 충원됐다. 언제든 중도에 포기할 수 있으며, 이럴 경우 같은 연령·성별·지역 조건 등을 가진 예비 인원으로 교체된다. 시민 99명에게 교통·숙박·식비가 제공되지만 다른 수당은 지급되지 않는다. 시민의회 1년 운영예산은 일단 60만 유로로 잡혀 있다.

현재 시민의회는 아일랜드의 가장 오래된 논쟁거리인 낙태 금지 문제를 가장 먼저 논의하고 있다. 아일랜드는 태아의 생명을 존중해야 한다며 1983년에 헌법 제8조를 수정해 낙태를 금지했다. 산모의 생명이 심각하게 위험하지 않으면 낙태를 할 수 없다. 성폭력 피해로 임신했거나, 태아가 중대한 결함이 있다고 판단되어도 산모가 낙태를 결정할 수 없다. 2012년 아일랜드에 사는 인도 출신 여성 사비타는 아이가 유산될 것이란 진단을 받은 뒤 인공유산을 병원에 요청했지만 아이 심장이 뛰고 있어 수술할 수 없다는 결정 때문에 자신의 건강도 악화돼 죽음에 이르렀다. 이 일을 계기로 낙태를 불법으로 규정한 아일랜드 헌법 제8조 수정안의 재개정을 요구

시민의회 위원들은 '평범한 비전문가들'로 이뤄진다. 대신 전문가들을 불러 치열한 학습과 토론을 벌인다. 이들이 도출하는 최종 결론은 '평범한 사람들의 전문적 식견'이라고 할 수 있다. 2017년 2월 4일 아일랜드 더블린의 그랜드호텔 말라하이드에서 열린 시민의회 제3차 회의에서 전문가들이 낙태 금지 문제를 두고 찬반 토론을 밝히고 있다. 아일랜드 시민의회 제공.

하는 목소리가 더욱 커졌다.

'평범한 시민'들로 이뤄진 아일랜드 시민의회는 여성의 자기결정권과 태아의 생명권, 의학, 윤리, 법적 문제가 복잡한 이 문제에 어떻게 다가갈까. 시민참여형 개헌이 제기될 때마다 반박 근거로 시민들의 전문성 부족이 거론되고 있기 때문이다. 아일랜드 시민의회는 이번 제3차 회의 내내 전문가 9명의 주제 발표, 발표 내용에 대한 원탁별 토론, 전문가를 상대로 한 질의응답을 반복하며 낙태 문제를 둘러싼 쟁점을 학습하고 자신의 의견을 정리해갔다. 탁자별로 회의 진행자와 기록자가 배치돼 시민의 토론을 돕는다.

발표 전문가들도 다양했다. 영국과 아일랜드의 낙태 실태를 비교 연구한 산부인과 의사, 성범죄로 인한 임신 실태 등을 조사한 성폭력 센터 전문가, 법학교수, 의학전문 교수, 여성의 자기결정권을 존중해야 한다는 학자와 태아의 생명을 보호해야 한다는 윤리 분야 교수 등이 시민들 앞에서 낙태에 관한 쟁점과 연구 결과를 발표했다. 세계의 낙태 현황 등을 조사한 미국의 연구원도 초대됐다.

시민들은 질의응답 시간에 구체적인 통계수치를 다시 요구하기도 했고, 낙태 금지가 법에서 규정한 인권과 어떻게 충돌하는지 등을 매우 상세하게 질문하기도 했다. 그래서 "아주 중요한 질문"이라고 운을 떼며 답변하는 전문가가 많았다.

전문가 발표에 나선 더블린대학의 도널 오마투나 교수는 "질문 내용을 보면서 시민들이 이 쟁점을 잘 이해하고 있다는 것을 느꼈다. 시민들이 (전문성이 부족한) 평범한 사람들이라고 말하지만, 기존 정치인도 그런 평범한 시민들 중에서 뽑힌 사람들이다"라고 말했다. 현재 시민의회는 '낙태 주제'와 관련해 회의마다 전문가를 부르는 것 외에 의학법률 전문가, 헌법 전문가(2명), 산부인과 의사(2명) 등 5명의 상설 자문그룹을 따로 두고 있다. 시민의회는 참가자들이 각 이슈에 대해 이해도를 높이고 있는지 확인하기 위해 회의가 시작될 때와 끝날 때마다 해당 주제에 대한 몇 개의 질문에 대해 참가자들이 의견을 적도록 하고 있다.

시민의회는 시민들이 자유롭게 발언할 수 있도록 이름과 거주 지역 외에 참가자의 다른 신상 정보를 밝히지 않는다. 이익·로비단체의 신상 공격이나 개별접촉을 받지 않도록 하려는 의도도 깔려 있다. 시민의회 참가자들은 해당 주제의 논의가 결정될 때까지 언론 인터뷰나 페이스북 등을 통한 공개적 의견 표명도 금지돼 있다. 매

2017년 2월 4일 아일랜드 더블린의 그랜드호텔 말라하이드에서 열린 시민의회 제3차 회의에 참가한 시민위원들의 원탁에는 토론 대상인 '낙태 금지'와 관련한 각종 자료가 수북히 쌓여 있다. ©송호진

달 한번씩 주말에 회의를 여는 시민의회는 4월까지 낙태 문제를 논의해 헌법 수정 여부를 찬반 투표로 정한 뒤 결정 사항을 의회에 전달한다. 그 이후 5~7월까지 나머지 4개 주제를 집중 토론한다. 원탁별 개별토론을 제외한 모든 회의를 인터넷으로 생중계한다. 일반 시민들의 의견 제안도 받는데, 낙태와 관련해선 찬반 단체들의 적극 참여로 1만3500건 이상이 접수됐다.

아일랜드에서 시민의회가 가능했던 것은 2008년 세계 금융위기를 거치며 아일랜드 사회가 크게 흔들리면서부터다. 정치학자인 데이비드 패럴 더블린대학(UCD) 교수는 "경제 위기를 겪으며 국민들이 정치 리더십과 정치 시스템에 더 불만을 갖게 됐고 그 보완책을 찾기 시작했다"고 말했다.

그렇게 등장한 것이 2012년 12월부터 2014년 3월까지 시민이 참여해 운용한 아일랜드 헌법회의다. 아일랜드는 헌법회의를 정식 구성하기 이전에 100명의 시민을 모아 '시민과 함께'(With The Citizen)란 시범기구를 1박2일간 운용한 뒤 전문가 발표와 토론을 거치면 시민의 이해력이 높아진다는 것을 확인했다. 그 뒤 의원 33명, 무작위 추첨된 시민 66명, 의장 1명 등 100명으로 구성된 헌법회의가 공식 출범했다. 헌법회의의 권고안 중 '동성결혼 허용'이 국민투표로 최종 결정됐다. 이 경험이 시민들로만 구성된 시민의회 출범의 바탕이 됐다.

그러나 시민의회가 시민의 폭넓은 지지를 받으며 진행되지 못하는 한계도 있다. 실제 더블린 시내에서 만난 시민들 상당수가 시민의회의 존재를 모르고 있었다. 30대 남성 로넌은 "정치권에서 벌어지는 기사가 집중 보도되고 있어 1년간 장기적으로 토론하는 시민의회에 관심이 적을 수밖에 없다"고 말했다. 낙태 금지를 규정한 헌법 제8조를 개정하라는 시민사회 요구가 계속 제기됐는데도 정치권이 예민한 문제를 시민에게 떠넘겼다는 비판도 있다. 하지만 데이비드 패럴 교수는 "시민의회는 민주주의 진화를 위한 시도로서 의미가 있다. 시민의 정치참여는 시민들의 요구뿐 아니라 (국가의 중요 문제에) 시민을 참여시키겠다는 정치인의 의지도 중요하다"고 말했다.

이번 제3차 회의 중에 메리 러포이 시민의회 의장은 "낙태 문제에 대해 어떤 결정이 나더라도 밖에 얘기하지 말라고 사람들이 주의를 주는데 사실 난 결정이 어떻게 날지 아무것도 모른다"고 말했다. 시민 99명이 웃음을 터뜨렸다. 정부가 임명한 의장은 이 회의의 조율자일 뿐 결정의 주체는 평범한 시민 99명이란 사실이 그의 말에 함축돼 있다.

제주 주민자치위원 추첨제 실험

2009년 제주대 법학전문대학원에 입학하면서 제주살이를 시작한 강전애 변호사는 2017년 1월 제주시 이도2동 주민자치위원이 됐다. 30대 여성인 그가 지역 주민 대표로 뽑힐 수 있었던 이유는 제주도의회가 지난해 7월 조례를 개정해 자치위원을 추첨제로 바꿨기 때문이다. 강 변호사는 "9년째 제주에 사는데도 마을에서 무슨 일이 일어나는지 알 수 없어 답답했다"며 "올해부터 '뺑뺑이'로 자치위원을 선출한다고 해서 자치학교를 이수하고 응모했다"고 말했다. 지난해 12월 그는 2 대 1의 경쟁률을 뚫고 자치위원에 '당첨'됐다. 강 변호사는 "새로운 사람들이 적극 참여하면 제주도가 많이 변할 수 있을 것이라 생각한다"고 덧붙였다.

아일랜드의 '시민의회'처럼 시민이나 지역 대표를 추첨제로 뽑는 실험이 한국에서도 싹트고 있다. 주민의회와 비슷한 제주도 주민자치위원회는 43개 읍·면·동마다 각각 15~35명의 자치위원을 선발하는데 올해 처음 추첨제를 도입했다. 그동안은 이장·통장협의회가 추천하고 읍·면·동장이 자치위원을 선임해왔다. 그 결과, 지역 유지나 관변단체가 위원직을 독점해 주민 대표성이 떨어진다는 비판이 많았다.

2015년 5월 제주대 교수회, 제주주민자치연대 등 6개 지역 시민단체는 '제주특별자치도주민자치제도개선협의회'를 발족해 제도 개선 방안을 모색했다. 추첨제가 대안으로 떠올랐다. 신용인 제주대 교수(법학전문대학원)는 "주민자치를 실현하려면 다수의 주민이 자유롭고 평등하게 참여할 수 있는 제도적 보장이 필요했다. 추첨제는 누구나에게나 선발 가능성이 열려 있어 가장 바람직하다는 공감대가 형성됐다"고 말했다. 그러나 무능하거나 불성실한 사람이 자치위원으로 선정될 수 있다는 우려가 나와 자치학교를 이수해야만 자치위원으로 지원할 수 있도록 자격제한을 뒀다.

2016년 12월 42개 지역에서 자치위원 1028명을 선발했는데 47%(477명)는 주민 추첨으로, 53%(547명, 기타 4명)는 지역·직능 대표로 뽑았다. 대부분을 주민 추첨으로 뽑으려던 애초 계획에서 한발 물러선데다 제주도가 자치학교도 낮에 4차례만 열어 주민들의 항의가 빗발쳤다. 그런데도 주민 1700여명이 이 과정을 수료했다. 한재림 제주시 일도2동 주민자치위원장은 "지역 유지들이 독점할 때는 '그들만의 리그'라서 관심이 없었는데 추첨제로 누구나 될 수 있다니까 지역 주민의 자치학교 참여 열기가 뜨거워졌다"고 설명했다.

헌법개정 과정에 국민이 직접 참여하는 방안을 도입해야 한다는 목소리도 커지고 있다. 우리나라는 1948년 처음 헌법을 만들

때나 그 이후 9차례나 헌법을 고쳤지만, 국민이 개헌의 주체로 나선 적이 없다. 1960년 4·19 혁명 뒤 제3차 개헌이나 1987년 6월항쟁 뒤 제9차 개헌 때도 국민은 빠지고 정치권이 적당히 타협해 헌법을 개정했다. 박근혜 대통령 탄핵 촛불의 결과로 1987년 이후 30년 만에 국회 헌법개정특별위원회가 구성됐지만 여전히 개헌 문제를 정치인끼리 다루려 한다. 지난 1월부터 활동하는 개헌 특위(위원장 이주영)도 여야 의원 36명으로만 구성됐다. 각 분야 전문가를 자문위원으로 위촉하지만 일반 국민이 개헌 과정에 참여할 길은 여전히 막혀 있다. 개헌을 최종적으로 결정하는 국민투표만 보장될 뿐이다. 하승수 비례민주주의연대 대표(변호사)는 "일반 법률을 개정할 때도 입법예고 등의 절차를 밟고 국민 의견을 수렴하는데 국가의 근간이 되는 헌법개정을 하면서 그보다 더 부실한 의견수렴을 한다는 것은 심각한 문제"라고 지적했다.

개헌 특위에 참가하는 김종민 의원(더불어민주당)은 무작위 추출 방식으로 200~300명을 선발해 시민위원회를 구성할 것을 제안한다. 그는 "시민위원회에서 개헌의 주요 쟁점을 토론하고 공론조사를 벌여 개헌 특위에 의견서를 제출할 수 있도록 '국민참여형 개헌 절차법'을 발의할 것"이라고 말했다. 추첨민회네트워크는 지난 6일 윤소하 의원(정의당) 소개로 '헌법개정안 마련을 위한 시민의회의 설치 및 운영에 관한 법률'을 입법 청원했다. 무작위 추첨 방식으로 선발한 300명의 위원으로 시민의회를 1년간 구성하는 게 뼈대다.

시민의회는 왜 추첨으로 구성해야 할까. 이지문 연세대 연구교수(정치학)는 "누구라도 민회 구성원이 될 수 있다는 점에서 추첨제는 민주주의의 핵심인 자유에 부합한다"고 설명했다. "선거나 추천과 달리 특정 계층 위주로 구성되지 않아 '대표성'을 확보할 수 있고 무엇보다 시민교육의 장으로서 민주주의 발전에 기여할 수 있다." 김상준 경희대 공공대학원 교수(사회학)는 "다른 나라 사례를 보면 국회가 스스로 해결하기 어려운 헌법(아이슬란드, 아일랜드)이나 선거법(캐나다, 네덜란드, 오스트레일리아)을 개정할 때 시민의회가 소집됐다"며 "우리나라에서도 시민의회를 통해 국민이 개헌을 주도할 수 있다"고 강조했다.

네덜란드는 2006년에 시민의회 방식으로 첫 선거법 개정에 성공했다. 캐나다는 2004년 브리티시컬럼비아주에서, 2006년 온타리오주에서 선거법 개정을 위한 시민의회가 열렸다. 추첨으로 선발된 시민들은 학습과 공청회, 심의 단계를 밟으며 1년간 총회를 열었고 의결 사항은 주민투표에 회부됐지만 부결됐다. 2009년에는 아이슬란드가 시민단체를 중심으로 한 '국민의회'를 구성했다. 세계 금융위기의 직격탄을 맞은 이 나라는 헌법 개정 등 국가 개조 작업에 나섰고 각계 대표 1500명이 국민의회를 만들어 개헌 안건을 선정하고 토론했다. 이후 정부는 공식적으로 인구비례에 맞춰 960명의 시민으로 무작위 추출한 '국민포럼'을 소집했고 이들은 국민의회에서 다뤄진 것을 포함한 주요한 헌법 이슈를 토론했다. 국민의회와 국민포럼에서 논의된 결과는 개헌

안으로 만들어져 의회에 제출됐다. 2012년 개헌안은 국민투표를 통과(찬성 66.3%)했지만, 최종 관문인 의회에서 좌절됐다. 보수 야당인 독립당이 필리버스터를 통해 의회 표결을 무산시켰기 때문이다.

디지털서 꽃핀 직접민주주의

●

'데니스 홍 로멜라 소장, 윤태웅 고려대 교수, 김승환 포항공대 교수, 한재권 한양대 교수, 김빛내리 서울대 교수, 이정모 서울시립과학관 관장, 황농문 서울대 교수, 김상욱 부산대 교수⋯.'

로봇공학, 물리학, 전자계측 등 과학 분야에서 두각을 보이고 있는 이들 전문가의 이름이 나열된 곳은 관련 학술지나 전문매체가 아니라 한 온라인 게시판이다. 디지털로 구현되는 직접민주주의 놀이터를 지향하는 '우주당'(우리가 주인이당)은 각 영역별로 대중들이 직접 뽑는 전문가 풀을 마련하고 있다. 미국 대통령이 이임할 때 차기 정권에 인사 자료로 넘기는 전문가 풀 '플럼북'(Plum Book)을 시민·대중의 눈높이에서 작성하기 위한 프로젝트다. 과학·공학 분야에 이름을 올린 이들 말고도 언론·미디어, 경제, 사회변화, 정치 등 영역별 전문가들의 이름이 빼곡하다.

우주당은 이 밖에도 시민이 직접 뽑는 임시 내각 리스트도 작성하고 있다. 지금까지 천거된 국무총리 후보는 고건 전 총리, 유시민

작가, 윤여준 전 장관 등이다. 나쁜 정치 퇴출을 위해 청년이 만드는 '블랙 리스트' 작성도 시작됐다. 새로운 대한민국을 설계하기 위한 집단 정책토론도 이뤄지고 있다. 정치로부터 소외됐던 모든 시민들이 직접민주주의에 익숙해지길 바라는 마음에 '우리가 주인이당'이라는 이름을 붙였다고 한다.

그러나 우주당의 실험이 성공적이기만 한 것은 아니다. 우주당을 기획·운영하고 있는 '빠띠'의 권오현 대표는 "미국 실리콘밸리에서는 민주주의 관련 기술개발을 하려는 회사에 투자자가 나타나는 등 여러 부문에서 정치 문제에 주목하는 흐름이 형성되고 있지만, 아직 한국은 플레이어와 토양이 모두 성숙하지 않은 것 같다. 상상력도 부족하고 트래픽 유입에도 한계가 있다"고 말했다. 와글, 무브나우 등을 중심으로 디지털 직접민주주의를 위한 실험이 계속됐지만 아직 이렇다 할 성과는 내지 못한 상황이다. 이지문 연세대 연구교수(정치학)는 "인터넷 민주주의는 편향성 탓에 공론장 기능에 한계가 있고, 대표성을 인정받기도 어렵다는 특성이 있다"고 진단했다.

하지만 외국은 사정이 다르다. 여러 나라에서 디지털 직접민주주의는 이미 현실이 됐다. 온라인 플랫폼을 기반으로 한 풀뿌리 선거연대 '바르셀로나 엔 코무'가 대표적이다. 이들은 크라우드펀딩 방식으로 돈을 모아 선거자금을 조달하고, 선거공약과 윤리규약도 5000명 이상 시민들의 온·오프라인 직접 참여 속에 만들어낸다. 이를 가능하게 한 도구는 '데모크라시오에스(OS)'라는 온라인 플랫

폼이었다. 이들은 2015년 5월 바르셀로나 시의회 선거에서 득표율 1위를 기록했고 시민활동가 출신의 시장을 선출하는 데 성공했다. 정당 정치를 기반으로 하는 대의민주주의에 혁명적인 변화가 찾아온 셈이다. 이탈리아 '오성운동', 스페인 '포데모스', 유럽 전역을 휩쓴 '해적당' 등 기존 정당 체제를 뒤흔든 변화의 기반에는 '디지털'이라는 토대가 주요한 구실을 했다.

기술 혁신에 의한 직접민주주의의 진전은 정당 정치에 국한되지 않는다. 시민 행동의 토대 역시 빠른 속도로 '디지털화'하고 있기 때문이다. 뉴질랜드 젊은이들이 2011년 미국 뉴욕 월스트리트에서 벌어진 '점령하라(오큐파이)' 시위에 착안해 개발한 실시간 상호 토론 프로그램 '루미오'가 대표적이다. 이슈에 대한 토론과 찬반 투표 등을 기본으로 하는 이 프로그램은 실시간 참여·토론의 길을 열었고, 뉴질랜드의 수도인 웰링턴시에서는 '루미오'를 활용해 정책 세부안을 마련한다고 한다.

정치·사회적 의제에 대한 토론에 특화된 사회관계망서비스(SNS) '브리게이드'도 2015년 미국에서 서비스를 시작했다. 각종 정치 현안에 대한 의견이 비슷한 동료들과 관계를 맺을 수 있고 내 글의 신뢰도가 점수처럼 표기되는 방식이다. '정치적 인간'으로서 관계의 의미를 극대화하는 서비스인 셈이다.

근대 프랑스의 정치철학자 장 자크 루소는 직접민주주의를 옹호했지만, 현실 가능성에 있어서는 회의적이었다. "엄격하게 말한다면 진정한 민주주의(직접민주주의)는 지금까지 없었고, 앞으로도 결코 존재하지 않을 것"이라는 언급이 대표적이다. 고대 그리스와는 비교할 수 없는 엄청난 규모의 국민국가, 복잡한 정치적 의제, 깊어지는 경제 불평등을 생각하면 루소의 예언에 고개를 끄덕일 수밖에 없다. 그러나 우리는 루소가 상상하지 못한 기술적 진보를 경험하고 있다. 민주주의 업그레이드의 열쇠도 거기 있을지 모른다.

4부

함께 그리는
대한민국
: 정책배틀

함께 그리는 대한민국: 정책배틀

진행방식

 1단계 배심원단 신청
다음 스토리펀딩 등

 2단계 주제별 배심원 50명씩
무작위 추첨
나이, 성별, 지역 고려

 3단계 사전 투표

 4단계 전문가 패널 발표 및 질의응답
실시간 투표 실시

 5단계 배심원단 심의

6단계 최종 투표

심의주제

1 정치개혁
선거법 개정 vs 헌법 개정

2 검찰개혁
검사장직선제 도입 찬성 vs 반대

3 민생해법
청년배당 vs 국민건강보험 하나로

참여단체

기본소득한국네트워크, 내가 만드는
복지국가, 민주사회를 위한 변호사모임,
비례민주주의연대, 참여연대, 빠띠,
바꿈 세상을 바꾸는 꿈

2016년 광장의 촛불은 대통령 퇴진을 넘어, 새로운 대한민국을 상상했다. 다음 대통령으로 누구를 지지할 것인가에 그치지 않고, 대한민국의 '무엇'을 바꿀 것인가를 고민했다. 그러나 대통령 탄핵과 선거가 다가오면서 다시 관성이 작동하기 시작한다. '정치권이 알아서 개혁하고 후보를 정할 테니 시민은 투표나 하라'는 것이다. "죽 쒀서 개 줬다"는 탄식이 쏟아졌던 1987년의 악몽을 되풀이하지 않으려면 시민이 주인이 되어 새로운 나라를 만들 수 있도록 끊임없이 시도해야 한다.

〈한겨레〉는 사회혁신 프로젝트 단체 '바꿈, 세상을 바꾸는 꿈' 등과 공동으로 '함께 그리는 대한민국: 정책배틀'을 기획했다. 정책배틀을 지원하기 위한 스토리펀딩 '헬조선 리모델링 해볼까요?'도 진행했다. 정책배틀은 박근혜 탄핵 이후 대한민국의 개혁과제를 토론하고 대안을 모색하는 정치놀이 한마당이다. 정치개혁, 검찰개혁, 민생해법 등 세 가지 분야에서, 분야별로 두가지 개혁 방안을 맞세워 경쟁하는 방식이다. 무작위 추첨으로 뽑힌 시민정책배심원단이 양쪽 전문가가 내놓은 정책방안을 심의하고 최종 투표를 통해 더 나은 방안을 선택한다. 2017년 2월 4일과 12일에 진행된 '정책배틀'의 현장을 소개한다.

1장

—

정치개혁:
선거법 개정 vs 헌법 개정

"우리 사회가 이만큼이라도 민주화된 것은 4·19부터 87년 6월 항쟁까지 시민들의 거친 노력이 있었기 때문입니다. 정치논리에 의해 이까지 온 것이 아닙니다."

27:8. 무대 뒤 대형 화면상 숫자는 한동안 움직일 것 같지 않았다. '토요일 오후 2시에 서울 홍대입구역이 웬 말인가.'

"촛불 혁명이라는 이 시기는 반드시 일정한 물리적 성과를 만들어야 한다고 생각합니다."

서울 도로는 늘 예측 밖이다. 출퇴근, 주말과 주중을 가리지 않고 언제나 도로에 갇힐 각오와 인내심을 가져야 한다. 2017년 2월 4일 토요일 오후의 도로 역시. 약속보다 늦은 오후 2시 10분, 택시에서 내렸다. 홍대입구역 출구마다 어마어마한 인파를 쏟아냈다. 사람들을 뚫고 '미디어카페 후' 문을 열었다. 이미 행사장엔 50명이 빼곡히 앉아 있다. 모르는 사람들 속에 들어가 의자에 몸을 대충 구겨 앉았다. 27:10. 화면상의 숫자가 바뀌었다.

"87년 6월 항쟁의 주체 세력, 그때 대학생이었습니다. 헌법이 어떻게 만들어졌는지 전혀 몰랐습니다. 정말 준비가 부족했던 거죠. 결국 시민이 6월 항쟁을 이뤘음에도 성과는 당시 민정당, 5·18(민주화운동)을 무력 진압한 주체에게 맡길 수밖에 없었습니다."

은둔자 성향이 강한 사람은 적어도 1주일에 하루의 반나절은 자기만의 동굴에 조용히 있어야지, 적어도 토요일 낮엔. 혼자 중얼거렸다. 무대 앞에 선 전문가 패널은 마이크에 대고 힘주어 말했다.

"프랑스혁명처럼, 대부분 헌법은 혁명의 성과물로 만든 것입니다. 그것을 만들지 못하면 또 한 세기를 후회할 것입니다. 저는 지금이 그 시기라고 생각합니다."

27:12. 숫자가 또 바뀌었다. 불과 5분 만이다. "두 자릿수가 됐어요. 균형이 맞아야 재밌잖아요. 저도 마음이 왔다 갔다 하더라고요. '치킨을 먹을까, 피자를 시킬까.' 일요일 오후에 하는 고민처럼요."

사회자는 대형 화면을 보며 기쁜 얼굴로 말했다. 4표를 끌어올린 박태순 사회갈등연구소 소장의 얼굴은 뿌듯해 보였다. 맞은편 한림국제대학원대학교 최태욱 교수는 못내 아쉬운지 허탈한 웃음을 지었다.

누구 말이 맞는 거야?
—

오른쪽을 봐도, 왼쪽으로 둘러봐도 모르는 사람들이다. 휴대전화를 열었다. 사회혁신 프로젝트 단체 '바꿈, 세상을 바꾸는 꿈'이 보낸 문자메시지를 따라 '정책배틀' 웹페이지로 접속했다. 딴 세상이 열렸다. 무대에 오른 두 명의 전문가 패널, 최 교수와 박 소장을 바라보던 사람들은 웹페이지에서 저마다의 말을 쏟아냈다. '국민의 뜻을 제대로 반영할 대의구조-선거제도를 먼저 개선하고 국민의 깊은 논의를 통해 개헌해야 한다고 생각합니다'(김아무개) '권력 구조를 바꾸는 개헌이면, 선거제도 당연히 바뀌는 부분 아닌가요?'(이아무개) 뭘 써야 할지 몰라 난감해하다 다섯 글자를 썼다. '바꾸자, 세상.'

'선거제도 개혁'과 '개헌' 중 우선순위를 따지는 '정책배틀'. 나는 배심원이다. '어, 이게 아닌가?' 반대쪽 주장을 들을수록 생각에 불확실성이 커졌다. 배틀에 참여하기 전 사전 투표에선 '선거제도 개혁'을 선택했었다. 손은 어느새 '개헌' 버튼을 눌렀다. 대형 화면에서 내 얼굴 사진과 이름이 왼쪽 '선거 제도 개혁'에서 오른쪽 '개헌'으로 옮겨갔다. 개헌 쪽에 숫자가 한 개 늘었다. 웬걸, 재밌는데? 토요일 낮에 인간 지옥 홍대입구역이 웬 말이냐며, 의자에 깊숙이 앉아 있던 나는 어느덧 물개박수를 치고 있었다.

두 패널의 발표가 끝나자 배심원단의 질문이 쏟아졌다. 동시에 손을 드는 이가 많았다. 사회자는 난감해했다. "알겠습니다, 알겠습니다. 저분 먼저." 이런, '정치 덕후'들인가.

"저런 방향의 개헌, 선거 개정 다 동의할 듯합니다. 상식이 있는 사람이라면요. 그런데 저게 가능할까? 지루한 상황이 지속될 것 같거든요. 반대하는 저항은 어떻게 설득할지 질문드립니다."

"선거 제도 개혁 말씀하셨는데, 비례대표에서 '대표성'을 어떻게 보장할 수 있을까요?"

질문이 이어졌고, 최 교수가 마이크를 잡았다.

"합의제 민주주의 가기 위해 개헌이 반드시 필요해요. 그런데 과두제(소수의 사람 또는 집단이 정치·경제 권력을 독점하는 정치 체제) 개헌으로 갈 위험성을 직시해야 한다는 거죠. 지금 당 그대로에서 권력구조만 의원내각제, 분권형 대통령제 등으로 바꾸면 지역 정당 보스들이 과두 체제 형성할 가능성 굉장히 높죠. 자기들끼리 장관 나눠 먹기 하고. 노동을 위해, 소상공인 위해, 청년 위해서가 아니라 자기 지역 이익 강고히 하기 위해서요. 두 번째, 헌법에 명시된다고 바로 생활 개선으로 오지 않습니다. 명시됐다고 보장됩니까? 법제화해야 합니다. 여성의 권리, 녹색권리, 법제화하지 않으면 실생활과 아무 관련 없습니다. 법제화, 누가 합니까? 정당정치, 입법 통해서 법과 제도로 정책으로 나옵니다. 촛불 민심을 놓치기가 너무 아까워요. 진짜 개헌은 어려워요. 얼마나 많은 의제가 있습니까? 기본권 강화? 어디까지 가고 어디서 멈출 겁니까? 선거법은 국회에서 반만 동의하면 통과됩니다. 법률 개정사항이기 때문에. 순서대로 하자, 이 말씀 드리고 싶어요."

사회자가 외쳤다. "교수님, 짧게, 짧게." 정책배틀의 모든 과정은 정해진 시간이 있다. 단 몇 분 안에 몇 표씩 치고 빠지기를 반복했다. "아, 아, 알겠습니다." 최 교수는 마이크를 놓았다. 박 소장의 반

'우리 민주주의 우리가 만든다.' 정치개혁을 주제로 한 '함께 그리는 대한민국: 정책배틀'에 참가한 시민 정책배심원단이 4일 오후 서울 마포구 동교동 '미디어카페 후'에서 모바일로 '선거제도 개혁'과 '개헌' 중 우선순위를 선택하는 정책투표를 마친 뒤 휴대폰을 들어 보이고 있다. ⓒ김명진

격이 시작됐다.

"이전 시민운동이 집회였다면 이제 우리가 국민투표권, 국민발안 권, 국민소환권을 가지는 것으로, 합법적 제도를 통해 국민의 힘을 관철할 때, 국가는 국민 무서운 것을 알고 변화할 수 있습니다. 자기 가 믿는 걸 실천하고 성공하는 것이 중요하지 '저건 논리적으로 맞 지 않다', 앉아서 이야기하는 것은 의미가 없습니다."

맞은편 최 교수는 자리에서 벌떡 일어났다. "저는 서서 이야기하 겠습니다." 와, 웃음이 쏟아졌다.

대다수의 토론 프로그램에서 시민은 구경꾼, 방청객, 들러리다. 정책배틀에서 시민 배심원은 패널들의 승패 결과를 좌우하는 주인 공이다. 정책배틀을 현실로 가져온다면? 시민이 정책을 만드는 주 체다. 전문가들은 주인공인 국민을 설득하기 위해 짧은 시간 안에

한 단어, 한 문장을 효율적으로 취사선택해 말한다. 표를 얻기 위한 그들의 말에, 심드렁하게 앉아 있던 나도 허리를 곧추세우게 됐다.

토론은 확신이 아닌, 혼돈을 준다. 우리가 가졌던 신념의 문을 두드리고 흔들어놓는다. 원래 가졌던 생각에서 물음표투성이가 비눗방울처럼 하늘로 올라간다. 몽실몽실 질문이 떠다닌다. 질문은 다른 세계와 부닥치며 쾅, 소리를 낸다. 파열이다.

토론해도 소용없어?
——

조별 배심원단 심의를 앞두고 쉬는 시간이 주어졌다. 화장실에 가는 길에 보니 최 교수와 시민 두 명이 서서 대화를 나눴다.

"아이러니하게 국회의원들 스스로 스펙 쌓으려고요. 대통령 인사권으로 국회의원 그만두지 않고 입각하는 방법을 열어놓는다는 게 현 국회 수준입니다, 정권 떠나서. (행정부와 입법부가) 서로 견제해야 하는데. 그리고 제가 봤을 땐 개헌안이 없습니다. 정말 하고자 한다면 민주당, 국민의당 초안이라도 나와야 하는데요. 시기가 중한 게 아니라 안이 하나로 모여야 하는데."

"시민사회에서 만든 안하고, 이른바 유력 의원이 만든 안은 있는데 당 차원 안은 없죠."

사전 투표에서 선거 제도 개혁을, 실시간 투표 때 개헌으로 선회했지만, 불확실한 건 매한가지였다. "일단 제왕을 폐하면, 공간이 생기므로 새로운 정치세력 등장할 수 있다? 하지만 그건 순 이론이에요. 그런 나라 하나도 없어요. 19세기 말이나 20세기 초에 의원

내각제 택한 영국, 호주, 캐나다 이런 나라가 왜 아직도 양당제인지 설명이 안 돼요." 최태욱 교수의 이 말이 계속 마음에 걸렸다. 다른 배심원 의견을 들으며 생각은 또 바뀔 수 있다.

쉬는 시간이 끝나고 배심원단들이 자기 자리를 찾아갔다. 배심원 심의 시간이 다가왔다. 입이 바짝 말랐다. 평소 내 주위 대다수는 진보다. 그러나 사람들과 정치 이야기는 잘 하지 않는다. "(저 사람) 보수적이야"라는 말을 "(저 사람) 별로야"라는 말과 등가로 쓰거나, 보수나 보수의 주장 또는 노인 세대는 덮어놓고 논할 가치가 없다고 여기거나, "종교는 인민의 아편"이라는 카를 마르크스의 말처럼 종교적 사고를 하는 사람을 교정 대상으로 보거나, 얼마나 해박한 지식과 깨어 있는 사고를 가졌는지를 늘 확인받아야 하거나. '이런 진보'에 피로한 상태였다.

4조 자리에 가서 앉았다. 배심원단은 8명. 물론 배심원은 대부분 진보 성향일 것이고 개헌이냐, 선거 제도 개혁이 먼저냐는 정확하게 진보와 보수로 나눌 문제도 아니다. 그렇기에 '전쟁 같은 토론'은 아닐 것이다. 하지만 정치적 생각을 드러낸다는 것 자체가 긴장을 불러일으켰다. 한 사람씩 돌아가면서 자기 생각을 이야기했다. 선거 제도 개혁 쪽이 우세했다. 2:6. 생각이 정리되진 않았지만, 개헌 쪽에 서기로 했다.

"스페인의 포데모스 정당도 그렇지만 정당들이 지역, 마을 단위로 들어가서 일상적으로 토론하는 게 필요할 것 같아요. 질문드리고 싶은 게, 중앙선관위가 2015년 2월에 비례대표를 100석으로 늘리라는 제안을 했는데도 (정치권에서) 받아들이지 않았잖아요. 벽이 두꺼운 거죠. 우리가 제안해도 받아들이지 않을 것 같은데 어때요?"

"지난해 11월28일 중학교 2학년생들이 원주경찰서에 집회 신고한 거 아세요? 단신으로 기사 났는데. 진짜인가 싶어 경찰서 전화했더니 맞대요. 아파트 단지 안에 애들이 모이는 거죠. 그 친구들이 사회인 되면 어마어마하게 변할 거예요."

"만 18살 선거권 보장해야 해요. 15살까지 줘도 된다고 생각은 하는데, 그건 현실적으로 힘드니까. 그리고 여성 할당제가 이뤄져야 해요. (정당법상) 권고 사항이라서 안 지키는 정당들도 있단 말이에요. 지금 사회적 소수자, 사회경제적 약자들은 공천받을 수도 없고 자금도 없어요. 이거 개선이 돼야 해요."

배심원 심의가 두 쪽으로 나뉘어 가열차게 진행되진 않았다. 그러나 1987년 6월 항쟁처럼 촛불이 바람에 흩어져 허망하게 꺼지지 않고, 개헌이든 선거제도 개혁이든 성과로 이뤄져야 한다는 공감대 속에서 대화가 끊이지 않았다.

배심원 심의가 끝나고 전체 배심원단 50명의 최종 투표가 시작됐다. 결과는? 33:17. 사전 투표와 같았다. 배심원도 패널도 잠시 멍. 혼돈에 빠졌다.

"이거 어떻게 된 거예요?"

"토론해도 소용없단 결과 아네요?"

두 패널은 머쓱한 웃음을 지었다. "학자가 필요 없다는, 쓸데없이 왔단 거 아네요? 하하." 어떤 배심원이 자리에서 일어났다. "입장

바꾸신 분, 손들어보세요." 서너명쯤 될까? 결과는 허탈했지만, 정
책배틀 누리집 댓글창에는 '이후'를 기대하는 사람들의 목소리가
속속 올라왔다.

"이런 토론장이 많이 생기고 담아내는 곳이 있으면 합니다. 건의
입니다. ㅎㅎ"(김아무개) "광화문에서도 몇천명이 참여하는 토론 기
대해요!"(홍아무개) "이런 토론장이 활성화되길!"(윤아무개) "이런 게
민주주의."(박아무개)

사실, 박아무개는 나다.

직접민주주의 강화 방안

국민소환·국민투표… 한국선 왜 안되나

"불체포 특권 폐지를 검토하고, 정치적 오남용 최소화 방안 마
련을 전제로 국민소환제 입법화도 검토하겠다."

4·15 총선을 앞둔 2004년 4월 11일 박근혜 당시 한나라당 대
표가 서울 여의도 천막당사에서 발표한 정치개혁 공약이다. 총
선 직후인 그해 5월 3일 박 대표와 정동영 열린우리당 대표는 선
출직 공직자에 대한 유권자의 소환 및 해임 권한인 국민소환제와
주민소환제에 원칙적으로 합의했다. 2년 후, 지방자치단체장과
지방의원을 소환하고 해임할 수 있는 '주민소환제'만 국회를 통
과해 법률로 제정됐을 뿐이다. 요컨대 대한민국 헌정사에서 국민
소환제는 한 번도 도입된 적이 없다.

헌법상 직접민주주의 변천

1945

11월 29일(제2차 헌법 개정, 사사오입개헌)

국민투표 도입(제7조2항)
국가 안위에 관한 중대 사항은 국회 가결 거친 뒤 국민투표에 부침.
선거권자 3분의 2 이상의 투표, 유효투표 3분의 2 이상 찬성 얻어야 함.

국민발안 도입(제98조1항)
50만 명 이상의 선거권자가 찬성하면 헌법 개정안 발의할 수 있음.

1962

12월 26일(제5차 헌법 개정, 5·16쿠데타 이후)

국민투표 축소, 국민발안 존치(제119조)
단, 국민발안에 의해 제안된 개정안도 국회 재적의원 3분의 2 이상 찬성
얻어야 함.

1972

12월 27일(제7차 헌법 개정, 유신헌법)

국민발안 폐지, 국민투표 유지(제49조)
다만, 대통령이 필요하다고 인정할 때에만 국가 중요 정책을 국민투표에
부칠 수 있게 함. 헌법 개정은 국민투표 대상 아님.

1980

10월 27일(제8차 헌법 개정, 신군부에 의해 주도)

국민투표 유지(제47조)
국민투표 대상에 헌법 개정 포함.

1987

10월 29일(제9차 헌법 개정, 6월항쟁 이후)

국민투표 유지(제72조, 제130조2항)
헌법 개정 사안과 대통령이 필요하다고 인정하는 중요 정책에 대해
국민투표 가능.

　　최근 촛불 정국을 타고 국민소환제가 잇따라 발의되고 있다.
민주당이 지난해 12월 내놓은 '촛불혁명 정책과제'에 국민소환
제를 포함한 데 이어 김병욱, 박주민(이하 더불어민주당), 황영철(바
른정당) 의원이 국민소환제를 발의했고, 국민의당 국가대개혁위
원회는 출정식에서 국민소환제와 국민발안제를 도입하겠다고

선언했다. 대의민주주의를 보완하는 직접민주제 요소인 '국민소환'(선출직 공무원 해임), '국민발안'(입법 제안), '국민투표'(국민이 중요 정책, 또는 헌법 개정에 투표로 참여)가 다시금 주목받는 이유는 촛불 시민들의 정치 참여 요구가 커진 까닭이다.

이는 〈한겨레〉가 시민 1000명을 대상으로 설문조사한 결과에서도 확인됐다. 촛불 이후 한국 사회에 필요한 개혁과제를 선정하기 위해 지난해 12월~올해 1월 실시한 조사에서, 시민들은 최우선 개혁과제로 '검찰의 공정성과 독립성 확보'(19.9%)에 이어 '시민의 직접 정치참여'(13.7%)를 택했다. 민의를 왜곡한 대의민주주의 제도를 직접 참여로 보완해야 한다고 판단한 것이다.

우리 헌정사를 보면 대의민주주의를 유지하는 가운데 개헌 때마다 직접민주제 요소를 제한적으로나마 제정하거나 폐지해왔다. 그러나 실효성은 낮았다. 1954년 제정됐으나 1972년 폐지된 국민발안의 경우, 사실상 국민에 의해 헌법 개정이 발안된 적은 없다. 중요 정책에 관해 실시하는 국민투표는 1975년 이후 멈췄다. 다만, 헌법 개정에 관해서만 1962~1987년 6차례 국민투표가 이뤄졌을 뿐이다.

직접민주주의에 대한 요구가 이번 촛불 정국에서 처음 나타난 것은 아니다. 정치에 대한 국민 불신이 극도에 다다를 때마다 되풀이됐다. 김대중 정부 출범 초기 6개월간 국회가 8차례 열렸지만 대부분 공전돼 '뇌사국회'라는 오명을 받았을 때도 시민단체를 중심으로 국민소환운동이 벌어졌다. 민의에서 벗어난 국회의 노무현 대통령 탄핵소추안 의결 때도 비슷한 상황이 반복됐다. 와이엠시에이(YMCA), 인권운동사랑방 등의 시민단체가 각 정당에 국민소환제 도입을 제안했다. 국가인권위원회에서 내놓은 〈국가인권정책기본계획 2007-2011〉 참정권 분야에도 국민소환제가 실천 과제로 포함됐으나 최종 권고안에서 빠졌다.

때로는 유권자의 민주적 요구가 아닌, 권력의 도구로 이용되기도 했다. 1952년 1월 대통령 직선제 개헌안을 부결시킨 국회의원 소환운동은 '관변단체' 중심으로 일어난 것이었다. 국회에서 재선이 어려운 이승만 대통령이 권력 연장을 위해 전략적으로 대통령 직선제 개헌 시도를 추진한 것이다.

국민투표가 독재정권을 정당화해주기도 했다. 박정희 대통령은 1972년 개정 헌법이 야당의 반대에 직면하자 비방과 개헌 논의를 금지하는 긴급조치 1, 2, 3호를 1974년 발동했다. 그러고도 정치 혼란이 끝나지 않자 이를 해소하기 위해 1975년 2월12일 국민투표를 실시했다. 박정희 대통령은 이른바 유신 헌법 찬반 투표를 자신에 대한 국민의 신임 여부와 연관지었다. "이번 국민투표를 비단 현행헌법에 대한 찬반 투표뿐 아니라, 나 대통령에 대한 신임 투표로 간주하고자 합니다."(1975년 1월22일 국민투표안 공고에 따른 대통령 특별담화)

과거 권력의 도구로 사용된 점을 돌이켜볼 때 직접민주제적 요소의 도입에 신중한 접근이 필요한 것은 사실이다. 특히 한 번도 제정되지 않은 국민소환제는 프랑스·영국·독일 등 정치 선진국에서도 채택하고 있지 않다. 그러나 국민투표의 경우 스위스·미국 등에 비해 범위가 좁게 한정되어진 현행법은 보완돼야 한다는 지적이 높다.

과거와 달리 국민들의 정치의식이 나아진 점도 고려돼야 한다. 국민투표를 자주 할수록 국민의 정치적 판단 능력이 발달한다는 것을 방증하는 나라는 스위스다. 1년에 국민투표를 3~4회 실시하는 스위스는 국민투표에서 모든 이에게 6주 휴가를 보장하는 안을 부결하고, 장애인연금의 재정건전성 확보를 위한 부가가치세 인상안에 찬성하는 등 포퓰리즘과는 거리가 멀다.

선거에 의한 대의민주주의가 민주적이지 않다는 회의는 1990년대 후반부터 정치학계에서 시작됐다. 대의민주주의의 위기와 함께 2000년대부터 직접민주제 요소를 도입하고 실험하는 국가가 늘어났다. 그러나 국민투표, 국민발안, 국민소환 등을 도입 또는 확대하자는 한국의 정치 상황이 세계적 추세에서 뒤떨어졌다는 지적도 나온다. 이관후 서강대 현대정치연구소 연구원은 "여론조사가 발전하면서 국민투표 의미가 퇴색했고, 인기투표에 가깝다는 회의감도 정치학자들 사이에선 높아졌다. 실효성이 없고, 형식적이라는 비판도 받는다. 요즘엔 (시민이 개헌 과정 등에 참여하는) 시민의회, 또는 주민참여예산제 등 일상적 시민 정치 참여가 세계적으로 주목받고 있다"고 지적했다.

민주주의의 어원을 따라 고대 그리스로 거슬러 올라가면, '피지배자에 의한 통치'를 뜻하는 '데모크라티아'에 닿는다. 누가 피지배자인가? 피지배자가 행사할 수 있는 범위는 어디까지인가? 지배자에게 통치 권한을 위임했다면, 회수할 권한은 없는가? 민주주의는 시대마다 다른 질문을 던진다. 1987년 민주화 이후 맞닥뜨린 민주주의의 거대한 위기와, 국회 탄핵 소추안 의결에 이르게 한 참여하는 촛불 시민들의 탄생 또한 그러하다. 2017년 대한민국 민주주의에, 우리는 어떤 새로운 정의를 붙여주어야 할까.

2장

—

검찰개혁:
검사장직선제 도입 찬성 vs 반대

"수사·기소권을 장악한 검찰의 힘을 분산하지 않은 채 검사장 직선제를 도입하면 더 무서운 악마를 만들 수 있다."(정아무개)

"금융실명제도 현실과 맞지 않는 제도라고 했지만 우리 사회를 바꿨다. 제도가 현실을 견인하기도 한다."(박아무개)

"수직적 구조가 바뀌지 않으면 국민이 뽑든 검찰총장이 임명하든 최고권력자에겐 다를 바 없다."(고아무개)

"힘있는 집단이 베일에 싸여 있고 공개되지 않으면 부패한다. 시민의 감시를 받으면 검찰도 달라질 것이다."(김아무개)

'검사장 직선제를 도입할 것인가'라는 주제로 2017년 2월 11일 서울 마포구 동교동 '미디어카페 후'에서 열린 '함께 그리는 대한민국: 정책배틀-검찰개혁 편'. 정권의 충직한 하수인 노릇을 하고 있는 검찰을 뜯어고쳐야 한다는 데는 시민정책배심원단 50명이 한

검찰개혁

'검사장 직선제 도입' 투표 결과	찬성	반대
	35명 → **28명**	15명 → **22명**
	사전투표	사전투표

28명 남성

22명 여성

시민배심원단 구성원 (총 50명)

참석자 주요 댓글

"지금보단 낫지 않겠습니까. 국민 눈치 보도록! 민주주의를 믿습니다."
— 정아무개 (찬성)

"인기 없고, 돈 없는 사람은 출마조차 힘들기 때문… 박근혜, 이명박, 트럼프 모두 선거로 뽑힌 사람."
— 이아무개 (반대)

그외 검찰개혁 주요 과제

고위공직자 비리수사처 설치

고위공직자의 직무 관련 부정부패 사건을 수사하는 독립기구. 입법, 사법, 행정 어디에도 속하지 않는 독립기구로서, 고위공직자와 친족의 뇌물죄, 직무유기, 직권남용 등 수사. 검찰의 독점적 권한 행사 견제.

오지원
변호사

핵심은 사람이다. 검찰 출신들로 채우는 것은 지양!

실현가능성 ★★★★☆
개혁성 ★★★☆☆

안진걸
참여연대 공동사무처장

이번에 박영수 특검 보셨죠? 그게 상설화된다니 얼마나 좋나요.

실현가능성 ★★★★★
개혁성 ★★★★★

정은주
한겨레 기자

새누리당부터 정의당까지 다 찬성했는데 왜 안 되지?

실현가능성 ★★★☆☆
개혁성 ★★★☆☆

검경 수사권 조정

검찰에 종속된 경찰의 수사권을 독립시켜 상호감시하고 견제하는 관계로 재정립. 검찰은 기소권 유지하지만 직접 수사는 지양. 강화된 경찰은 자치경찰제나 고위공직자 비리수사처 등으로 견제. 권한 행사 견제.

한상희
건국대 교수 (헌법)

비정상의 정상화.

실현가능성 ★★☆☆☆
개혁성 ★★★★★

안진걸

10만 경찰의 숙원 중의 숙원! 다만 경찰 수뇌부가 확 바뀌어야 가능해질듯요~

실현가능성 ★★★★☆
개혁성 ★★★★☆

조수진
변호사

구더기 무서워 장 못 담그랴.

실현가능성 ★☆☆☆☆
개혁성 ★★★★★

검사 피의자신문조서 증거능력 배제

피의자나 변호인이 동의하지 않으면 검사가 작성한 피의자신문조서의 증거능력을 인정하지 않는 것. 현재는 검사가 작성한 피의자신문조서에 우월한 증거능력 인정해 사실상 재판 결과까지 좌지우지.

한상희 검사가 등은 진술은 참이고 판사가 들은 진술은 거짓이냐?
실현가능성 ★★★★☆
개혁성 ★★★☆☆

안진걸 검찰에서 조사받아보면 알게 됨. 얼마나 살벌한지.
실현가능성 ★★★☆☆
개혁성 ★★★☆☆

정은주 이것만 해도 여러 목숨 살린다.
실현가능성 ★★★★☆
개혁성 ★★★☆☆

법무부의 탈검찰화

법무부는 범무행정·정책·서비스에 중점을 두고, 검찰은 수사 및 기소 기관으로서 양자가 견제와 균형 지키는 방안. 현재 법무부의 주요 국·실장과 과장직을 검사가 독점해 검찰이 법무부 지배.

오지원 검찰공화국을 벗어나는 빠른 길.
실현가능성 ★★★★☆
개혁성 ★★★★☆

안진걸 검찰을 바로 세우기 위해서는 법무부라도 검찰권력에서 벗어나야.
실현가능성 ★★★★☆
개혁성 ★★★☆☆

정은주 왜 검사만 독점해? 변호사, 판사도 많은데.
실현가능성 ★★★☆☆
개혁성 ★★★★☆

검사평가제

피의자나 피고인의 변호인이 '수사검사'와 '공판검사'를 평가. 평가 항목에 윤리성과 인권의식, 정치적 중립성, 직무 신속성, 설득력과 융통성 등을 포함. 검사평가 내용을 발표하고 인사자료로 활용.

한상희 감시자도 감시된다.
실현가능성 ★★★★☆
개혁성 ★★☆☆☆

오지원 누가, 어떤 방식으로 평가하느냐가 핵심.
실현가능성 ★★★★★
개혁성 ★★☆☆☆

조수진 과연 검사님들이 민초들 평가에 신경쓰시까이.
실현가능성 ★★★★★
개혁성 ★☆☆☆☆

목소리를 냈지만 방법론에선 의견이 엇갈렸다. 전국 18개 지방검 찰청의 검사장(지방검사장)을 모두 지역 주민들이 직접 선출하자는 지방검사장 직선제 정책에 대해 사전투표 결과는 35 대 15로 찬성 쪽이 압도적이었다. 그러나 전문가 발제와 질의·응답, 배심원단 심 의를 거치면서 찬반 의견이 엎치락뒤치락했다.

볼링 스트라이크 칠 '킹핀'

검사장 직선제는 2012년 한명숙 당시 민주통합당 대표가 당대표 로 선출된 직후 검찰개혁 공약으로 처음 선보였다. 노무현 정부의 '위로부터의 개혁'이 실패로 끝나고 이명박 정부 들어 다시 '정치검 찰'이 고개를 들자 '아래로부터의 개혁'이 필요하다는 목소리가 커 졌다. 2014년 '십상시 문건' 파동처럼 박근혜 정부에서도 검찰은 '권력의 해결사' 노릇을 자청했고 야권은 시민에 의한 검찰 통제에 한발 더 다가갔다. 박주민 의원(더불어민주당)이 지난해 11월 지방검 사장 직선제 법안을 발의했고 야권 대권 후보인 이재명 성남시장이 이를 대선 공약으로 내놓았다. 미국의 경우 주민 직접선거로 주(스 테이트)의 법무장관과 검사장, 지역(카운티·시티)의 검사를 선출한다.

검사장 직선제 도입에 찬성하는 이국운 한동대 국제법률대학원 교수(참여연대 사법감시센터 실행위원)는 찬성 패널로 나서 검사장 직선 제를 볼링에서 스트라이크를 치기 위해서 맞혀야 하는 5번 '킹핀' 에 비유했다. "검찰총장 임기제, 인사청문회, 수많은 특검을 해봤지 만 검찰은 훨씬 더 나쁜 방향으로 변하고 있다. 검사장 직선제로 기존 검찰개혁론의 한계를 돌파하는 새로운 전기를 마련해야 한다. 이제까지 검찰개혁론이 정치권력과 검찰권력 사이의 관계를 제도화하는 수준에 머물렀다면 이번에는 민주주의의 기본원칙을 전면화해 선거를 통해 검찰조직 자체를 민주화해야 한다."

검사장 직선제가 몰고 올 효과로 △중앙집권적 피라미드의 붕괴 △검찰권력의 민주화 △검찰권의 분권화와 개혁경쟁 △대검찰청과 고등검찰청의 자리 찾기 △자치경찰제 등 전후방 개혁 효과 등 5가지를 꼽았다. 이 교수는 "검사장을 주민이 직접선거로 선출하면 검찰총장이 단일하게 지배하는 검찰의 피라미드 권한·조직이 무너지면서 대통령 등 집권세력으로부터 독립성을 확보할 수 있다"며 "선출직 검사장이 개혁경쟁을 벌이면서 국회 독립검찰위원회 설치, 자치경찰제 및 수사권 조정 등 검찰·경찰 전반을 개혁하는 작업을 이끌 수 있다"고 주장했다.

"검사장이 검사를 권력의 도구로 활용할 수 있다"

반대 패널로 나선 이광철 변호사(민주사회를 위한 변호사모임)는 검사장 직선제는 "무익하며 유해하다"고 맞섰다. 이유는 이렇다. 첫째, 주민의 의견이 매번, 반드시 합리적이고 타당할 수 없기에 성소수자, 이주민, 탈북자에 대한 혐오를 부추기거나 엄벌 위주의 수사를 초래할 수 있다. 둘째, 정치권력은 대검찰청이나 고등검찰을 통해 지검장 직선제 밖에서, 검찰 권력을 계속 활용할 것이다.

셋째, 선출직 검사장이 무능하거나 부패할 경우 통제불능 상태에

놓일 수 있다. 우후죽순 후보가 난립하는 경우 번호를 잘 뽑으면 당선되는 '로또 선거'가 되거나 지역 토호세력과 결탁한 금권·조직 선거로 변질할 수 있기 때문이다. 넷째, 정치검사를 억제하는 것이 아니라, 오히려 검사들이 정치권력 그 자체가 될 수 있다. 현행법은 검사들이 정치권력에 복종할 의무가 없지만 선출직 검사장은 정치인으로서 그 소속 검사를 정치권력에 활용하는 도구로 삼을 수 있다. 미국에서도 높은 형량을 받아내기 위해 검사가 법정에서 배심원을 상대로 과도한 연출을 하고, 재판이 스포츠로 변질됐다는 비판이 나오고 있다. 이 변호사는 "검찰개혁의 본질은 수사권을 조정해 권한을 줄이고 고위공직자 비리수사처 등을 설치해 상호 견제하는 것"이라며 "검사장 직선제는 검찰개혁의 본류를 벗어나 득보다 실이 많다"고 주장했다.

양쪽 전문가가 발제하는 동안 배심원들은 휴대전화로 실시간 투표창에 댓글을 달며 찬반 의견을 나눴다. "찬성: 직선제 제도가 해결책은 아니지만 지금보다 나을지도…."(박아무개) "반대: 지역의 소통령을 만드는 것처럼 막대한 부작용이 뒤따르게 됩니다."(김아무개) "반대: 인기가 없고 돈 없는 사람은 출마조차 힘들기 때문입니다."(이아무개) "찬성: 모든 권력은 국민에게."(김아무개) "반대: 들어보니 우려했던 부분이 확인되었다."(오아무개)

배심원단 표심 '엎치락뒤치락'

전문가 발제가 끝나자 찬반이 13 대 25로 뒤집혔다. 배심원 12명은 아직 실시간 투표에 참여하지 않았다. 역전을 당한 찬성 쪽에서 반격에 나섰다. "한 사람이라도 제대로 된 (선출직) 검사장이 나왔다고 치자. 대통령이 민정수석이나 법무장관, 검찰총장을 통해 그 사건 덮어라, 수사하지 말라고 압력을 행사했다. 그 검사장이 '내가 전화를 받았지만 도저히 이 지시를 따를 수 없다'고 기자회견을 연다. '나를 뽑아준 주민의 뜻을 받들어서, 법의 정의에 따르는 검사장이 되겠다'고 밝힌다. 선출직 검사장 18명 중 단 3명만 제대로 해도 검찰은 분명히 바뀐다."(이국운 교수)

투표창이 23 대 19로 바뀌며 다시 요동쳤다. "찬성: 선택할 수 있으면 바꿀 수도 있다."(이아무개) "찬성: 다양한 의사결정자를 선출해야 직접민주주의에 좀더 접근할 수 있다."(권아무개) "찬성: 민주주의 기본은 견제입니다. 민선 시·도지사, 교육감, 지역구 의원처럼 수사기관도 견제하게 해야 합니다."(권아무개) 배심원 8명은 아직 마음을 정하지 못했다.

이번엔 배심원단이 찬반 전문가들에게 질문을 던지는 질의·응답 차례.

질문: "검사장을 직선제로 바꾸었을 때 실질적으로 나타날 수 있는 효과를 말해달라. 추측이 아니라 논리에 근거해서."

이국운 교수: "스폰서 검사는 검찰이 중앙집권적, 상명하복 조직이라 생긴다. 지역 주민이 검사장을 뽑으면 개혁할 수 있다."

질문: "검경 수사권을 조정하려면 경찰이 전문적이고 중립적이라는 전제가 있어야 한다. 이 두 전제가 이뤄지지 않은 상태에서 수사

권 조정을 할 수 있나?"

이광철 변호사: "수사권을 지금 바로 경찰에게 주자는 게 아니다. 경찰을 중앙경찰, 자치경찰로 이원화하고 고위공직자비리수사처 설치 등 다른 수사기관을 만들어 검찰을 견제해야 한다."

직선제 도입이 승리했지만…

양쪽 전문가들은 모두 박근혜 탄핵으로 불타오른 촛불광장의 민심으로 검찰개혁을 어떻게 해야 할지 신중히 결정해달라고 최후진술했다. 배심원단은 6개 조로 8~9명씩 나뉘어 40분간 심의했다. 10대부터 60대까지, 대학생부터 퇴직공무원까지 나이도 직업도 다양한 배심원들은 서로 찬반 의견을 나누며 생각의 차이를 좁혀갔다. "무소불위의 힘을 쪼개는 게 최우선 과제다. 촛불민심이 뜨거울 때 검찰 수사·기소권 분리를 먼저 해야 한다."(정아무개) "검경 수사권 조정은 수십년간 안 됐다. 일단 직선제를 통해 국민의 대리인을 검사장에 앉혀놓고, 그 사람이 수사권을 조정하는 공약을 내게 하자. 검경 수사권 조정이 더 중요하지만, 국민의 목소리를 들을 수 있는 직선제가 먼저다."(박아무개) 결국 검사장 직선제 도입에 대한 최종투표는 28 대 22. 찬성 쪽이 더 많은 표를 얻었지만 사전투표 때 찬성표를 던졌던 7명이 반대 쪽으로 의견을 바꿨다.

백승헌 '바꿈' 이사장은 "검찰개혁은 단 한 번의 승부가 아니다. 시민들이 5년, 10년, 20년 끈질기게 싸워나가야 한다. 정책배틀이 다양한 토론을 사회적으로 이어가는 매개가 되길 바란다"고 말했다.

3장

민생해법:
청년배당 vs 국민건강보험 하나로

2017년 2월 12일 서울 홍대 입구 '미디어카페 후'에서 정책 배틀에 나선 두 팀은 결연한 표정이었다. 주권자를 대표하는 시민배심원단 앞에서 각자 시급하다고 생각하는 민생해법(청년배당 대 건강보험 하나로)을 제시하고 평가받아야 하는 엄중한 시간. 공연을 앞둔 연주자들의 예민한 표정처럼 불 꺼진 워크숍 공간에는 팽팽한 긴장감이 감돌았다.

송파 세모녀 사건' 대 '구의역 스크린도어 사고'

각각 '청년배당'과 '건강보험 하나로'(건강보험)를 1순위 민생해법으로 제시한 기본소득네트워크와 '내가 만드는 복지국가' 쪽은 우리 사회 비극의 현장으로 배심원단을 소환했다.

먼저 건강보험팀은 2014년 2월 서울 송파구 석촌동에 세들어 살

민생해법

 28명
남성

 22명
여성

시민배심원단 구성원 (총 50명)

'청년배당'
'건강보험 하나로'
투표 결과

청년배당	전강보험 하나로
23명 → 25명	27명 → 25명
사전투표	사전투표

참석자
주요 댓글

"청년이 건강해야 국민건강보험 모순점도 개혁, 대학생으로서 청년배당 후 건강보험 혜택 받고 싶네요." – 이아무개 (청년배당 지지)

"대다수의 소외된 국민을 위해 하나로 시스템이 좋을 듯." – 이아무개 (**건강보험 하나로 지지**)

그외 민생해법 주요 정책

대·중소기업 상생협약을 통한 이익·성과공유제

대기업의 불공정 행위를 엄격히 규제하는 한편, 중소기업과 대기업의 상생협약(동반성장)을 압박해 이익과 성과를 공유할 수 있도록 유도하는 방안.

전성인
홍익대
교수
(경제학)
법인세 유신을 통해 이윤이 협력업체로 흘러가게 하는 것이 과제

실현가능성 ★★★☆☆
개혁성 ★★★☆☆

홍일표
더미래
연구소
사무
처장
나눌수록 커지는 건 사랑만이 아니다.

실현가능성 ★★★☆☆
개혁성 ★★★★☆

임주환
희망
제작소
객원
연구
위원
(변호사)
초보적인 실험은 시장에서 납득할 만한 결과를 내지 못한다

실현가능성 ★★☆☆☆
개혁성 ★★★☆☆

노동이사제

서울시가 도입한 노동이사제를 확대해 노동자대표가 기업 최고 의사결정기구인 이사회에 참여하는 등 경영에 개입할 수 있도록 보장하는 방안.

오건호
건국대
교수
(헌법)
내가만드는복지국가 공동운영위원장 노동자 경영 참가를 실험하는 중요한 시도.

실현가능성 ★★★★★
개혁성 ★★★★☆

홍일표
이제 겨우 내딛은 작지만 큰 걸음.

실현가능성 ★★★☆☆
개혁성 ★★★★☆

노현웅
한겨레
기자
박정희 체제 노동배제를 극복할 담대한 실험. 아쉽다 박원순.

실현가능성 ★★☆☆☆
개혁성 ★★★★☆

다중대표소송제 및 징벌적손해배상소송제

주주가 대표소송을 걸 수 있도록 하고, 명백한 불공정행위 및 불법행위에 대해서는 손해액의 상당액(미국의 경우 손해액의 3배)을 청구할 수 있도록 공정거래법 등을 개정.

전성인 지주회사 제도 강화와 대칭이 되는 제도	**임주환** 자본가 쪽 극렬한 반발을 보니 의외로 개혁적?	**노현웅** 미국식 주주자본주의가 한국에선 개혁의제라는 게 함정.
실현가능성 ★★★☆☆	실현가능성 ★★★☆☆	실현가능성 ★★★☆☆
개혁성 ★★★☆☆	개혁성 ★★★☆☆	개혁성 ★★★☆☆

노동시장 이중구조 개선 및 최저임금 인산

원·하청업체 및 정규·비정규직 등으로 나뉜 노동시장 이중구조 개선. 노동시간 단축으로 일자리 나누기 효과까지. 최저임금 인상을 통해 저임금 노동자의 생활임금을 보장.

전성인 일자리 창출은 성장 전제로 해야 하지만, 쉽지 않다는 점이 현재 한국 경제 최대 문제.	**오건호** 참 중요하지만 노동 내부의 혁신도 필요한 지난한 숙제.	**노현웅** 일자리는 밥이요. 밥은 하늘이라. 하늘은 혼자 누릴 수 없는 것!
실현가능성 ★★☆☆☆	실현가능성 ★★☆☆☆	실현가능성 ★★☆☆☆
개혁성 ★★★★☆	개혁성 ★★★★☆	개혁성 ★★★★☆

기본소득 도입 및 공공부문 확대를 통한 일자리 창출

기존 복지수급 체제와 별개로 청년·아동·노인수당(기초연금)을 확대 적용해 점차 기본소득 형태로 발전시키며, 공공부문 고용 확대를 통해 사회서비스를 확충하고 고용 및 내수시장 활성화.

오건호 사회수당과 기본소득은 족보가 다른 제도. 순차적으로 발전하는 것 아님.	**홍일표** 한다면 한다.	**임주환** 원샷 해법이 없을 땐 칵테일 요법이라도.
실현가능성 ★★☆☆☆	실현가능성 ★★★★★	실현가능성 ★★★☆☆
개혁성 ★★★☆☆	개혁성 ★★☆☆☆	개혁성 ★★★☆☆

던 세 모녀가 집세 70만 원이 담긴 봉투를 남기고 스스로 목숨을 끊었던 '송파 세 모녀 사건'을 소개했다. 한국 사회에서 가족 공동체가 붕괴되는 경로엔 항상 '질병'이 포함돼 있다는 것이다. 실제 송파 세 모녀 사건에서, 어머니와 두 딸은 12년 전 아버지가 방광암으로 투병하다 숨지면서부터 생활고를 겪기 시작했다. 그리고 아버지를 대신해 가장 노릇을 하던 어머니가 허리를 다쳐 직장을 잃게 된 것은 극단적인 선택을 하는 결정적 계기가 됐다. 큰딸은 고혈압, 당뇨병으로 직장에 다닐 수 없는 처지였다. 이들이 치료비 부담 없이 질병을 극복해 냈다면 비극은 없었을 것이다.

청년배당팀은 '이생망'(이번 생은 망했어!)을 읊조리는 20대 청년의 삶을 들었다. 체감실업률 20%에 이르는 청년들은 반듯한 일자리를 꿈꾸며 경쟁하지만, 일자리 절벽과 학자금·생활비 대출에 시달리며 좌절만을 경험하고 있다. 지난해 5월 구의역 스크린도어(안전문) 사고로 목숨을 잃은 정비용역업체 김아무개 씨의 가방에는 컵라면과 스테인리스 숟가락이 들어 있었다. 그는 서울메트로 정직원이 될 수 있다는 꿈을 꾸며, 저임금·장시간 노동의 굴레를 묵묵히 견뎌내던 청년이었다. 이들 청년에게 청년배당은 단순한 현금 지원이 아니라, 존엄을 지킬 수 있는 생명줄이라는 것이다.

우리 정책의 비교 우위는요

건강보험팀이 내세운 '국민건강보험 하나로'는 건강보험 하나만 있으면 병원비를 걱정하지 않을 수 있도록 하자는 방안이다. 의료비 가운데 건강보험이 부담하는 몫(보장률)을 80%까지 올리고, 환자가 부담하는 치료비에도 상한(연간 100만 원)을 두는 정책이다. 큰 수술과 입원 치료로 병원비가 수천만 원이 나오더라도, 환자 본인 부담은 100만 원으로 제한하자는 것이다.

건강보험팀은 이런 정책이 충분히 현실성이 있다고 강조했다. 2014년 기준 1년 의료비 총액이 65조5000억 원인데, 이 가운데 건강보험이 부담한 몫이 40조7000억 원, 환자가 부담한 금액이 24조8000억 원이다. 어마어마한 치료비 부담에 국민들은 '울며 겨자 먹기'로 민간 의료보험에 가입해 가구당 보험료가 한달 28만8000원(2013년 기준)에 이른다. 건강보험의 보장성을 끌어올리면 불필요한 사보험료 지출을 줄일 수 있고, 소득 격차가 건강 격차로 연결되는 것을 막을 수 있다.

건강보험 하나로 정책을 현실화하기 위한 재원은 연간 14조 원 정도로 추산된다. 현재 전국민이 내고 있는 연간 사보험료 총액 30조~50조 원과 비교하면 절반에 못 미친다. 건강보험은 모든 국민을 대상으로 한다는 강점도 있다. 불필요한 세대간·지역간 갈등 없이 전국민이 '복지국가의 맛'을 볼 수 있다는 뜻이다. 더구나 건강보험공단엔 흑자 재원 20조 원 정도가 쌓여 있는 상황이다. 당장이라도 시작할 수 있는 정책인 셈이다.

청년배당팀은 '시대의 변화'를 내세웠다. 신자유주의 경제체제가 고도화되면서 일자리의 질이 급속도로 나빠지고 있는데다, 4차 산업혁명 등으로 '일자리 절벽'이 다가오고 있다. 완전고용을 전제로 유지되는 기존의 복지시스템 역시 위기를 맞을 수밖에 없다는 뜻이다. 결국 남은 방법은 대대적인 노동시간 단축과 일자리 나누기뿐인데, 그 과정에 인간의 삶을 지킬 수 있는 방안은 청년배당과 같은 기본소득뿐이라는 것이다.

특히 청년배당은 장차 고민해야 할 전국민 기본소득의 마중물과 같은 기능을 한다. 먼저 19~29살 청년들에게 매달 20만 원을 지급(청년배당)하고, 이어 6~12살 아동에 대해 월 20만 원의 아동수당을 지급한다. 또 65살 이상 고령층에게는 월 30만 원의 기초연금을 전면화한다. 이렇게 점차 범위를 확장해 기본소득 도입에 탄력을 붙인다는 것이다.

이를 위해 필요한 재원은 청년배당에 16조8000억 원, 아동수당과 기초연금은 각각 7조4000억 원과 23조4000억 원이다. 청년배당팀은 대표적인 '불로소득'인 지대·임대료에 토지보유세(0.5%)를 도입하고 가계소득의 3%를 '시민세'로 거두면 48조 원의 세수가 확충된다는 강남훈 한신대 교수(경제학)의 연구 결과를 재원 마련 방안으로 제시했다.

쏟아지는 질문, 쉽지 않은 선택
—

디테일한 짜임새를 강점으로 내세운 건강보험팀과 청년 문제를 중심으로 가치와 이념을 강조한 청년배당팀 사이에서 배심원단의 선택은 쉽지 않았다. 두 팀에 '송곳 질문'이 이어졌다. "커피숍, 치킨집으로 대표되는 40~50대 자영업자들의 비참한 삶은 어떻게 해야 하나요?", "군대에 있는 장병들도 청년배당을 받을 수 있을까요?", "건강보험 보장성이 높아지면 과잉진료 문제가 더 심각해지지 않을까요?", "민간보험사들 반발도 만만찮을 것 같은데 이에 대한 대책은 있습니까?" 패널들은 진땀을 흘리며 배심원단에 답을 내놓았다. 배심원단 내부 토론 역시 치열했다. 인천시청에 근무한다는 유아무개 씨는 "정책적 의지와 우리 공동체에 필요하다는 결단만 있다면 무엇이건 선택할 수 있다"며 청년배당 쪽 손을 들었다. 20대 남아무개 씨는 "내가 내는 세금이 이렇게 돌아오는구나 느끼면 청년층에게도 공동체의식이 생길 것"이라고 말했다. 그러나 '디테일'에 입각한 반론도 많았다. 사회복지사 자격증을 갖고 있다는 김아무개 씨는 "청년배당은 역차별과 도덕적 해이 등 논란을 피하기 어렵다. 보편성을 가진 건강보험 하나로가 복지제도 정비 쪽으로 쉽게 연결된다"고 말했다.

둘 다 추진하면 안되나요?

패널들의 프레젠테이션과 질의응답, 배심원단 토론을 마친 뒤 최종 표결에서 두 정책에 대한 배심원단의 호응도는 25 대 25, 정확히 절반으로 갈렸다. 두 정책 모두 우열을 가리기 어려울 만큼 중요한 개혁과제라는 표심이었다.

배심원단이 의견을 남길 수 있는 댓글창에는 이미 이런 결과를 예측한 듯한 댓글도 눈에 띄었다. "혹시 토론 주제가 무엇이 시급한지인가요? 사실 두 제도 모두 중요한 사안인 건 알겠는데…."(이아무개) "청년배당 지급 합의된다면 하나로는 당연히 시행될 것으로 보임."(전아무개) '정책 배틀'이라는 형식 때문에 우열을 가리는 데 집중하고 있는데, 두 가지 정책 모두 함께 추진해야 할 개혁과제 아니냐는 지적인 셈이다.

양팀 패널의 의견도 비슷했다. 청년배당팀 패널로 참석했던 신지혜 평화캠프 코디네이터는 "청년배당은 어찌 보면 굉장히 단순한 정책이기 때문에 정책의 디테일을 설명드리기보다 그 가치와 지향성을 설득하는 데 주력했다"며 "기본소득으로 가는 징검다리로서 청년배당의 가치를 말씀드린 데 만족한다"고 말했다. 건강보험팀 패널인 김종명 '내가 만드는 복지국가' 의료팀장도 "처음에는 아예 게임이 안 될 거라고 생각했는데, 생각보다 많이 설명드릴 수 있어서 만족스러웠다"며 "건강보험 개혁은 법을 바꾸지 않고도 할 수 있는 정책이라는 점을 가장 주요하게 전달하고 싶었다"고 말했다.

4장

정책배틀 평가:
국민은 더 이상 구경꾼이 아니다

"진보적 기술과 참여 민주주의가 만나 시민을 정책 주체로 만든 뜻깊은 행사였다."(오지원 변호사·민주사회를 위한 변호사모임)

'함께 그리는 대한민국: 정책배틀'(정책배틀)에 참여한 시민단체들은 정책배틀의 특징으로 '시민정책배심원단'과 '실시간 투표 프로그램'을 꼽았다. 기존 토론회에선 '관람객'에 머물렀던 시민들이 '정책결정권자'로 변신하면서, 살아 있는 토론이 가능해졌다는 평가다. 또 실시간 투표 프로그램이 패널의 긴장감과 배심원단의 집중도를 한층 높였다고 했다. 정책배틀을 이끌었던 사회혁신 프로젝트 '바꿈, 세상을 바꾸는 꿈'의 백승헌 이사장은 "광장의 촛불이 불타오른 이유는 우리 사회 의제를 결정하는 기관과 시민들 사이의 괴리, 불통 때문이었다"며 "시민이 사회 의제 결정 과정에 직접 참여하고 의견을 내는 쌍방향 정책개발 모델이 필요했다"고 정책배틀 기획 취지를 설명했다. 손우정 바꿈 이사는 "민주주의가 국민의 선택권인 주권을 보장하는 것이라면 정책도 역시 국민이 선택할 수 있어야 한다"며 "정책배틀은 민주주의를 현실 모델로 실험한 사례"라고 덧붙였다.

정책배틀은 박근혜 탄핵 촛불이 한창 불타오르던 지난해 11월 중순께 기획했다. 정권교체를 넘어 대한민국의 '무엇'을 바꿀 것인가를 시민이 함께, 시민이 직접 이야기하는 자리가 필요하다는 데 몇몇 시민단체가 뜻을 모았다. 기본소득한국네트워크, 내가 만드는 복지국가, 민변, 비례민주주의연대, 참여연대, 빠띠, 바꿈이 참여했다. 〈한겨레〉는 다음 스토리펀딩 '헬조선 리모델링 해볼까요?'를 열어 배심원단을 모집하는 등 후원자로 나섰다.

시민배심원단 방식은 바꿈이 제안했다. '숙의형 여론조사'라 불리는 공론조사와 추첨 민주주의 모델을 본떠 시민의 실질적 토론 참여를 보장해보자는 취지였다. 짧은 모집 기간(1개월)과 좁은 행사 장소(미디어 카페 후)를 고려해 배심원단은 신청자 중 50명을 무작위로 뽑기로 했다. 다만 나이와 성별, 지역 등을 고려해 다양성을 확보했다. 정책결정권자가 된 배심원단은 다른 토론회의 방청객과는 확연히 달랐다. 박선미 기본소득한국네트워크 사무국장은 "사전에 정책에 대해 꼼꼼히 살핀 흔적이 분명했다. 패널 질문은 날카로웠고 배심원 심의 때도 논리정연하게 의견을 밝혔다. 다른 의견에 대한 공감도 매우 컸다"고 말했다. 장예정 비례민주주의연대 활동가는 "각종 토론회 중 가장 열띠고 활발한, 살아 있는 토론회였다"고

평했다. 박영민 바꿈 활동가는 "갑자기 참여하지 못한 배심원은 휴대전화 문자메시지와 이메일로 미리 상황을 알려 다른 배심원이 대신 참여할 수 있도록 배려했다. 참여도와 책임감이 남달랐다"고 말했다.

배심원단의 실시간 투표 프로그램은 민주주의 확산을 꿈꾸는 기술 개발 벤처 '빠띠'가 개발했다. 빠띠는 '투표하면 실시간으로 집계해 보여준다'를 원칙으로 세웠다. 스마트폰을 통해 수시로 투표를 바꿀 수 있도록 하고 댓글을 남기면 그 내용을 실시간으로 볼 수 있도록 만들었다. 권오현 빠띠 대표는 "더 나은 민주주의를 위해선 선거와 투표에 무관심한 회색 지대에 있는 사람들의 참여를 이끄는 게 중요하다"며 "작은 기술이지만 직접민주주의를 재밌게 체험하면 변화가 생길 수 있을 것으로 기대했다"고 말했다. 실제로 그랬다. 투표로 실시간 의견을 밝히자 전문가 패널들과 배심원단이 모두 바뀌었다. 패널들은 자신의 쪽으로 표를 끌어오기 위해 배심원의 눈높이에 맞춰 더 설득력 있게 정책을 설명했다. 배심원은 양쪽 패널과 다른 배심원의 한마디, 한마디에 집중하며 더 진지하게 판단을 내렸다.

오지원 변호사는 "우리나라에선 국회의원이나 전문가 일부만 개헌이나 정책에 참여하는데 유럽에서는 전자정부를 통해 직접민주주의를 최대한 실현하려고 하고 있다. 정책배틀은 그 가능성을 보여줬다"고 말했다. 백승헌 바꿈 이사장은 "정책배틀은 수동적인 여론조사보다 훨씬 우월한 시민참여 방법이라는 게 입증됐다. 앞으로 우리 사회의 중요한 의제를 계속 발굴해 정책배틀을 꾸준히 해볼 것"이라고 밝혔다.

광장 너머의 민주주의

광장의 촛불은 대한민국의 미래에 거대한 질문을 던졌다. 혹한을 뚫고 광장에 나선 1200만여 시민들의 바람은 어디서 비롯해 어디로 흘러가는 것일까?

2016년 12월 촛불의 한가운데서 시작한 기획이 긴 여정을 마쳤다. 그사이 한국 사회는 다시 혼돈 속으로 빠져들었다. '촛불 이후'를 전망하기 위해 각계에서 활발한 활동을 펼치고 있는 전문가들을 만났다. 신진욱 중앙대 교수(사회학), 후지이 다케시 역사문제연구소 연구원, 서복경 서강대 현대정치연구소 전임연구원의 지혜를 빌려, 대한민국 사상 최다 인파가 쏟아낸 물음표의 의미를 가늠해 봤다.(2017년 2월 13일 서울 마포구 동교동 '미디어카페 후', 사회 이재성)

보수의 극단화, 탄핵 정국에 집중해야

사회 보수세력의 탄핵반대 집회 등 역풍이 거세다. 이 상황을 어떻게 볼지에 대해 이야기를 시작해 보자.

서복경 여론조사를 보면 탄핵이 인용돼야 한다는 의견이 몇개월째 78~79%에서 변동되지 않고 있다. 다만 탄핵을 반대하는 쪽의 의사표시 강도가 세졌을 뿐이다. 탄핵이 인용되면 갈 곳 없는 세력과 이들과 정서적으로 결속 관계를 유지해 온 분들은, 대통령 탄핵을 국가의 몰락이라는 시그널로 받아들이는 것 같다.

후지이 다케시 보수세력 입장에선 줄을 갈아타야 하는데, 바꿔 설 줄이 없는 상황이다. 선택지가 없으니, 더욱 발악적인 움직임을 보이는 것이다. 한국의 보수세력이 갈 데까지 갔다는 점을 인정하고 이를 어떻게 극복할 것인지 고민해야 한다.

신진욱 지금 한국 사회에는 서로 다른 두 시간대가 있는 것 같다. 탄핵이 되느냐 마느냐를 걱정하던 지난 12월의 시간대와 정권교체가 이뤄진다는 전제 아래 무엇을 할 것인가의 시간대가 있다. 그런데 지금 야권과 촛불 시민들은 대선 이후의 시간대만을 생각하고 있다. 지금 보수세력은 우리가 지나친 앞선 시간대에 강력하게 재집결하고 있다. 결과적으로 탄핵이 기각될 수도 있다는, 말하자면 지난 12월에는 있을 수도 없던 일이, 마치 있을 수도 있는 일인 것처럼 전환시키는 데는 성공했다.

촛불의 바람, 우리의 민주주의를 풍부하게

사회 광장이 요구하는 핵심적인 메시지는 뭐라고 생각하나. 박근혜 대통령 탄핵에 가려져 그 이후에 대해서는 또렷하지 않은 상황이다.

신진욱 1960년 4·19 민주혁명, 1980년 광주민주화항쟁, 1987년 6월 항쟁 등 저항의 사이클에서의 핵심은 대의민주주의의 실현이었다. 부정선거 하지말고, 내 손으로 대통령 뽑고 싶다는 것이다. 그런데 2008년과 2016년의 촛불집회라는 새로운 저항은 이전과 다른 흐름을 보인다. 그 흐름은 '선거 민주주의를 넘어서자'는 요구다. 이명박·박근혜 대통령 물론 국민의 손으로 뽑았지만, 다음 선거 때까지 오케이는 아니라는 것이다. 두번째로 공공성에 대한 요구가 강하다. 2008년 촛불은 미국산 쇠고기로 촉발돼서 민영화, 탈규제, 신자유주의 정책에 대한 반대로 확장됐다. 박근혜 게이트의 경우도 권력이 얼마나 추잡한 이해관계를 통해 사유화될 수 있는지에 대한 충격이 있었다고 본다. 이는 공공성에 대한 열망이다.

후지이 다케시 혁명적인 움직임이 보수적인 가치를 통해 표출되고 있다는 점이 중요한 부분인 것 같다. 국민주권과 공정성이라는 개념은 사실 보수적인 가치다. 매우 보수적인 주장이 혁명적인 형태로 나타나고 있기 때문에, 촛불 이후에 대해 고민이 쉽지 않다고 본다. 지금 촛불을 든 학생들은 민주화된 세상에 살고 있지만 민주주의를 삶에서 경험하지 못하고 있다. 직장에서도 민주주의가 작동되는 경우는 드물다. 광장이라는 특수한 장소에서 민주주의를 주장하지만, 삶의 터전으로 돌아가면 그대로다. 우리가 진짜 고민해야 하는 것은 촛불 이후에 우리의 삶을 어떻게 바꿔야 할 것인지에 대한 것이다.

사회 직접민주주의에 대한 요구인가?

후지이 다케시 민주주의에 대한 태도 역시 일종의 사회적 능력이기 때문에 경험치가 중요하다. 그런 경험을 일상에서 해야 한다는 것이다. 또 한 가지 중요한 것은 경제라는 영역을 따로 보는 태도 자체가 폐기돼야 한다고 생각한다. 애덤 스미스 이후 경제 영역이 스스로 존재한다고 가정하는데, 정치와 경제는 단 한 번도 분리된 적이 없다. 다만 중요한 것은 정치와 경제가 어떤 관계를 맺느냐의 문제라고 본다. 공장 안으로, 직장 안으로 민주주의가 침투할 수 있는 가능성을 상상해야 한다는 것이다. 단순히 정치와 제도를 어떻게 바꿀까 고민하는 한계에서 벗어나야 한다.

서복경 오히려 이번 사태를 통해서 대의민주주의를 어떻게 하면 풍부하게 할지를 고민해야 한다고 본다. 광장민주주의는 대의민주주의의 내재적 본질이다. 대의제가 민주주의로 기능하기 위해서는 공적 제도가 오작동 할 때 시민들이 직접 나서 교정할 수 있어야 한다. 이 관점에서 볼 때, '권력에 대한 시민적 통제를 어떻게 작동하게 할 것인가'가 핵심적인 과제인 셈이다. 지금은 정치적 의사 표현의 자유, 작업장에서의 결사의 자유, 단체행동권 등에 모두 재갈이 채워져 있다. 일상의 정치가 안 되는 이유 역시 제도에 있다는 뜻이다.

신진욱 이번 촛불 집회에서 정치와 국가의 개혁이라는 주제가 가장 핵심에 있었다는 사실은 분명하다. 이 분명한 메시지가 저항의 성공 가능성을 높인 측면도 있다. 그렇지만 이번 촛불 집회에 부재한 것도 있다. 한국 사회 곳곳에서, 특히 삶의 현장에서의 민주주의의 부재, 권력의 극단적인 불균형 같은 것은 이슈로 떠오르지 않았다. 그래서 2008년 촛불과 비교할 때, 2016년 촛불이 진화된 형태라고 보기는 어렵다는 생각이다.

서복경 2008년과 2016년의 경험은 굉장히 다르다고 본다. 대중의 저항을 영향력의 범위와 이슈의 깊이로 나눠서 생각해 보면, 2016년이 2008년보다 두 측면에서 모두 훨씬 크고 깊었다고 생각한다. 2008년의 경우 광장 전후에 진행된 정치조사에서 전국민적인 변화가 발견되지 않는다. 그런데 이번에는 모든 차원에서 전국민적인 유의미한 변화가 생긴다. 정치 관심도가 늘었고, '내 삶에서 정치가 중요하다'는 응답이 15%포인트 늘었다. 정치 효능감은 2배 가까이 늘었고, '민주주의가 중요하다'는 지표도 30%포인트 늘었다. 정치의식에서 한 단계 질적 변환이 전국민적인 차원에서 발생했다고 본다.

신진욱 2016년이 의제의 범위의 측면에서 좁고, 그 안에서의 임팩트의 깊이가 2008년보다 훨씬 깊다고 보는 편이다. 2008년 촛불집회의 가장 주요한 충격은 온라인에서 벌어진 불평등과 복지, 여성 등 각종 이슈에 대한 토론에 있었다고 본다. 그 이전까지 주요 이슈로 등장하지 않았던 각종 진보 의제에 대한 인지적인 각성을 가져다 준 중요한 사건이었다고 보고 있다. 이 관점에서 보자면 2016년 촛불집회의 경우 박근혜 대통령 탄핵과 정권교체, 이후의 국가개혁에 확실히 집중하고 있기 때문에, 불평등과 삶의 민주주의에 대한 이야기가 전혀 제기되지 않고 있다. 확실한 포커싱과 그에 비례한 확실한 임팩트가 있었던 셈이다.

후지이 다케시 2008년과 2016년의 촛불 집회가 바라보는 대상이 분명히 달랐다고 본다. 2008년에는 신자유주의적인 삶의 방식 자체에 대한 고민이 있었다. 당시 촛불 시민들의 구호는 'MB 아웃'으로 끝나지 않았다. 이명박 정부의 각종 정책에 대한 저항이었기 때문에 수많은 토론을 낳을 수 있었는데, 이번에는 '박근혜 하야'로 끝났고 토론의 여지가 없다.

서복경 시기 효과를 무시할 수 없다. 2008년은 이명박 정부 출범 첫해였고, 2016년은 정권 말기다. 정부 출범 시기에는 표출되는 관심의 대상이 다층적일 수밖에 없었다. 취임 하자마자 '너 나가' 할 수는 없지 않나. 그런데 이번에는 대통령 사퇴의 대의명분이 너무나 명백하니까 '너 나가'로 진행됐을 뿐이다.

신진욱 촛불 집회에 나타난 정상 국가에 대한 욕구가 한국 사회에 잠복된 유일한 시대적 과제라는 식으로 해석하면 안된다는 이야기다. 말하자면 이명박 정부는 자본주의의 선봉에서 제도적 권력을 이용해 재벌로 대표되는 사적 영역에 권력을 넘긴 세력이었다면, 박근혜 정부는 옛날 옛적에 없앴어야 할 묵은 문제가 여전히 남아있구나 인식하게 만들었을 뿐이다. 그러니까 이번 촛불 집회에서 드러나는 요구들도 세계사적 흐름에서 보자면 퇴행적인 미완의 과제로 분출된 측면이 있다.

한국사회 모순의 근원, 박정희 체제

사회 한국 사회 모순의 근원을 따라가보니 박정희 체제의 유산이 지금까지 남아있다는 결론에 도달했다. 이 시각에 동의하는지?

서복경 정치 제도 쪽으로는 모든 악의 뿌리가 박정희 체제다. 헌법에 규정된 비민주적인 정당 조항이나, 정당법 등 정치적 표현의 자유를 억압하고 있는 제도의 기원이 제3공화국 헌법이다. 공직선거법, 국가보안법 등 악법들도 박정희 정권 때 강화되면서 계속 유지되고 있다. 노동 관련 기본법도 마찬가지다. 제3공화국 위에 제4공화국이 얹혀있고, 또 그 위에 제5공화국이 얹혀있는데, 우리는 간신히 제5공화국의 잔재를 조금 걷어냈을 뿐이다. 민주화의 과정이 제3공화국의 뿌리를 그대로 두고 사상누각을 지어온 느낌이다. 박정희 체제의 문제는 경제개발, 정경유착의 수준이 아니라 훨씬 더 광범위하고 심각하다.

신진욱 박정희는 거의 모든 것이다. 박정희가 말한 조국 근대화는 국가 개조나 정책적 수준을 넘어선 '대한민국이라는 국가를 어떻게 건설하겠다'는 프로젝트였다. 1987년 이후 민주화는 제도적 개혁과 정책적 개혁에 성공했지만, 정치와 정당을 넘어서는 국가 조직의 문제, 또 국가 조직을 넘어서는 삶의 현장에는 도달하지 못했다. 박정희 20년이 만들어놓은 초석을 깨뜨리지 못한 결과물이 지금의 현실일 것이다.

후지이 다케시 안보 담론도 마찬가지다. 박정희 정권은 군대와 국가를 동일시하고, '우리를 지켜주는 군대'라는 신화를 만들었다. 안보 담론의 밑바탕이다. 보수 세력은 안보담론을 전가의 보도처럼 활용하고 있다. 그 부분에서 우리는 여전히 박정희 체제를 벗어나지 못하고 있다.

서복경 정치의식에서도 박정희의 유산은 나타난다. 박정희 유신 체제에 청년기(17~25세)를 보낸 세대가 지금의 60대 초반 세대다. 이들은 그 이전 세대(70~80대)보다도 훨씬 더 국가주의적인 성향을 보인다. 이것 역시 박정희가 남긴 유산이라고 평가할 만하다.

신진욱 박정희 체제가 어떤 형태로 살아남아 여전히 생명력을 가지고 있는지를 살펴야 한다고 본다. 이걸 의식과 제도의 측면으로 나눠보면, 의식의 측면에서 박정희 체제가 남긴 반공주의·국가주의·성장주의는 이번 사태를 통해 많은 부분 신화가 깨졌다고 본다. 그런데 제도와 조직의 부분에서는 여전히 박정희 체제의 생명력이 강력하게 남아있다고 본다. 권위주의를 경험한 나라들에서 가장 큰 문제는 구 체제의 지배세력이 권력을 재생산하기 위한 수단으로 제도를 변형하고 활용하는 능력을 획득하게 된다는 것이다. 경제권력과 검찰, 언론, 관료조직, 교육기관, 종교기관, 정당 등 기득권 세력을 보면, 박정희 신화에 따르는 사람들이 여전히 주요 포스트를 장악하고 비공식적인 네트워크를 구성하고 있다. 민주주의에 반대하고, 불평등에 찬성하고, 인권을 무시할 수 있는 사람들이 아직까지 공적인 역할을 수행할 수 있다는 점이 가장 큰 문제라는 것이다.

서복경 그간 민주주의에 반하는 가치 체계를 가진 분들이 많은 영역에 숨어있었다. 이분들이 '커밍아웃'하게 만드는 것이 이번 사태가 가지는 역설적 순기능이라고 본다. 저는 그래서 황교안 권한대행이 그런 분들을 대표하는 후보로 나왔으면 좋겠다. 더 이상 숨어 들지 않고, 제도권 안에서 표현의 자유, 행동의 자유를 누리면서, 타인의 권리를 침해하지 않는 범위 안에서 최대한 정치적 의사 표시를 해야 뿌리가 드러날 수 있다.

후지이 다케시 그런 분들이 지금까지 1970년대 사고방식을 그대로 유지할 수 있는 이유를 고민해야 한다. 예를 들어, 성장주의를 보면 박정희 체제였던 1960~1970년대 성장주의가 주입된 것은 사실이지만, 실제 경제성장의 과실을 누리고 성장주의를 체감하게 된 시기는 1980년대다. 민주주의가 이뤄지는 시기에 오히려 성장주의가 뿌리를 내렸다는 아이러니에 대해 성찰해야 한다.

사회 이미 개개인의 정서에 박정희 패러다임이 내재화되지 않았을지 걱정이다. 정권교체가 된다 하더라도 박정희 체제를 극복할 수 있을까?

서복경 성과주의, 성장주의는 빠르게 깨질 것이라고 본다. 사회 경제적인 사이클이 이미 한계에 도달했기 때문이다. 시민 주체들도 그렇다는 사실을 인식을 해야 하는데, 데이터를 보면 적어도 우리 사회 40대 이하 젊은 세대는 이런 한계를 확실히 인식을 하고 있다.

신진욱 다수의 시민들이 '자기 개발'의 이데올로기에 빠져있다거나, '성공 신화' 몸을 맡겼다는 방식의 비판은 굉장히 잘못됐다고 본다. 절대 다수의 사람들은 본인이 이 사회의 위너가 될 수 없다는 사실을 분명히 인식하고 있다. 학벌을 통해, 직업을 통해, 위너가 될 수 있다는 꿈이라도 꿔 볼 수 있는 계층 자체가 극도로 한정적이다. 극심한 힘의 불균형 속에 살고 있는 절대 다수는, 그야말로 생존을 위한 전략을 선택하고 있을 뿐이다. 자식을 조금이라도 좋은 대학에 보내고 싶어하는 것은, 참혹한 패배자가 될 것 같다는 두려움의 소산일 뿐이다.

밀었더니 넘어가더라, 약자들의 권능감

서복경 지금 촛불의 경험은 오랫동안 영향력을 발휘할 것으로 본다. '밀었더니 넘어가더라', 이 경험이 정말 크다. 우리 광장민주주의의 역동성을 설명하는 가설 가운데 하나가 4·19 민주혁명의 경험이다. 훅 밀었더니 넘어갔다. 그 향수가 남아있다는 것이다. 그 효능이 다할 시점인 1987년에, 또 2016~2017년에 이렇게 정권이 넘어간다. 한국 사회의 약자들이 '내가 공적 제도를 원하는 방향으로 움직일 수 있다'고 느낀 권능감이 핵심이다.

신진욱 사회적 약자들이 두려움 없이 행동할 수 있게 해준다면, 사회 곳곳에서 많은 변화가 일어날 것이라고 본다. 그런데 박근혜, 최순실, 김기춘, 우병우가 모두 어떻게 가능했느냐를 생각해 보면, 결국은 이 사람들이 가진 힘이 사람을 죽이고 살릴 수 있는 권력이었기 때문이다. 이들에게 저항하더라도 살아남을 수 있다는 자신감을 되찾게 하는 것이 중요하다.

사회 제도적인 측면에서 말해보자. 선거법, 국가보안법, 정당법 등등 제도 개혁은 가능다고 보나.

서복경 시간이 오래 걸릴 것이다. 그런데 적어도 후퇴하지는 않을 것이라는 낙관적인 기대는 있다. 예를 들면, 헌법상 집회 결사의 자유가 보장돼 있지만 청와대 근처 1킬로미터에 들어갈 수 있다는 생각 자체를 해본 적이 없었다. 그런데 이번엔 100미터 앞까지 갔다. 되돌아갈 수 없는 거대한 진전이 있었고 그 경험이 매우 중요하다고 본다.

후지이 다케시 지금 패러다임은 어떻게 보면, 신자유주의 세력과 유신 세력이 손을 잡은 상황이다. 유신 세력을 몰아내는 것까지는 할 수 있을 것 같은데, 이 신자유주의 세력을 어떻게 할지가 관건이라고 본다. 신자유주의는 사회안전망을 해체하고 고용을 유연화하면서, '잘못 걸리면 인생 끝장난다'는 방식으로 정치적인 억압체제를 만들었다.

신진욱 왜 촛불이라는 형태로 이렇게 자주 분출되는가. 그 질문과 관련돼 있다. 자기가 놓인 삶의 현장, 노동 현장, 주거의 현장에서 모순이 이 정도까지 깊어지지 않도록 막아낼 수 있는 조직된 힘이 너무나 약하다. 일상 공간에서 너무 무력하기 때문에 모두가 뛰쳐나올 수 있는 이슈가 발생했을 때에만, 익명의 대중으로 등장하는 것이다. 각자 삶의 현장에서 정치의 주체가 될 수 있는 근본적인 변화를 제도적으로 만들지 못한다면 극도의 불평등과 권력의 불균형을 회복하기는 어려울지도 모른다.

서복경 그런 측면에서 속도 조절의 중요성을 강조하고 싶다. 지난해 12월 말 서베이한 자료를 보면, 이 사태의 원인에 대해 50대 이상은 '이상한 대통령 때문'이라는 응답이 가장 많고, 20~30대는 '재벌, 관료, 검찰 등 카르텔의 문제'라는 답이 가장 많다. 젊은 세대일수록 근본적인 개혁 과제를 지적한다는 것이다. 대선을 치르고 대통령이 바뀌면 50대 이상은 거기에서 만족하고 돌아설 가능성이 높지만, 20~30대는 그것만으로는 해소되지 않는 분노를 보인 셈이다. 20~30대가 스스로 조직하고 표출할 수 있는 공간을 하루 빨리 열어야 한다. 분출되지 못하는 분노는 좋지 않은 방향으로 터진다.

신진욱 2000년대 중후반 청년층 보수화 담론이 한창 유행했지만, 그때의 청년 세대는 오히려 자본주의 체제에 대해 가장 비판적인 세대였다. '노력하면 성공할 수 있다'는 신화가 가장 적나라하게 깨진 세대, 지금으로 따지면 30~40대 중반까지의 'IMF세대'다. 이 사람들이 어떻게 집단화되고 정치의 주체가 될 수 있을지, 새로 선출될 정치권력의 가장 큰 숙제다.

서복경 문제는 경제체제로서 신자유주의에 대한 대안이 없다는 것이다. 담론의 차원에서도 신자유주의를 극복해야 한다는 이야기는 계속해서 나오지만, 이를 대체할 대안은 제시되지 못하고 있다. 그래서 대안의 추상성을 낮춰서, 작은 정치와 작은 개혁 같은 성공의 경험을 계속 만들어 나가는 것이 중요하다고 본다.

사회 가장 시급한 개혁과제를 묻는 설문에서 시민들은 검찰개혁, 직접민주주의 강화를 꼽았고, 전문가들은 경제적 불평등 해결과 재벌 개혁을 꼽았다. 이 차이는 무엇일까?

후지이 다케시 재미있는 결과다. 전문가들이 경제적인 부분을 말하는 것은 지금 이 불평등의 문제를 해결해주지 않으면 큰일 날 수도 있다는 위기의식이라고 본다. 전문가 그룹 혹은 정부가 나서서 이 문제를 해결해줘야 한다는 관점이다. 그런데 시민들은 직접 민주주의를 말한다. 결국 내가 직접 문제를 해결하겠다는 이야기를 하는 것이다. 이것은 엄청난 괴리다.

신진욱 촛불 집회에 참석한 시민이 실업자이건 비정규직이건, 그 개인에게는 적어도 이 국면에서는 정치적 주체로서 자신이 더 중요할 수도 있다. 내가 정치의 주체로서 발언하고 행동하고 뭔가를 바꾸고 싶다는 열망이 직접민주주의에 체크하는 결과로 나타나지 않았을까.

서복경 현실을 살아가는 시민은 누구나 이중의 정체성을 가진다. 사회경제적인 시장 주체로서의 나와, 정치적 민주주의에서 정치적 주체로서의 나. 과거에는 통치의 주체를 정치권력에게 넘겼다. 이명박 대통령을 선택했던 50대들은 약간의 부패와 하자가 있음에도, 경제를 살려준다니까 찍은 것이다. 그런데 지금은 성장이건 분배건 그런 요구를 들어줄 능력이 없다는 것을 알게 된 것이다. 그러니까 최소한의 법치, 최소한의 공정성 등 정책 형성 전 단계의 요구를 하는 것이다.

사회 그렇다면 가장 시급한 개혁과제는 무엇일까?

후지이 다케시 근본적인 개혁의 대상은 결국 경제 영역이다. 그런데 발상의 전환이 필요하다. 비정규직 문제가 단순히 경제적인 문제일 뿐인가? 비정규직 문제가 임금격차의 문제라면 월급을 100

만 원 더 주면 된다. 하지만 직장에서 느끼는 소외감이나, 직장 내 권력과 복종의 문제 등까지 시선을 돌리면 그 해법은 정치적인 것이 된다. 전문가들이 지적한 경제적인 개혁과제들을 민주주의와 정치의 방식으로 풀어낼 방법을 고민해야 한다.

서복경 공적 권력에 대한 시민적 통제가 가장 시급하다고 본다. 시민들이 가장 분노하는 지점은 저들이 공적인 권력과 재정을 사유화했다는 점이다. 공적 권력을 시민들이 직접 견제하고 감독하고 스스로 바꿀 수 있도록 요구하는 상황이다. 결국 단순하지만 표현의 자유와 정치적 기본권의 보장을 통해 시민들이 일상적인 정치의 주체가 되도록 하는 것이 가장 중요하다. 여기에 실패하면 우리는 또 나중에 광장에 몰려나와 뒷북을 칠 수밖에 없다고 본다.

신진욱 민주주의와 법치주의, 인권에 역행하는 세력이 공공적 기능을 수행하는 주요 포스트에 자리잡지 못하도록 하는 것이 가장 시급하다. 여기에 더해 직장, 학교, 가정, 광장에서 사회적 약자들이 스스로를 조직하고 행동할 수 있도록, 이를 간섭하고 막는 강자들을 막을 수 있는 강력한 법과 제도를 구축해야 한다. 그런 방벽을 쳐주지 않으면 사회가 개선될 수 있는 첫단추를 꿰지 못하게 된다.

후지이 다케시 제도가 해줄 수 있는 것은 아웃 되더라도 살아갈 수 있는 시스템이다. '힘들 순 있지만 적어도 죽지는 않는다'는 안심이 있어야, 일상에서 개혁이건 저항이건 시작할 수 있을 것이다.

덧붙여

촛불들에 물었다
"그래서 마음이 어떠세요?"

어쩌면 우린 모두 아픈 사람들이다.

토요일마다 촛불을 드는 40대 회사원도, 태극기를 두 손에 쥐고 목이 쉬도록 외치는 70대 할아버지도 아프다. 압축성장을 겪은 우리는 큐브처럼 다양한 면을 가진 입체적 존재이지만, 저마다 자신의 시공간에서 평면적으로 세상을 바라본다. 우리 사회는 이 외로운 평면들을 연결해줄 고차방정식을 여전히 풀지 못하고 있다.

'1987~2017 광장의 노래'라는 연재를 시작하여 책까지 오는 과정 역시 이 고차방정식의 해를 구하는 기나긴 문제풀이 과정이었다. 연재를 준비하고 써내려간 석 달 동안 취재진이 만난 사람은 300명이 넘는다. 이 가운데 기사에 등장했던 주인공 6명이 지난 2월 14일 서울 마포구 동교동 '미디어카페 후'에서 다시 모였다. 1987년 6월 연세대 앞에서 쓰러지는 이한열을 부축했던 이종창(50·파주 가람도서관 관장) 씨, 출판사 대표 김정한(49) 씨, 대구에서 올라온 김기한(41·직장인) 씨, 주거 공동체에서 사는 김진선(37·작가) 씨, 대학생 황지수(19) 씨와 올해 고등학교를 졸업한 강지은(19) 씨. 불안하고 억울하고 답답하고 이중적인 마음들이 정혜신 정신건강 의학과 전문의를 만나 울고 웃었다. 정 전문의는 고문 피해자, 쌍용 자동차 해고노동자 등 사회적 트라우마 피해자들의 상처를 보듬어 왔고, 2014년 세월호 참사 뒤에는 안산에서 치유공간 '이웃'을 만 들어 유가족들을 치유하고 있다.

사람의 마음에 깊이 주목하는 정 전문의가 "그래서 마음이 어떠 세요?"라고 묻자 다들 울컥하며, 마법에 걸린 듯 깊은 속 이야기를 풀어냈다.

부모 세대와 대치… 무섭다

정혜신 연말·연초에 어수선한 정국을 지나면서 느꼈던 감정을 이 야기해보는 자리예요. 내 마음이 어떤가, 찬찬히 들여다보죠.

김기한 시민 대 시민이 대치하는 게 참 싫어요. 정부가 시민들끼 리 개싸움 시키는 거잖아요. (1987년 6월항쟁 때) 전경하고 대치했지 만 지금은 우리 부모 세대와 대치하고 있어요. 어버이연합, 박사모 (박근혜를 사랑하는 모임)가 하는 태극기집회를 보면 '저 사람들 나쁘 다' 욕하다가도 결국 우리 아버지가 아닌가 싶고요. 태극기를 두르 지 않아 표시가 나지 않을 뿐이지 우리 부모님도 똑같으니까요.

정혜신 아버지 보면 어떤 마음이 드나요?

김기한 그럴 수 있겠다 싶죠. 나도 나이 어린 사람 말 잘 안 듣고, 안 바꾸고 하니까 아버지도 옳다고 여기는 신념을 못 바꾸는 게 아닐까 해요. 100% 내 생각을 이야기하지 못해요.

정혜신 못하나요, 안 하나요?

김기한 안 하죠. 아버지니까, 얘기한다고 바뀔 분이 아니니까. 너무 말이 안 되는 부분만 내 생각을 이야기하고 나머지는 수용하는 척하죠. 회사에서도 마찬가지죠. 여당 성향이 강하신 윗분들과는 그렇게 지내요. 옛날처럼 경상도, 전라도도 아니고 부모와 자식 간에 갈등을 부추기니까 정말 무서워요.

정혜신 무섭다는 표현이 마음에 확 박히네요.

김진선 아빠가 충청도 분인데 되게 바뀌셨어요. 예전엔 "너는 진보지? 하지만 아빠는 아니야"라고 하고, 문재인(더불어민주당 전 대표)은 편을 가른다고 싫어했는데 최근엔 안희정(충남지사)이든 누구든 정권교체하는 쪽으로 표를 찍을 거라고 하세요. 최근 약간의 화해가 됐죠. 전쟁이나 박정희 정권을 겪은 아빠는 자기 경험 속에서 그럴 수 있겠구나 생각해요. 집에서의 아빠는 그렇게 보이지만 서울역에서, 시청광장에서 만나는 이상한 사람들(박사모)은 좀 무섭죠.

정혜신 뭐가 무섭나요? 그 사람이? 내 생각이?

김진선 군대를 일으켜야 한다 하니까요. 기득권과 싸우고, 그걸 해체해야 하는데 다른 쪽에서 싸움이 벌어지고 있죠. 마음이 복잡해요.

이종창 지난 토요일에 지하철을 탔는데 어르신들이 태극기를 달고는 '요즘 젊은 애들 정신 차려야 돼. 박정희의 혜택 안 누린 사람 누가 있어?'라고 이야기하더라고요. 반대쪽에서 보면서 '이 상황에서도 왜 저런 생각을 하고 있을까. 고정화되고 박제화 된 생각들이 참 무섭구나. 어쩌면 박근혜도 국정농단한 것에 대해 잘못했다고 생각 안 했을 수 있겠다' 싶었어요. 그런 복잡한 생각을 하는데 재밌는 일이 일어났습니다. 지하철 문이 열리니까 어떤 여학생이 '박근혜는 퇴진하라'고 외치며 나가더라고요. 저런 기발한 아이디어로 해나가면 잘 되겠다 싶었어요.

김기한 그 사람들(어르신)도 같이 안고 가야 해요. 지금 보수처럼 색깔 칠하는 것과는 (우리는) 달라야 해요. 생각은 다르지만 같이 어울려 살 수 있는 세상을 고민해야 합니다.

죄책감과 이중적 마음

고등학교를 막 졸업한 강지은 씨는 "(벌써) 스무살인데 아무것도 미래가 정해진 것이 없어서" 불안하다고 했다. 아무것도 하지 않는 자신이 한심하고 지지부진한 탄핵을 보며 무기력해진다는 것이다. "초반엔 당장 바꿀 수 있을 것 같았어요. 이젠 그렇게 많이 모였는데도 아직도 (박근혜 대통령은) 저러나 싶고, (내가) 마땅한 행동을 하고 있지 않아서인가 죄책감이 들어요. 예전엔 친구들이랑도 정치 이야기도 많이 했는데, 점점 무관심해졌어요. 생일이 지나면 선거할 수 있는데 뭔가 더 알아야 하는데…."

정혜신 죄책감이라…. 외부의 일이 개인 내면의 갈등으로 번지고 있는 거예요. 몇 달이 지나니까 피폐해지는 느낌이 든다는 얘기도 주변에서 종종 듣습니다.

김정한 아이가 네 살인 늦은 아빠예요. 토요일마다 촛불집회에 나가고 오랜만에 만난 친구들과 술 마시니까 가정불화가 생기더라고요. 아내에게 계속 육아를 떠맡기니까요. (지금은) 촛불집회 가는 걸 자제하고 있어요.

김기한 마음이 이중적입니다. 형편없는 세상이 바뀌었으면 좋겠다고 생각하지만 어쨌든 빨리 사회가 안정돼 살림살이가 나아졌으면 하는 마음도 큽니다. 문재인을 지지하지만 야당이 대체재로서의 기능을 제대로 못해 답답해요. 김기춘(전 청와대 비서실장), 우병우(전 청와대 민정수석)와 같은 기득권을 보면서도 마음이 어수선합니다. '나도 진작에 열심히 (공부)해서 저렇게 자기 멋대로 세상을 살 수 있었으면 좋겠다, 저 안은 참 따뜻하겠구나' 싶기도 하고요. 또 한편으로는 우리 애한테 이런 세상을 보여주는 게 걱정스럽습니다.

정혜신 그 사람들의 삶에서 개인적으로 부러웠던 게 어떤 건가요?

김기한 우리 아이가 아파서 병원에 갔는데 대기자 수가 너무 많은 거예요. 아는 사람 있으면 전화 한 통이면 (들어) 가잖아요. 그런 예외가 없으면 부러워하지 않겠지만, 누구는 번호표 뽑고 네 시간 기다리는데 누구는 전화 한 통에 가는 일이 비일비재하니까 힘이 필요하다는 걸 느끼죠.

무기력과 자기성찰

이종창 씨도 비슷한 경험을 털어놨다. 작은 시골 마을에서 첫 4년 제 대학생이었던 그는 대학 도서관에서 일한다는 이유로 대학병원 관련 청탁에 시달렸다. "(병원에) 아는 사람이 없으니까 (청탁을) 할 수도 없어요. 못 도와주니까 마을 어른들이 '저놈 출세하더니만 날 무시한다'고 욕하더래요. 노무현 정부 때는 대통령 참모가 같은 대학, 같은 학과 나왔다는 기사만 나오면 사업하는 사람이 줄을 대달라고 전화가 왔고요. 특권의식으로 굴러가는 사회 체제가 고쳐지지 않으면 어디선가에서 피해 볼 수밖에 없어요."

김기한 화가 나죠. 10, 20대였으면 몸으로 나가서 진짜 데모를 막해서라도 바꾸고 싶다는 생각을 할 텐데 내 나잇대에는 워낙 그런 부조리함, 힘의 서열에 학습돼 있으니까 수긍하게 됩니다. 화가 나지만 이게 세상이다, 비참하지만 받아들이고요. 길들어져 있다고 봐야지요.
정혜신 어쩔 수 없다고 수용하게 되는 내 마음이 어떻게 느껴지나요? 비참한가요? 아님 다른 어떤 마음이 드나요?
김기한 비참한 것은 지났고 무덤덤하고 무기력하죠. 직장에서도 힘의 논리에서 배제되는 걸 느끼니까 나라는 오죽하겠나 싶고요. 그런 사람들은 계속 존재했으니까요.

김정한 씨도 고개를 끄덕였다. "세월이 지나면서 무덤덤해지는 게 있어요. 과연 바뀔 수 있을까와 바꾸자는 마음이 공존하죠. 그들의 힘이 굉장히 세니까 내가 할 수 있는 게 무엇인가, 그런 무기력이 밀려오죠. 박근혜 대통령이 당선됐을 때 친구들과 술 마시고 느꼈던 절망감처럼."

정혜신 전문의는 '무덤덤'을 이렇게 설명했다. "감당할 수 없는 스트레스를 반복적으로 받으면 사람한테 가장 흔히 나타나는 증상이 감정마비예요. 처음 때리면 화가 나지만 초주검 만들어 놓으면 울음도 안 나고 아주 덤덤해져요. 자기 통제권이 완전히 무력화됐을 때, 완전한 상실감 속에서 사람은 감정마비, 다르게 말하면 무덤덤함을 경험합니다."

"또래들도 '해도 안 변해' '세월호 때처럼 묻힐 거야' 그런 말을 해요. 너무 슬프죠. 아닌데, 하면 바뀔 텐데." 황지수 씨가 울컥해 말을 잇지 못했다. 세월호 참사로 희생된 단원고 학생들과 동갑인 황지수 씨는 돌아가신 할머니를 떠올릴 때처럼 세월호라는 단어가 나오면 눈물이 난다고 했다. "무덤덤한 사람이 되지 않고 싶다. 무기력해지고 싶지 않다, 그런 생각을 했어요."

김기한 나이 들면서 좋은 게 좋은 거다, 비겁한 게 아니라 융화되는 거라고 생각했어요. (황지수 씨) 이야기를 듣다 보니 자기합리화였구나, 꼰대라는 사람이 내가 됐구나 싶어지네요. 문득 내가 속한 세상에서 나는 우병우가 아닐까, 그런 생각도 들었고요.

정혜신 전문의는 김기한 씨의 머뭇거림을 자기성찰이라고 설명했다. "살면서 주춤하는 순간이 많은 사람이 성찰하는 인간입니다. '내가 우병우 아냐?' 멈칫, 멈칫하는 것, 빛나는 성찰이에요."

정권교체와 나의 삶

정혜신 탄핵이나 정권교체가 내 삶과 어떤 연결성이 있다고 느끼나요?

김정한 개인 생활까지 (영향이) 오기는 (어렵지 않나요?)

정혜신 그런데 왜 촛불 나가요? 우리나라가 좋아져 봤자 나하고 아무 상관이 없는데?

김정한 이명박, 박근혜 정부 때 누적된 여러 가지 분노로 정권이 바뀌어야 한다는 생각으로 나갔죠. 정권이 바뀌면 경제적으론 연관이 없지만 정서적으로는 스트레스가 덜해지겠지요. 확실히 그건 다를 겁니다.

황지수 당장의 눈에 보이는 변화는 아니겠지만 더 좋은 정부 만나면 삶의 질을 높아진다거나 자유로워지는 등 내 삶에 긍정적 변화가 있을 거라고 생각해요. 단순한 화풀이가 아니라 정치 참여로 내 삶이 좋아질 수 있다는 믿음이 있으니까 촛불집회 나가는 거예요.

이종창 대학생 딸이 둘 있는데 취업이 어렵잖아요. 노동정책이 새누리당 쪽보다는 야당이 나으니까 기대가 됩니다. (내가 일하는) 도서관도 활성화되고 자원 투입이 많아질 거에요. 실질적으로 김대중, 노무현 정부가 도서관에 투자를 많이 했어요. 블랙리스트뿐만 아니라 문화정책도 달라질 것이고요. 어느 정치 세력이 (국가 운영을) 더 잘할까 생각하면 야당이라고 생각해요.

김진선 우리 대통령은 이런 사람이라고 떳떳이 이야기할 수 있는 건 중요해요. 정의로운, 혹은 올곧은 사람이 대통령 되면 좋겠어요.

김기한 이재용이 구속되면 우리나라가 정말 한 단계 나아지지 않을까 생각해요. 비정상의 정상화이니까요. 힘의 논리에 의해 서민들이 봤던 피해가 하나씩 깨지면서 모든 사람이 똑같이 번호표 서서 줄 서는 세상이 오지 않을까 기대하죠.

정혜신 (이재용이 구속되면) 내 일상에는 어떤 변화가 올까요?

김기한 우리 애한테 도덕책에 나오는 바른 세상을 떳떳하게 가르칠 수 있을 것 같아요. 사실 '때리지 마라, 사이좋게 지내라'고 말은 하지만 그래도 맞는 것보다 때리는 게 낫다, 왕따를 당하는 것보다 시키는 게 낫다는 마음이 있죠. 피해자가 너무 힘든 걸 아니까요. 바른 세상이 오면 그냥 떳떳하게 가르칠 수 있을 것 같아요. 새치기가 없으면 똑바로 줄 서는 사람이 바보가 되지 않으니까요.

세상은 어떻게 바뀌나

이야기를 찬찬히 듣던 강지은 씨가 질문을 던졌다. "나부터 바뀌어야 세상이 바뀌는 건가요, 세상이 바뀌어야 내가 바뀌는 건가요?" 막내의 송곳 질문에 여기저기서 탄성이 터져 나왔다. 나이가 가장 많은 이종창 씨는 "30년 전 대학 다닐 때 내내 궁금했던 질문"이라며 "아직 답을 찾지 못했다"고 고백했다.

이종창 어렸을 때부터 솔선수범을 강조하며 컸어요. 그게 몸에 배어있는 것 같습니다. 사회가 변하려면 내가 있는 곳에서부터 달라져야 한다고 생각하지만 그렇게 사는 게 참 힘들죠. 직장생활에서 갈등을 겪고 큰 힘에 굴복하는 경험을 했죠. 21년간 대학 도서관에서 일했는데 총장이 바뀌니까 다 무너지더라고요. 공허해서 가족 생각 안 하고 그만뒀습니다.

김기한 말단에서 일하면 그렇게(솔선수범) 할 수가 없죠. 원칙적으로 안 되는 업무를 (상사가) 시키더라도 그걸 못한다고 이야기하면 무능한 사람이 됩니다. 옆에 있는 직원이 '제가 하겠습니다'라고 손을 들어버리니까 내가 바보가 되죠.

김진선 솔선수범이란 말이 새삼스럽게 다가왔어요. 처음 딱 들었을 때 고리타분한 느낌이었는데, 윗세대는 그런 생각이 있구나 싶고요. 아랫세대는 자신한테 떳떳함을 말하는데 윗세대는 사회에 대한 떳떳함을 말하는구나. 나만 좋으면 무슨 재미인가, 그런 게 촛불을 나가는 것과 연결돼 있구나 싶었어요.

황지수 (솔선수범하는) 미련한 바보들이 모이면 세상이 바뀐다고 생각해요.

정혜신 탄핵이 되든, 안되든 끝이 아니라는 말에 깊이 공감해요. 정권이 바뀐다고 무조건 행복해지는 게 아니니까요. 우리 개인의 삶에는 난관이 여전히 많고 계속 애써야 할 것들로 빼곡하잖아요. 절대로 끈을 놓치지 말아야 할 궁극적인 것은 우리의 삶 그 자체입니다.

다시, 민주주의
광장에서 대한민국의 내일을 묻다

초판 1쇄 인쇄 2017년 4월 7일
초판 1쇄 발행 2017년 4월 13일

지은이 이재성 정은주 노현웅 박유리
펴낸이 이상훈
편집인 김수영
책임편집 정회엽 김남희
마케팅 조재성 정윤성 한성진 정영은 박신영
경영지원 김미란 장혜정

펴낸곳 한겨레출판㈜ www.hanibook.co.kr
등록 2006년 1월 4일 제313-2006-00003호
주소 121-750 서울 마포구 효창목길 6(공덕동) 한겨레신문사 4층
전화 02) 6383-1602-1603   팩스 02) 6383-1610
대표메일 book@hanibook.co.kr

ISBN 979-11-6040-053-3 03300